“幼儿园教师分层分类分岗专业成长”系列培训教材
北京高校继续教育学前教育特色专业系列教材

幼儿园园长管理工作指南

YOU'ERYUAN YUANZHANG GUANLI GONGZUO ZHINAN

主 编 邹 平 王 岚
副主编 徐 婵 刘 璐 魏灿星 茅晓燕

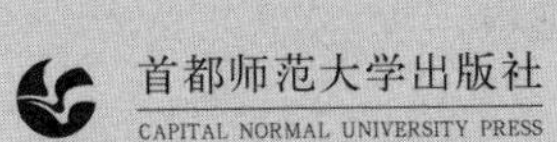

图书在版编目(CIP)数据

幼儿园园长管理工作指南 / 邹平，王岚主编. —北京：首都师范大学出版社，2023.2

“幼儿园教师分层分类分岗专业成长”系列培训教材

ISBN 978-7-5656-7038-1

Ⅰ. ①幼… Ⅱ. ①邹… ②王… Ⅲ. ①幼儿园—管理—岗位培训—教材 Ⅳ. ①G617

中国版本图书馆 CIP 数据核字(2022)第 098071 号

“幼儿园教师分层分类分岗专业成长”系列培训教材

YOU'ERYUAN YUANZHANG GUANLI GONGZUO ZHINAN

幼儿园园长管理工作指南

主　编　邹　平　王　岚

副主编　徐　婵　刘　璐　魏灿星　茅晓燕

项目统筹　李佳艺

责任编辑　李佳艺　孙志强

首都师范大学出版社出版发行

地　址　北京西三环北路 105 号

邮　编　100048

电　话　68418523(总编室)　68982468(发行部)

网　址　http://cnupn.cnu.edu.cn

印　刷　北京印刷集团有限责任公司

经　销　全国新华书店

版　次　2023 年 2 月第 1 版

印　次　2023 年 2 月第 1 次印刷

开　本　710mm×1000mm　1/16

印　张　16.5

字　数　252 千

定　价　58.00 元

"幼儿园教师分层分类分岗专业成长"系列培训教材

总　序

百年育人，立于幼学

幼儿时期是人一生的奠基时期。幼儿教育在人的终身学习和发展过程中是最初的一环，也是十分重要的一环。近些年，党和政府十分重视幼儿教育，不仅下大力气扩大幼儿园学位资源，还采取诸多措施提升幼儿教育的质量。而谈到教育质量，就必须认识到，在影响幼儿教育质量的诸多因素中，教师的素质是至关重要的核心。“教育大计，教师为本”，必须把幼儿教师队伍整体素质的提升放在事关幼教事业发展水平的高度来看待。

幼儿教师是一项塑造生命、塑造心灵的职业，在儿童的启蒙时期，教师对他们的影响会持续终生。幼儿教师能不能用爱心、善心对待每个孩子，直接影响到儿童人格的养成、身心的健康。

同时，与其他学段的教师一样，幼儿园教师也是一个专业性的职业。它不再是从前人们印象中的“阿姨”“保姆”。每一位幼儿园教师也必须认识到这一点，只有具备专业性，才是不可替代的，才能赢得家长和社会的认可和尊重。一个专业的老师，需要具备热爱教育、愿意终生投身于教育事业的理想信念，还要具有不断反思、实践，持续学习提高的意识和能力。

近日，党中央、国务院发布了《关于学前教育深化改革规范发展的若干意见》，标志着我国学前教育的改革进入了新的阶段。学前教育事业的发展又迎来了新的春天。在这样的新形势下，首都师范大学学前教育研究中心组织撰写、出版本套丛书，有着非凡的意义。

本套丛书针对不同专业发展层次和不同岗位教师，认真分析了他们的学习需求，采取“分层分类分岗”的原则，为其提供了很有针对性和导向性的学习养料。

衷心希望本套丛书的出版，能为全国幼儿教师的不断学习提供新的助力，也衷心希望我国学前教育事业能够在新的历史阶段不断取得更辉煌的成就！

是以为序。

中国著名教育家
中国教育学会原会长

丛书前言

2018年中共中央、国务院下发的《关于学前教育深化改革规范发展的若干意见》中以"坚持规范管理"为基本原则，提出"到2035年形成完善的学前教育管理体制、办园体制和政策保障体系"。同年，《中共中央国务院关于全面深化新时代教师队伍建设改革的意见》也将"教师管理体制机制科学高效，实现教师队伍治理体系和治理能力现代化"作为2035年所要实现的重要目标任务。由此，为幼儿园管理明确了新发展理念，指出了提高管理效能的新要求。

本套丛书基于新时代治理理念，从幼儿园园长工作管理、幼儿园班级管理、幼儿园健康管理、幼儿园教育教学管理、幼儿园后勤管理五个领域出发，提出了幼儿园管理模式优化策略，并构建新时代学前教育发展要求的幼儿园管理模式。

《幼儿园教育指导纲要(试行)》中明确指出："幼儿园必须把保护幼儿的生命和促进幼儿的健康放在工作的首位。"这一要求确定了健康管理在幼儿园管理工作中的重要地位。幼儿园健康管理是实现保护幼儿生命安全与促进健康发展的重要途径。本套丛书将在幼儿园疾病管理、健康检查与预防接种管理、膳食营养与体质健康管理、健康教育等方面展开论述，以此来更好地规范幼儿园的卫生保健工作，提升幼儿园健康管理工作的质量和水平。

园长是幼儿园管理工作的决策者与领导者，对于实施与改善幼儿园管理工作意义重大。2022年1月26日中共中央办公厅印发的《关于建立中小学校党组织领导的校长负责制的意见(试行)》明确指出，校长在学校党组织领导下，依法依规行使职权，按照学校党组织有关决议，全面负责学校的教育教学和行政管理等工作。园长的决策将会影响园所的工作内容与发展方向，因此，有必要对园长工作加以管理与规范。

班级是幼儿园组织活动的基本单位。有效的班级管理有助于营造良好的班级氛围，能给幼儿提供有利于成长的环境，确保班级活动规范有序地组织，发挥资源整合的功能，实现协同育人。

教育教学工作是幼儿园工作的核心。幼儿园教育教学管理是对幼儿园的所有教育教学工作，包括保教制度的制定与实施、家园合作、教研、科研等，进行系统、科学的指导与管理，它的顺利开展对于幼儿、教师、幼儿园本身以及社会都具有重要意义。

后勤工作是幼儿园教育的重要组成部分，后勤人员的言行举止对保证幼儿园的和谐稳定以及对幼儿的身心健康成长产生重要的影响。因此，安全管理、环境管理、卫生保健管理、膳食管理、信息化管理等工作的规范而有序是后勤管理的重要目标要求。

因此，我们希望通过编写本套管理丛书能够达成构建扁平化的幼儿园管理模式、实现管理理念的变革、实现教师自我管理、建立“家园共育”新模式的发展目标，为幼儿园的管理实践提出一种适宜性的发展图式。

王建平

2021 年 12 月 8 日

目　录

第一章　园长角色定位及职责

【本章要点】

- 园长领导力的结构和内容；
- 园长如何修炼规划战略的前瞻力；
- 园长如何修炼多谋善断的决策力；
- 园长如何修炼引人追随的魅力；
- 园长的角色定位与担当；
- 园长对幼儿园组织文化的定位与建构；
- 园长如何把握幼儿园情况。

【本章关键词】

园长角色；领导力；前瞻力；决策力；魅力；定位；责任担当

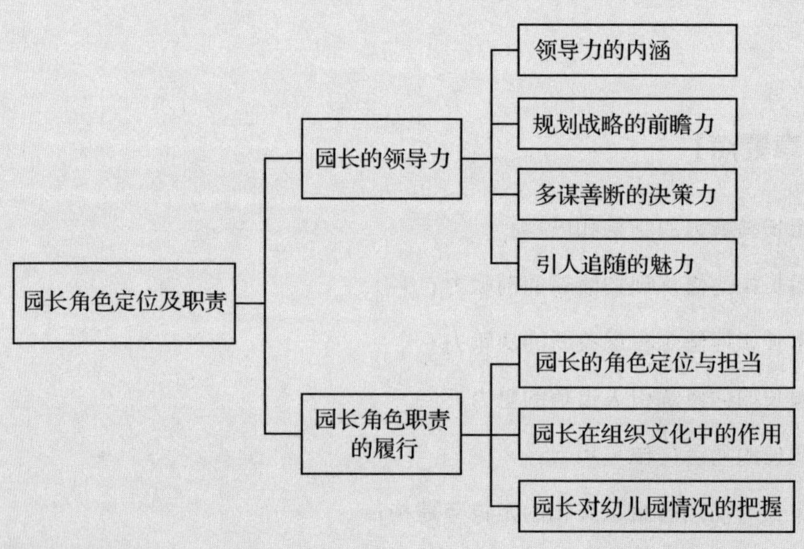
园长角色定位及职责
园长的领导力
领导力的内涵
规划战略的前瞻力
多谋善断的决策力
引人追随的魅力
园长角色职责的履行
园长的角色定位与担当
园长在组织文化中的作用
园长对幼儿园情况的把握

人民教育家陶行知说过："校长是学校的灵魂。"园长作为幼儿园的灵魂人物，扮演着多重角色，对内是全园上下的"大家长"，对外是幼儿园事务的"代言人"。园长的首要任务就是认清自己的角色，履行自己的职责。

园长只有明晰自身的定位，才能把握住自己的管理"触角"应深入几许的分寸，才能在管理中找到合适的位置，才能在千头万绪的烦冗事务中抓住幼儿园管理中的主要矛盾，成为各项工作运转的"中控"、团结教职工的纽带、园内外沟通的桥梁。

园长的所有角色最终都可指向归一为"领导者"。园长需要发挥自己的各种能力，引人追随、受人尊崇，对人产生影响力，从而带动全园教职工去实现共同的目标。本章内容结合前期调查中面向北京市第五幼儿园领导干部、北京市邹平园长工作室成员、江苏徐州阳光幼儿园领导干部开展的一项园长工作管理调查园长所关注的管理能力，重点从前瞻力、决策力、魅力三项领导力结构要素解读园长领导力的内涵和塑造，强调了园长对自身角色的定位和所应承担职责的履行，帮助走上园长岗位的幼教工作者有能力、有方法地承担起幼儿园领袖的职责。

第一节　园长的领导力

一、领导力的内涵

管理不是"管理"人，管理的使命是"领导"人，管理的目标就是充分发挥和利用每个人的特定优势和知识。被誉为"现代管理之父"的德鲁克曾说："领导力就是把一个人的精神境界提到前所未有的高度，把一个人的责任心提到前所未有的高度，然后才能把一个人的潜力、持续的创新动力开发出来，让他作出他自己以前想都不敢想的那种成就。"可见，管理者若能真正发挥领导力的正向作用，将引领组织及组织中的人发展到新的境界。但效果总是和难度相伴而行，以领导力激发人的潜力，必然是一件需要艰苦探寻和实践的事情。

领导力作为一个代表了组织管理层渴望了解、获得的强有力的概念，进入教育领域，引发了学校、幼儿园管理者尤其是校长和园长们的广泛自省和反思。大多数园长是在教师专业领域获得了较高的认可后逐渐走向管理岗位的，原本对自身教育专业能力非常自信的他们，也会被诸如"我是否具有领导力""我的领导力是什么样的""我该如何提高自己的领导力"等疑问所困扰。

在前文所述前期调研中开展的一项有 72 名园长参与的"园长工作管理调查"的结果显示，这些园长的平均年龄为 41.53 岁，平均教龄为 21.03 年，都是比较有经验的成熟教师。但是，他们担任园长的年限远远小于自身的从教年限，平均为 5.46 年，任职 5～10 年及 10～15 年的园长人数逐渐递减，只有 3 名园长任职年限在 20 年以上(见图 1-1)。

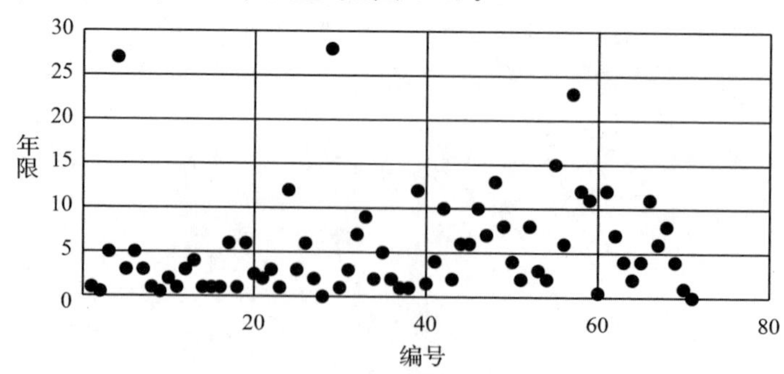

图 1-1　担任园长年限

而这些园长认为园长最重要的能力或素养中，“领导力”高居榜首，有72%的园长提到领导力；其次为决策力、人格魅力和前瞻力(见图 1-2)。

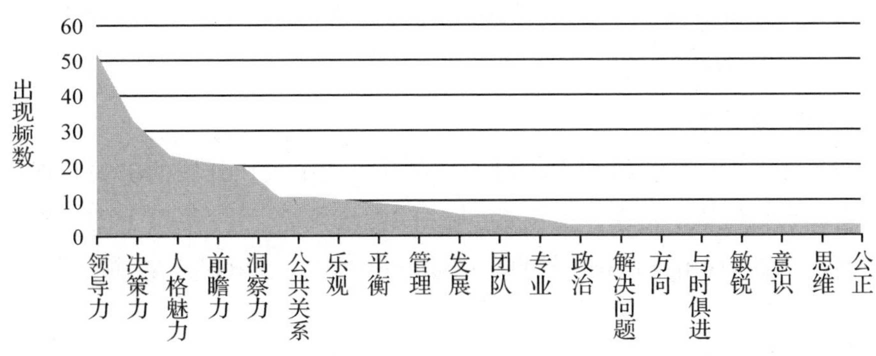

图 1-2　园长最重要的能力或素养

虽然领导力这一管理方面的专业能力被认为是作为园长最重要的素养，但园长们却将自己的性格特点当做自身担任园长最大的优势，其次才是领导力、统筹等管理能力和专业相关能力；而园长们最想提升的能力也是领导力等管理能力(见图 1-3)。

图 1-3　园长自身优势与最想提升的能力词云对比图

随着国家普及学前教育，幼儿园的数量不断增长，许多幼儿园的骨干、中层走上了园长的岗位，从而涌现出大量新手园长。他们中的许多人在教学专业上有着比较成熟的经验，但是在对幼儿园的管理上却是一个新人，由管理一个年级、部门或者一项专业性工作转换为整个幼儿园的“掌门人”，无论是从身份、定位还是从实际操作、心理上都面临着不小的挑战。他们认为自己担任园长最大的优势是本身所具有的人格特征，并不是管理能力本身，反而对作为园长所必须具备的管理能力缺乏信心，所以才表达了对提升管理能力的迫切需要。

从园长的回答中，可以发现他们对管理能力本身的内涵还并不十分明晰，对管理、领导力、前瞻力等概念之间的关系也需要进一步澄清。而这些都是帮助园长们透析自身的新角色、转换工作定位、厘清工作思路的基本前提。

(一)领导力的定义

1. 何谓领导力

在教育部中学校长培训中心对560名高、初中校长开展的有关心理资本的问卷调查与访谈中发现，校长对自己在“学校领导”这一维度上的心理认同度不高。[①] 这体现出校长在认知自身的职业角色时，意识到其在“领导”方面的薄弱性。

领导力研究近几十年来成为管理学、组织行为学等领域的热门话题之一。近年来在教育领域也兴起了许多相关研究。纵观领导力研究的发展，其研究取向从“英雄式领导”过渡到“分布式领导”，对领导力概念的定位从“获得和占有权力”逐步转向注重“关系”，对领导力的界定从静态的带领影响他人的“能力”到动态的基于引领、启发和疏导的“行为和过程”，再发展为二者的有机结合。

因此对于领导力的定义也是众说纷纭，各执一词，主要有能力说、影响力说、综合素质说等观点。从本质上来说，有人追随你，你就是领导。领导力就是在管辖的范围内充分利用人力和资源条件，激励人们跟随领导者向其所指引和带领的方向奋力前行，影响个体和群体去实现目标的能力和过程。领导力并不是指完全的服从，组织中的每个个体都是具有主体性的人，管理者在指引他们工作方向的同时，他们也在选择是否完全听从管理者的指令。因此，领导力的关键就在于领导者依靠自己的知识、能力等素养，采用有效的方法，来调整组织中个体的心理和思想，使之作出有助于实现预定目标的行为。也就是说，让人信服你，形成共同的追求目标，将人吸引到你所从事的事业中，使其愿意追随你，而不是靠职位压制，你才具有真正的领导力。而这样的领导力能让领导者在管理过程中发挥出巨大的能量，减少阻碍和苦恼，使组织在领导者的带领下更为顺畅地发展。

2. 园长领导力

《幼儿园园长专业标准》指出“园长是履行幼儿园领导与管理工作职责的专

① 万恒：《校长领导力的本质及自我修炼》，《人民教育》，2018年第12期，第13—16页。

业人员”。在对幼儿园园长“能力为重”的阐述中，强调了要“秉承先进教育理念和管理理念，突出园长的领导力和执行力”，提出园长的专业要求包括规划幼儿园发展、营造育人文化、领导保育教育、引领教师成长、优化内部管理、调适外部环境六大方面，并详细规定了每个方面合计 60 条的细化要求。在该标准中，园长的领导力隐含在每个方面的细节要求中，体现了领导力作为园长基本素养的重要地位。

幼儿园实行园长负责制，园长是一所学校的最高领导，但是在整个教育系统中，他们又是最为基层的领导者。作为一园之长，园长必须要承担起决定整个幼儿园发展方向、策划办学风格特色、规划育人目标等幼儿园顶层设计的责任；作为基层领导者，园长又必须将国家、市、区的教育政策方针转化为具体实施方案，带领、指导全体教师将其落实到位。

作为师幼的“大家长”，园长自己也必须是一位好老师，但更重要的是让全园教职工成为好的教育工作者，发挥群体更大的力量。“春蚕到死丝方尽，蜡炬成灰泪始干”这句话以前常用来形容老师，但是对园长来说，这句话更应当成为自己的至理名言。一个幼儿园大小事务种类繁多，园长的能力再强，也不可能只靠自己一个人去做从上到下所有的决策和治理。这时候，作为园长最重要的并不是在任务来临时显示自己的能耐有多大、本事有多高，而是要为园里各个层级的教职工提供展示自己、处理问题的机会，调动教职工的积极性和主动性，让他们能够成长为有所擅长，甚至独当一面的人才，这时候他们便成为园长的追随者，追随者越多，释放出的能量就会越大，从而让整个幼儿园充满活力和动能。也就是说，园长需要为教职工指方向、给资源、造机会。而教职工的成长、问题的解决、任务的完成，这些目标的实现最终会反哺到园长的职业生涯中，形成相互成就的良性循环。

其实，这就是园长对整个幼儿园的带领作用，这种能力就是真正的领导力，它由获得追随者的能力来衡量，自认为是领导者而又没有追随者的人，是没有领导力的。园长的领导力是一种工作素养的体现，比如，办事效率高，非权力的影响力大，自律性强。总要有一个点是教职工们需要仰望的，这些仰望点会让他们把园长作为幼儿园的坐标，正向地影响他们去工作。

3. 女性领导力

教师本身就是一个“性别化”比较明显的职业。从总体上来说，女性教师在教师群体中占据绝大多数。但是，幼儿园学段教师的性别化倾向更为明显。

有研究显示，学前教育阶段的女性教师比例为97.79%，普通中小学专任教师中女性占比为65.45%。[①] 这一庞大的基数也就决定了幼儿园园长超高的女性比例。在学前教育领域，女性扮演领导者角色，在幼儿园管理和决策中发挥女性领导独特的管理才能，已经成为幼儿园管理干部队伍中不可或缺的中坚力量。

事实上，社会发展为女性担当领导者提供了更大的空间和可能性，呼唤女性领导力风采的展现在知识经济时代是一个积极发展着的趋势。女性领导力即女性领导者所展现出来的具有女性独特魅力的领导风范。[②] 权威型、命令型的领导模式弊端逐渐显现，人性化、情感型的领导模式被越来越多的人认可，女性特色的柔性管理及其所具有的独特素质更使女性在领导活动中有着男性无法比拟的优势。

男性园长和女性园长在对幼儿园的领导上各具特点。男性园长在引导幼儿园变革时更趋向于大胆开放，重视管理的理性和条理性。女性园长在工作中的领导风格并不单一，每一个都鲜活生动，有着自己的特点与倾向。总体上女性园长有着较强的沟通能力，善于与教师及外部各级单位进行互动交流；有着敏锐的直觉力，对教师、幼儿的需要能及时捕捉；有着严谨细致的性格特征，以精细化管理在服务幼儿与家长的工作中赢得交口称赞；有着独有的亲和力，吸引人乐于与之相处，愿意向其吐露心声；在领导的过程中更倾向于采用一种协作、授权、与下属交流和沟通的柔性、民主的领导方式，往往能在理性和感性的基础上合理地解决问题，使幼儿园管理更加人本化，形成温馨和谐的氛围。因此作为女性幼儿园园长，完全有信心、有“资本”对自己的履职担当“点一个赞”。在担任一园之长，不断作出决策和治理的过程中，女性园长也在吸收专业、管理的知识营养，调整着自身的身份、角色认同，领导着幼儿园改革发展。

(二)领导力的结构和内容

1. 领导力的结构

在中国学前教育研究会组织编制的《走向优质——中国幼儿园教育质量评

① 王俊、王琳博：《教师职业身份建构的性别向度》，《教育研究与实验》，2020年第4期，第46—51页。

② 白旭晖：《现代女性领导力的特点和发展现状》，《人口与经济》，2011年第1期，第48—49页。

价标准》中，将“管理引领”领域的子标准确定为“依法办园”“科学规划”“有效运行”“民主参与”“园长领导力”和“自评改进”6 个项目。也就是说，领导力实际上属于管理工作中的一部分，是管理运转中不可缺少的一种能力。管理能力主要包括管理队伍的规模、素质和结构，管理手段的科学化、现代化程度，管理教育的广度与深度，以及管理科学研究与理论水平等。领导力的主要内容则是让团队中的否定、拒绝、抵抗、放弃变成认同、接纳、支持、执行。良好的领导力能够促进管理工作的有序开展，高效优质地完成幼儿园的教育使命。

那么领导力究竟是由哪些部分构成的呢？只有澄清领导力的结构，才能明晰从哪些能力入手去建构园长的领导力。对于领导力结构的研究很多，形成了多种模型。目前得到较广泛采用的是中国科学院领导力研究课题组的领导力“五力模型”。该模型以领导过程为贯穿整个研究的切入点，从战略目标的制定，到对被领导者的影响，再落实到组织目标的实现，将领导力解析为前瞻力、感召力、影响力、决策力和控制力五种关键能力（见图 1-4）。

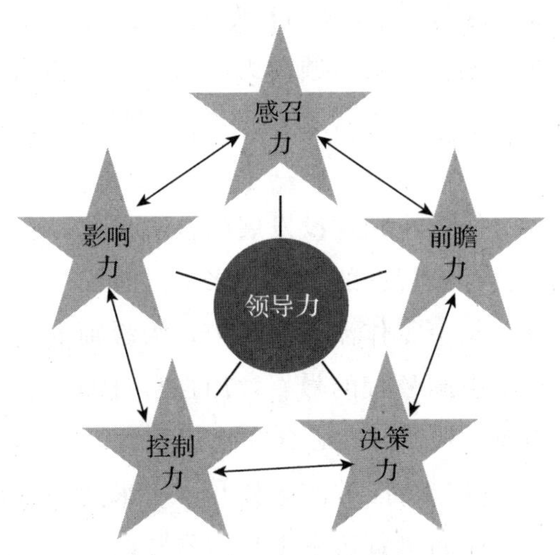

图 1-4 领导力五力模型

其中，前瞻力以实现组织及相关利益者的愿景为根本目标，本质上是着眼未来、预测未来、把握未来的一种能力。感召力是领导力结构中的核心能力，也是最本色的领导能力，领导者以坚定的信念、崇高的使命感、令人肃然起敬的道德修养、充沛的激情、宽厚的知识面、超人的能力和独特的个人形象融合形成自身的感召力，是领导者在自我完善的基础上散发出的一种独特魅力，吸引着被领导者跟随自己。具备了感召力才能跳出管理者框架，成为领导者。前瞻力和影响力是感召力的延伸或发展，是处于中间层面的领导能力。在实现目标的过程中随时都会出现意想不到的危机和挑战，领导者需要有超强的决策力和控制力。也就是说，领导者需要具备预测把握未来的前瞻力，且随之进行快速判断、选择、执行及修正决策的能力；同时领导者能够带动影响其他人跟随自己的步伐，在此基础上将整体局势和走向以及实施过程把控在既定的方向上。因此，决策力和控制力作为前瞻力和影响力的延伸和发展，是处于实施层面的领导能力。

2. 领导力的内容

《幼儿园园长专业标准》中对园长规划幼儿园发展、营造育人文化、领导保育教育、引领教师成长、优化内部管理、调适外部环境这六大方面的领导和管理能力提出了明确的要求。在前文提到的"园长工作管理调查"中，园长认为实际工作中的最大困难主要集中于教师身上，其次为家长工作、课程建设、文化建设等方面。这与《幼儿园园长专业标准》的主要具体内容是有所对应的。结合近年来有关园长、校长领导力的研究趋势和热点，可将领导力内容聚焦到教师领导力、家园领导力、课程领导力和信息化领导力几大点上。

(1)教师领导力

园长处于幼儿园工作运转和建设发展的核心位置，必须对全幼儿园有的工作内容有理解把握、有效管理的能力和水平。园长一方面要通过高效的行政管理建章立制、督导每个工作流程和环节，为教师的发展铺平道路；另一方面，应积极响应党中央国务院的号召，加强自身的专业能力和素养，真正地懂教育、脚踏实地地做教育、心心念念地想教育，将"走进教育现场"作为自己的一项日常工作，以"教育家"的眼界和水平来指导教师的专业发展，以高尚的师德和对教育事业的执着热爱来打动教师的心灵。园长既要发挥积极的职务性权力影响力的作用，使教师工作有章有法、心有底线，更要发挥以专家素养、人格魅力、内涵修养为核心的非权力性影响力，为教师提供专业咨询、答疑解惑，对教师重视了解、情感关爱，让教师自发成为幼儿园管理者的追随者，乐于从事幼儿教育事业并能不断得到专业的指导和发展。

园长要将教师作为管理工作的着眼点，以"激发教师善意"开展人本化的管理。园长要从根本上关心教师的成长，激发教师的主动性，提供发展的平台和机会，让教师从根本上树立成长的追求。如加强教师分层培养，抓"新青教师”的基础性培训，夯实业务功底；抓“骨干教师”的专长培训，夯实特色教学；抓“卓越教师”头雁领飞式培训，夯实研究实践能力；以研强教，促进教师参与或自主主持各级课题，举办研究主题论坛、峰会，鼓励教师宣讲交流各自的论点体会、特色活动、优势成果，模拟教育教学及教研展评练兵，将研究思维融入各项工作中。

园长和教师通过调查、观察和考评等多种方式，共同发现教育教学中的各种问题，并把这些问题提炼成一个个“小课题”“小专题”去查找资料、教研探讨，以科学的方法对问题产生背景、问题主要内容、解决方案、效果反思等进行一系列探索和研究，把以考核约束教师转变为以促进学习和专业成长来帮助教师发展。注重对“个体内差异评价”的应用，强调尊重不同教师在个性、特长、风格等方面的差异性，全面综合地了解和把握每名教师的多个侧面特征，并将这些侧面所展现出来的过去和现在的工作状况进行对比，关注教师作为一个完整的人在工作中的进步，并通过评价使其看到自身的擅长之处和可发展之处，为教师工作带来动力而不是压力。

(2)家园领导力

随着时代的发展，幼儿园与家庭、社会等教育外个体、机构、环境的联系越来越紧密，也参与到更复杂的社会互动中。幼儿园要创建良好的生存与发展环境迫切需要处理好与家庭、社区、政府的公共关系，尤其要处理好与幼儿园的首要公众——家长的关系。

家长是幼儿园教育的第三支队伍。幼儿园领导者要发动家长力量，让家长也参与到幼儿园管理和幼儿教育中来。在面向未来的幼儿园教育中，家园共育也发生着新时期的新变化。教师要关注幼儿的生活世界和独特需要，立足幼儿学习场域无边界、学习资源无边界，打破家庭、社区、幼儿园的界限，整合家庭、社区、社会资源，通过师幼互动、幼幼互动、家园互动、园社互动、园企互动等多种途径，开启“家庭—社区—幼儿园—社会”四位一体的联动教育协作模式。

首先，园长需要具备公共服务的意识和能力，思考如何领导家长和社区、建立联盟、平衡和解决不同形态的利益冲突以带来教育的成效，并且尽量避免在这种接触中可能会产生的负面效应，将公共服务意识落实在实际行动中。园长还需要积极营造家园合作的良好氛围，一方面向教师传递服务、合作的理念，另一方面在家园互动合作中向家长渗透幼儿园的教育观念，达成双方的融合理解。其次园长要主动地协调外部资源，发挥主导作用，在协商的基础上达成共识，求得平衡，形成合力，充分发挥政府、妇联、社区相关部分的作用，为幼儿园营造一个适宜发展和变革的外部环境，达到组织系统的内外平衡。[①] 同时还需要加强对教师家园沟通、专业引领方面的培训，提供有效资源促进教师对家长工作的再学习，使教师真正发挥家园沟通中的搭桥者、家庭教育中的指导者作用。

在具体实践中，一方面，教师要继续坚持常规有效的家园互动方式，如组织家长委员会、设置家长开放日、举办亲子活动、采用微信群家园沟通等。更重要的一方面，园长要带领教师破除“在幼儿园学习、在家庭里生活、在社会中‘长大’”的固有意识，将幼儿园、家庭、社区、社会都变为幼儿的学习生活发展之所。以幼儿关注的真实问题为核心，将学习“泛在”到家、园、社会中，在幼儿园探究的问题可以延伸到家庭和社会中去拓展和验证，在家庭和社会中关注到的信息也可以带到校园里来分享讨论，从而保证学习的持续探索性，教育支持的家园一致性。此外，家园还应与图书馆、历史遗迹、生物资源、博物馆、科技馆、动物园、各类教育基地等实现资源共享，将幼儿无所不在的学习与发展拓展到更广阔的世界。

(3)课程领导力

在上海师范大学、上海市教委开展的“上海市幼儿园课程领导力的现状调查”中，50%的园长认为办园质量优势主要体现在课程特色上，但只有39%的园长认为园长具有课程领导力。[②] 园长的课程领导力主要体现在课程实施方案的编制、课程实施、课程评价以及课程管理等方面的课程专业技术领导力，对教师班级课程设计、实施与开发等的课程实施领导力，制定评价内容和标准、建立一定的评价机制、发挥评价的发展性功能等的课程评价领导力，对课程实施的管理和保教质量的监控与评价等的课程管理领导力几方面。

其中最为困难的便是解决理想与现实的落差问题，也就是把好的课程设计通过教师的具体实施落实到教学实践中。园长对教师课程实施的领导力便是最为关键的一环。首先园长要帮助教师树立正确的课程观。在21世纪，有

---

① 张琼、于冬青、包艳丽：《幼儿园园长家园合作理念现状及其领导力提升》，《陕西学前师范学院学报》，2018年第3期，第53—57页。

② 高敬、周洪飞、陈雪：《上海市幼儿园课程领导力的现状与思考》，《上海教育科研》，2014年第11期，第47—50页。

一个非常重要的认识，就是我们不仅是知识的消费者，而且是知识的创造者。作为教育工作者，我们的任务不仅是帮助儿童去认识已知的世界，还要去创造未知的世界。因此教师在建构实施课程时，要把幼儿看成未来发展和成长的人，而不狭隘地只看待这一阶段，要尊重儿童，促进儿童源于生命本体渴望的全面发展。其次要帮助教师围绕着这一课程观去建构和实施课程，将课程真实地落地。

例如，北京市第五幼儿园在“十三五”期间申报立项的一项以“面向未来”的课程为核心的北京市教育科学规划课题，对其涉及的核心概念和课程内涵作了深度的挖掘和建构，但是为了便于教师真正把握课程，将课程理念转化为教育实践，研究中着重从实践的角度提出了教师实施这一课程的六大路径（见图 1-5），帮助教师围绕课程实施的关键性问题——幼儿的主动学习和发展、教师的教育支持、课程实施中的教科研活动、环境的创设、家园的联动沟通、信息化时代的技术支持将“无边界”“泛在式”等抽象理念落实到教学中，为教师开展课程提供了可操作的抓手。

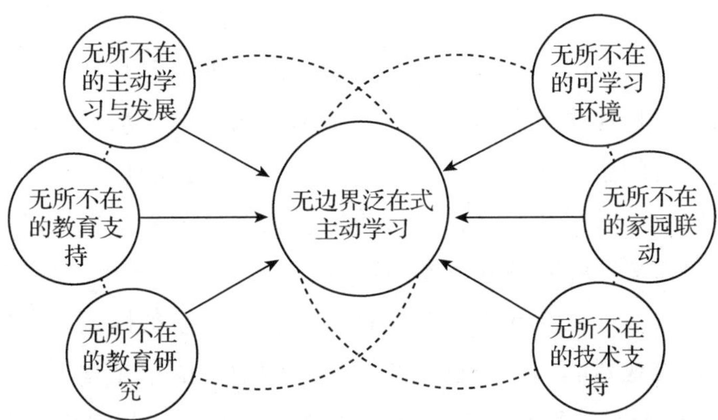

图 1-5　在无边界理念下实施泛在式主动学习课程的路径

实施课程的能力是教师的基本功。幼儿园往往是在长期的课程实践中形成自己的教育哲学和智慧，并且将这些哲学和智慧渗透在幼儿园每个教师的一举一动、一想一念中。而教师将这种教育理念和思想付诸实践的过程，将极大地影响幼儿园课程设计的再现性和完成度，解决课程改革“理念好”而“落地难”的问题。园长必须将课程领导力价值的发挥当做自己的一项主要工作来抓，让教师能够理解课程、实施课程，真正让课程促进幼儿的主动发展。

(4)信息化领导力

教育信息化在教育中发挥着越来越重要的作用。我国先后发布了《教育信息化十年发展规划(2011—2020 年)》《教育信息化 2.0 行动计划》《中国教育现代化 2035》《加快推进教育现代化实施方案(2018—2022 年)》等一系列政策文件，对我国教育信息化、现代化的发展起到了重要的推动作用。

当前教育信息化发展到了新的阶段，不再是单纯地对信息化硬件的升级或是作为工具的辅助性应用，而是意图借助信息化的理念、思维方式、技术支持推动教育范式的变革，以对数据价值的深度挖掘和应用优化教育决策，通过管理信息化提升各类教育机构的管理水平，运用教育信息化破解制约教育发展的难题。

借力大数据、云计算等信息技术，教育信息化将推进教育管理的深层次变革，使教育治理主体从单一管理走向多元共治，教育治理决策从经验主导走向数据驱动，教育治理模式从静态治理走向动态治理，教育治理信息从有效信息稀缺走向有效信息复现，教育治理情境从固定简单情境走向自主适应复杂情境。

目前，学前教育信息化虽然已有了长足的发展，尤其是在硬件建设上不断进步提高，但是其软实力仍需提升，特别是园长的信息化能力成为制约幼儿园信息化发展的重要因素。近年来，对校长、园长的信息化领导力关注度日益提高，显现出以提升校长、园长的信息化领导力来实现信息化时代学校和幼儿园面向未来发展的急迫态势。

幼儿园园长信息化领导力主要包括五个相互联系的因素，即信息技术能力、信息化系统规划能力、信息化环境建设能力、信息化管理能力和信息化评估能力。[①] 首先园长自身需要加强学习和操作应用，提升对信息技术的理解、操作、反思能力；在认真研判信息化发展趋势后，对幼儿园现状进行评估，进而确定幼儿园信息化发展的目标，明确信息化发展的内容，提出具体措施的整体规划设计；一方面升级幼儿园的信息化设备、多媒体教室、网络平台等信息化硬件环境，另一方面加强幼儿和教师的信息化素养，营造幼儿园信息化氛围；在信息化背景下改进沟通交流方式，加强全园教职工运用信息化处理工作事务的能力，提升管理效率；创建网学模块，促进教育资源的

① 韩映虹、王天楚：《幼儿园园长信息化领导力内涵及模型界定》，《家长》，2019 年第 27 期，第 20—22 页。

共享，实现教学信息应用支持的常态化，注意教师对信息化技术在教育教学中应用的合理有效性进行评价反馈；尝试将多媒体设备的应用打破课堂时空界限，拓展到教学现场、备课、教科研、信息分享、家园互动、社区资源开发等各个方面。

二、规划战略的前瞻力

(一)基本概念

在中科院基于领导过程构建的领导力五力模型中，感召力是核心，前瞻力是对感召力的延伸，是领导力的中间层面，影响着最终实施层面的决策力。前瞻力作为将领导力核心力量转变为具体实践的重要部分起着连接、中转、承接的作用。毛泽东在中国共产党第七次全国代表大会上的讲话中谈道，“没有预见就没有领导，没有领导就没有胜利。因此，可以说没有预见就没有一切”。美国著名领导学学者于 2002 年对全球 7500 个高层领导者进行了问卷调查，结果显示有近 70%的被调查者将“前瞻力”作为他们最想追随的领导者的品质。①

前瞻力从本质上讲是一种着眼未来、预测未来和把握未来的能力。具体分析，前瞻力的形成主要与下述因素有关：一是领导者和领导团队的领导理念；二是组织利益相关者的期望；三是组织的核心能力；四是组织所在行业的发展规律；五是组织所处的宏观环境的发展趋势。

前瞻力被如此看重，就是因为人们认识到了这种能力在规划组织发展、引导组织获得成功的过程中有着重要作用，有时甚至是决定性的作用。但是前瞻力却算是一种稀缺能力，正是因为稀少、不易形成，才显得尤为珍贵。领导者首先必须有透过现象看本质的透析时事的洞察能力，对事件的历史发展及其变化规律有着深刻的把握和了解，需要具备战略规划的眼光和能力，能依据现实情况设想未来的发展，并创造性地谋划未来的发展。

在教育领域，学校或幼儿园的领导者要有超前的教育眼光、学术观点和教育管理理念，要明白只有具备人才培养的正确方向、卓越的学术见识、高超的校园管理策略，才能保证学校沿着科学的发展方向前进，才能成为合格

---

① 中国科学院“科技领导力研究”课题组：《领导前瞻力研究》，《领导科学》，2006 年第 11 期，第 20—22 页。

的学校领导人。可见，教育领导者的前瞻力不是只针对某一学科，甚至不是只在教育实践层面，而是领导者在学校发展和管理的各项专业领域中的全部知识储备，除了要掌握基本的教学规律以外，还要掌握知识发展规律，实施教育的根本目标和本质规律。教育领导者要扩展知识广度、拓展视野宽度、加大研究深度，与各领域专家充分交流沟通，汲取、借鉴先进理念，整体把握学校的发展。

（二）园长的前瞻力

园长的前瞻力是指园长在战略理念引导下，通过洞察学前教育发展趋势、掌握学前教育发展规律、整合和提升幼儿园全体教师以及幼儿和家长的期望、培育和提升幼儿园的核心能力，持续预测、把握和调整幼儿园的发展方向和战略目标的能力。园长只有具备前瞻力才能使幼儿园整体突破传统的发展模式，打破发展中的桎梏和瓶颈，实现跨越式发展。

1. 把握教育本质规律

教育发展有其独特的规律，在教育教学过程中，只有尊重教育规律，按教育规律办事，实事求是地践行教育规律，才能对教育发展作出正确的研判和决策。因此能否把握教育的本质规律直接决定着幼儿园的发展走向和形势。要把握和运用教育发展规律，园长必须建立强有力的持续学习机制，在空间上不断向内深入，了解幼儿发展、教师成长的内核，并在实践中促进应用；在时间上不断向前探求，及时获取前沿信息，并进行系统分析。

从斯宾塞的“教育准备生活说”到儿童中心论，对于教育本质的探讨从来就没有停歇过。但是这些学说都有其时代的局限性，也有历史的合理性。目前最为主流的观点认为，教育是人类社会所特有的、以培养人为目标的、使人的身心得到发展的一种社会活动。对幼儿园来说，教育的本质可以简单地概括为育人。幼儿园的教育应当以幼儿的发展为根本目的，顺应幼儿的禀赋，提升幼儿的潜能，完整而全面地关照幼儿的发展。

也就是说，园长要关注幼儿的成长规律，把握不同年龄段幼儿的阶段性发展特点，以幼儿的完整全面发展为核心，在此基础上才能从整体和根本上把握幼儿园教育从何而来、去向何处，在幼儿园课程建设、教学特色确定等方面有明晰的思考，对幼儿园的发展方向作出准确的判断。只有这样园长才不会带着整个幼儿园走向教育本质的反面，不会被一些“假教育”的灌输、洗脑、强加成人意志的教育方式所蒙蔽，避免无视儿童身心发展规律，不尊重儿童的需要，甚至在社会上造成恶劣影响的虐童等事件的发生。

园长在工作中要将“尊重教育”时刻牢记在心。从尊重教师，以园长自己的善意激发教师的善意做起，为教师树立一个愿意去体察他人、理解他人的良好榜样，满足教师自我实现的需要。教师才会在尊重氛围的浸润下，自觉发起尊重儿童的教育行为，尊重幼儿的学习游戏活动，尊重幼儿自主选择的权利，尊重幼儿在教育中的主体地位，实现幼儿个性化发展的需要。从而使整个幼儿园充满“以人为本”的温暖。

2. 面向未来规划战略

(1)判断发展趋势

著名教育家鲁洁在论述教育的主导功能时说过，“教育是为一个尚不存在的社会培养人”。[①] 可见，教育的眼光就要领先于时代、超越于现实，这样培养的人才才能较好地适应将来社会的需要。

因此，园长首先要确定“教育面向未来”的基本观念。从蔡元培提出的“教育者，专为未来”和清华大学开办的“未来教育论坛”，到社会各界都在关注的以“未来教育发展”和“未来人才培养”为核心的“教育的变革”，都在谈论面向未来的教育和培养适应未来发展的人才。

教育的本质是育人，那么面向未来的教育的本质究竟是“育什么样的人”呢？十八大以来，习近平总书记曾多次强调教育要培养的应是“德智体美劳全面发展的社会主义建设者和接班人”，各项政策目标也体现了“人的全面发展”的马克思主义最高价值追求。那么，未来人才就应当是具有自主学习能力、独立思考能力、自我完善能力、强大创造能力、全面发展的“完整的人”。《人民日报》从“为学校营造适应未来发展的‘学习场’”，国家人才研究专家沈荣华从“改革和发展教育，调整教育结构”的角度提出了改进创新学校教育培养未来“完整发展型”人才的策略。

因此，培养未来人才的突破点和着手点最终落在了改革学校教育上。《人民日报》曾指出：“教育要有新作为，……更要关注时代的未来。在专注教育内部变革的同时，还要有更宽的时代视野和格局。”从日新月异的社会发展大背景去考虑，可以发现科技的创新使很多事物之间的边界正在逐步地被打破，

① 鲁洁、项贤明：《论教育的主导功能和教育的理想性——兼论社会主义市场经济体制下的教育改革》，《江苏高教》，1993年第4期，第3—8页。

人类正步入“人人皆学、处处能学、时时可学”的学习型社会。随之而来，教育也应该是无边界的，不断地打破学科、学段、课堂、校园、家庭、社会的边界，让学习无所不在成为可能。而课程建设也理应顺应时代变化、不断吸纳创新思维和理念，打破教育的各种边界，打破自我设限，提供随时可学的机会和资源，使教育回归到人性自我生长的本源，即追求发展的相对完整性和和谐性，帮助儿童掌握不断自我成长、终身学习的方法，成长为面向未来的全面完整发展的人才。

(2)整合资源和期望

园长需要盘点和整合幼儿园发展所能调动和运用到的一切资源，只有科学分析所具备的资源，才能对幼儿园的现有实力、发展潜力有所判断，并结合教育发展趋势和教育本质规律对幼儿园作出最大限度的良好规划。资源包括物力、财力还有人力等方面，人是资源中的灵魂，因此园长还需要持续把握和整合幼儿园的主要利益相关者，也就是幼儿园全体教师以及幼儿和家长的期望，形成共同愿景，以引导以上人群期望的变化并获得其长久的支持。

作为一名园长，需要对自己的资源情况了如指掌，对于资源来自何处、运用限度如何、结构配置情况要能如数家珍、运筹帷幄，才能奠定自己幼儿园发展的基础规划，才能把握幼儿园发展的机会。如果不了解这一点，园长就会面临无所适从的窘境，对幼儿园的领导就仅仅只是一个幻想，是无本之木、无源之水。幼儿园的架构并非一成不变，它随着幼儿园发展的需要和管理任务的需求而动态调整。在幼儿园的组织结构有所变化时，例如，跨园增生、新办分园、部门结构调整时，园长需要不断反思是否对自己所管理的人、事、物、财等资源的变化足够了解，才能清楚把握目前的教师群体结构是否合理、资源配置是否适宜、职责和任务是否落实到位等问题，从而促进幼儿园管理层次更清晰、细化，实现责任到人、责任到点、责任到位。

幼儿园的发展方向并不是园长拍脑门决定的，它来源于幼儿园利益相关者的共同期望。共同期望有着深刻性的感召力量，有助于形成全体成员基于幼儿园发展的价值观、信念和目标。幼儿、教师、家长并不是一开始就会自然形成共同期望，需要园长去整合和凝聚。这其中考验的是园长在纷繁信息中把握本质的能力、协调各个主体愿望的能力、进退得当行动有度的能力。通过一系列整合而成的各个主体的共同期望，很大程度上决定了园长能否对幼儿园的发展作出有底气的预见和判断。

(3)学习创新

园长必须跳出舒适区，首先完成自我觉醒，以成长型思维去研究和拓展自身的领导理论和技能，形成元学习的能力，在终身学习中去发现、突破和创造，才能应对新时代教育的挑战，具备超越他人的前瞻力。

任何事物都是处于不断发展变化之中的。教育的发展随着时代的变革也始终在演变、推进。墨守成规、故步自封是园长的大忌。许多园长在一园之长的位置上任职的时间长了，总会产生懈怠、疲乏或者谨小慎微、害怕改变的心理。但这样的态度会带来幼儿园管理、发展的诸多问题，不仅使幼儿园不能跟上外部环境的变化，也会使幼儿园内部产生新旧理念的对撞和矛盾。因此，成长型思维和终身学习是园长必不可少的素养、态度，也是追赶时代、带领幼儿园前进的能力。

人的智力和能力是可以通过专心致志的学习、坚持不懈的努力获得发展的，困难和失败是促进自我成长的挑战。具有成长型思维的园长往往拥有开放的、独立的、创造性的思维能力，能够适应现实需要，不断打破和重组自身，能较好地应对各种问题和挑战。他们相信教师也是不断成长发展的，注重教师个性能量的发挥，以开放包容的态度欣赏和鼓励每一位教师和幼儿的成长，敢于挑战新事物、新观点、新方法，勇于创新，不怕失败。

终身学习是获得成长型思维的必要方式。大脑的神经连接会不断优化重组，你越使用它，它就变得越强壮。当人们在学习的时候，大脑会成长，会变得更有能量。作为园长，一方面可以系统学习已归纳或提炼出的专家型知识和技能，以提升专业能力；另一方面，园长还应坚持与时俱进，掌握新形势下出现的知识和技能，以适应教育变革与教育转型，如利用信息化手段促进教师专业发展和运用大数据开展学校评价等。

对于园长来说，研究是其终身学习、不断创新的核心能力。园长在领导幼儿园发展的过程中要将研究思维融入工作中，遇到难点和困境时，要分析清楚它的来龙去脉，收集查找相关资料，了解他人有益经验，召集相关人员组成攻破问题的团队，对会运用到的资源进行深入分析，提出问题解决的规划方案，进而尝试将方案付诸实践，并在实践中不断检验和调整改进。任何重大决策的施行都需要充分的调研和论证，才能保证幼儿园的发展决策具有前瞻性、科学性。

三、多谋善断的决策力

(一)基本概念

决策指的是根据专业标准对两个或两个以上可选事物作出判断和选择，也就是俗称的“作出决定”或“拍板”。决策力也就是指人们面对问题时，依据决策原理、遵循决策程序和运用决策方法进行方案选择并实施，直至实现预期目标的能力。

决策力是对前瞻力的延伸和发展，是处于实施层面的领导力。决策力是领导者在权衡利弊以后，为了实现一定的预期目标，在规避风险的基础上实现利益最大化，快速斟酌优劣、修正决策并进行选择与执行的基本能力，这是一种能在众多方案中选出的最佳且最可行方案的一种选择魄力。

早在先秦时期，思想家孟子就有“权变、乘势、决策之道”的记载。那时候的决策多用在政治领域，是帝王将相等上层阶层根据自身的知识、经验、才能以及所处环境，对国家经济、行政等方面进行决断。近代决策的概念被美国学者巴纳德和斯特恩等人引入管理理论中，并随着时代的发展，不断丰富其内涵和外延。人们对决策的认知，也拓展到生产、生活中。

现代社会化大生产的条件下，一个重大决策足以决定一个群体或组织乃至一个社会的命运。因此，决策力作为领导力的实施层面，是领导者理念思想能否顺利运行的关键一环，是最为实质的领导。在日常的管理工作中，领导者时时处处都面临着大大小小各种决策选择，可以说决策贯穿着整个领导过程，无论多高深的领导理论、多重要的形势预判、多困难的选择取舍，最终都要落到决策中去敲定。作为领导者，必须敢于决策、善于决策、工于决策。

决策的过程涉及制度性和非制度性权力的约束和赋能，受领导者个人能力水平、经验、个性等内部因素，以及组织性质、状况、氛围、社会环境条件等外部因素的影响，难免会对正确、科学、理想的决策有负面的作用。如权力过分集中于个人，决策中个人专断色彩浓厚，法制意识淡薄，缺乏决策责任机制和监督机制；决策程序不规范，不符合国家法律规定，缺乏制度性保障等。需要领导者通过加强自身素养、不断学习吸纳相关知识、坚持正确的价值观、明确法律法规、增强民主集中等方式提高自身的决策水平。

(二)园长的决策力

1. 宽广的格局

格指品质风度、规格范围或者对事物的推究，局是指事物发展的形势，合起来称之为格局，是指对范围内事物认知的程度。不同的人，对事物的认知范围不一样，所以不同的人，格局不一样。对格局的修炼是由执行者到设计者的必经之路。从教育领导这一向度来说，园长应该成为有格局的幼儿园设计者，善于听取他人意见，胸怀全局观念，善于从纷繁复杂的材料中清晰把握教育教学的规律、脉络和走向，并有胆识地着眼于长远目标进行规划决策。

园长拥有了格局，才能精准把握问题的实质，提出科学专业的意见，促进教育的正向取向和专业精神，引导教师、学生、家长和社会各方面人士超越分歧，规避功利，共同促进幼儿园变革。

园长的格局一方面体现在对自身角色有一个清醒的定位和认识。园长需要走出自己的小圈子，放眼外面的大世界，了解到世界政治发生什么变化、社会正在进行什么革新，让幼儿园的建设、育人的目标和路径适应社会的发展。园长应有自己的权威，但这种权威应该在思想、专业知识和能力上，而不是在“官威”上。园长要能够兼收并蓄、海纳百川，尊重教师、幼儿、家长的意愿，对利于幼儿园发展的建议和意见要能够接纳，并且深入地去分析、吸收，最终从不同的人和事中广采博纳，择其善者为己所用，内化为自己的基本素养。

另一方面园长的格局体现在担当和责任上。心中有多大的责任，未来就能成就多大的事业。中南大学校长在毕业致辞上说：“要以担当和求实铸就人生大格局。”有格局的园长是有全局观的，他们不会拘泥于完成任务、马虎了事，而是从一件事中琢磨出“味”来，思考怎样依从于全局，调动各项资源，把这件事情完成得更好。他们在担任园长之初就会对幼儿园的发展有着超前的远景规划，对幼儿园的品格立意高远，并且对实现规划的路径有着清晰的设计。当遇到困难危机时，有格局的园长会挺身而出，勇于承担任务，敢于立于潮前，把每一次挑战都当做成长的基石。

2. 正确的价值取向

决策的基础是以决策者的价值观为依据对事物进行的判断。任何决策都包含价值成分，任何决策者都是一种价值综合体的象征。园长必须坚持科学的价值取向，树立正确的教育价值观。这一教育价值观与对教育本质规律的认识紧密相连，是以幼儿的发展为根本目的，顺应幼儿的发展特点和需求，完整而全面地促进幼儿的成长。同时，在保证教育的个体功能外，还要重视教育的社会功能，即培养德智体美劳全面发展的社会主义建设者和接班人。

首先，园长要提高自身的政治素养和道德素养，增强教育责任感和使命感，增强群众的观念。园长的所有决策，都必须与新的历史条件下贯彻、落实党的教育方针，落实立德树人根本任务，发展素质教育，推进教育公平相适应。园长必须要有较高的政策水平，加强对各项政策的精准解读，能够准确把握其基本精神，并善于将大政方针转化为教育领导实践，依据方针政策来办园。并在坚持核心精神毫不动摇的前提下，了解政策存在的弹性和空间，厘清政策所允许的活动半径，依据本园情况加以落实，最大限度发挥政策和园本特点优势。

其次，要在判断社会、教育发展趋势的基础上把握大局大势，无论作何教育决策，都必须从社会经济发展的大背景出发，必须高瞻远瞩、统观全局，全面把握幼儿园发展面临的新形势、新情况，从战略的高度、多维的角度认真思考。园长还需要提高自身的政治思想、道德水平和业务水平，在终身学习中建立过硬的专业素养和能力，注重自身的人格完善和道德健全。一个人品、道德上有污点或者业务一塌糊涂的园长，是无法赢得教师、社会的尊重，也难以对幼儿园发展作出正确决策的。

3. 民主的决策机制

园长作出的决策，需要有人遵照执行，否则无法贯彻落实，那一纸决策也就是废纸一张。为了保证决策的有效性、执行度，园长需要推动建立科学化和民主化的决策制度，实现决策程序的规范化、法制化。领导决策是一个过程，在这一过程中涉及多方面的因素，需要有相应的制度对其进行监管，才能产生科学决策，而科学决策的核心便是决策的民主化。“智者千虑，必有一失”，园长的经验再丰富，也会受到其个人经验、偏好、特定条件的限制，难免会出现失误或偏差。如今从经营单位到国家管理层面，都会组建相应的决策咨询团队，将个人的认知范围扩大为群体的认知范围，寻求群体的智慧协作。园长也需要建立幼儿园决策智囊团，放开言路，集思广益，为科学决策提供广泛、准确、真实的信息，提供有益的思路。

园长可以以协商民主的方式加强决策的适宜性。通过与教师、家长、社区等群体的民主协商，以平等参与、理性沟通的对话方式解决教育中的实际问题。协商民主首先要建构起科学化、规范化、系统化、完备化的民主制度体系和程序机制，建立个体或群体与幼儿园沟通的渠道，按照制度规定组织民主协商会议、讨论等，并让民主参与体现在决策的全过程，使民主决策、科学决策的机制更加完善，发挥民主协商的长效作用。

幼儿园还要面向不同群体，将决策决定、执行、监督等过程的组织、团体和个人纳入决策主体中，并保障各个主体间的平等合作、相互联系。为各个主体共商合作、沟通交流、意见表达提供充分的条件保障。发挥教职工代表大会、家长委员会、膳食委员会等民主协商组织的重要作用，建构共谋发展的幼儿园"统一战线"。同时创新民主协商的形式，充分利用网络新媒体、举办论坛、办学思想与成果研讨等开展协商议事。

4. 注重调查研究

决策必须在充分占有信息的基础上进行。园长决策的底气来源于花费功夫和时间收集的信息资料，通过对资料的深入探究和琢磨，融会贯通知识经验将分析结果应用于幼儿园管理中。园长作出的任何决策都是对全园师幼乃至其家人、社会的一个承诺，会造成一定范围内显性或隐性的影响。在作决策前，园长需要具有承担后果的考量。这并非让园长明哲保身、不作为、不干事，而是要在作决策前把着力点放在调查研究上。通过调研为决策提供可靠的保障，使园长的决策收益是正数而不是负数，从而强化园长决策的信心，形成良性循环。

园长可以依靠决策智囊团队深入实际开展调查，可以以正式或非正式的问卷、访谈、观察、会议、实地考察等活动形式摸清幼儿园内外环境、不同人群(如家长、社区群众、附近街道和机构的工作人员)的相关真实情况，充分发挥各个民主协商、管理机构的桥梁和纽带作用，充分了解不同人意见，广泛集中不同人意见，正确反映不同人意见，在此基础上再作决定、作定夺。特别是在涉及基础建设、人事改革、奖金福利分配等牵涉教职工利益、幼儿园改革、全局发展的重大事项时，避免以园长个人权威或历史经验来作出决策，要广开渠道、广纳意见、广罗信息，才能作出切实可行的决策。

四、引人追随的魅力

(一)基本概念

在前文所述开展的"园长工作管理调查"中，有些园长认为人格魅力是园长最重要的素养之一，并且对自身的魅力指数比较自信，认为乐观等个人特质是自己成为园长的重要因素。那么“魅力”究竟能否帮助园长发挥领导作用，在领导力中重要性如何？

大卫·戴在《领导力的本质》一书中从事件层次、个体层次、群体层次和组织层次四个层次分析了领导力的本质，其中事件层次和个体层次属于微观层次，群体层次属于中观层次，社会集群层次属于宏观层次。[①] 个体层次的领导力观点认为个人的个性是引发领导者和追随者行为的根本性原因。大量元分析的结果表明，一些个人特质与领导力高度相关。魅力就属于个人特质的一方面。

在持特质论的领导力研究中，认为领导力具有民主、专制、放任以及后来发展出的变革型和交易型几种不同的风格。也有研究者认为说服力、自信、压力忍受、精力充沛、果断、灵活、成熟稳重、情绪稳定、独立性、创新、内控和自我指导等人格特质与领导力相关。可以看出，并没有一个公认的、稳定的领导力人格特质结构。可以这样来看待这个问题，领导者的特质有不同的倾向，多种特质倾向的人都有可能成为成功的领导者，而这些特质都属于领导者能够带领他人的魅力。

相信特质对领导力有重要作用的研究者形成了领导力研究的魅力型学派，他们关注领导者个人的影响过程以及用于激发追随者潜力的具体行为。魅力型领导通常都十分自信，对下属和环境具有洞察力，对组织发展有远见和规划，并且善于创新。这类领导者以其非凡的自身魅力，给予下属情感支持，使下属愿意拥戴和追随领导者，进而追求对工作和组织更高的满意度和绩效。

(二)园长的魅力

1. 个性品质

园长要加强个人的魅力，首先就要从个性品质上加强修炼。无论是内向还是外向，热情开朗还是沉稳专注，这些都是表面的性格特点。有魅力的个性品质从来不是外在的表象，而是其底色的人格特质。

魅力型园长一般都富有想象力，具有创新精神和魄力，懂得另辟蹊径实施变革和创新。他们富有信心，对目标实现有坚定的信念，敢于大胆规划和

---

① [美]大卫·V. 戴、约翰·安东、纳基斯：《领导力的本质(第二版)》，林嵩、徐中译，北京大学出版社，2015年版。

设想未来，热衷于提出一种下属可以识别的、富有想象力的未来远景，为组织作出巨大改变和进步创造条件。善于进行表达和激励，语言沟通和表达能力比较巧妙，容易引起下属的共鸣；能够凝聚人心，加深教师对工作的认同感。在实现目标的过程中，他们平易近人，懂得关怀与理解，愿意听取众人的意见，善于整合不同的期望，能与员工建立起情感依附，善于造就具有支持性的人际关系。①

2. 道德品质

中国传统文化强调以德立人，厚德载物。在教育领域，“德”是放在首要位置的。作为园长，如果德不配位，那么其管理的教师容易在师德上出问题，是幼儿园发展的重大隐患。从教育行业本身的性质来讲，教育是育人的事业，尤其是学前教育，面对的是缺乏自我保护能力但是发展潜力巨大的天真的幼儿，一园之长必须有德，而且是高尚的道德，才能带领教师去了解、解读幼儿的发展需要，为幼儿提供一个自主、健康成长的空间。

在儒家看来，领导者就是“君子”，“君子”魅力带有“君子之德如风”“君子所过者化”的强大教化与感召力。具有道德魅力的园长，应以德服人而非以权压人，在工作中一丝不苟，以身作则，求真务实，全身心地投入到育人事业中。面对困难总是自己先上，面对利益却是以教师为先。比如“时代楷模”张桂梅校长，在边疆民族地区开办学校，把所有财产和爱给了学生，和同事们一起帮助1800多名女孩走出大山、走进大学，用教育阻断贫困。她是以道德魅力感召身边人的领导者代表。有道德魅力的园长，拥有极高的威信和声望，受到跟随者的尊敬，尤其在面对危机时能够团结人心、化险为夷。

3. 智慧品质

善于思考，拥有过人的智慧是作为园长的一项具有巨大吸引力的魅力。有了智慧，就拥有了一双洞察世间万物的慧眼，才能够高瞻远瞩，明白道理规律，带领幼儿园找到思路办法。总有教师会感叹：“园长不愧是园长，她真是聪明，什么东西都能理解，什么情况都逃不过她的眼睛。”所谓的“聪明”，其实就是参透本质、善于取舍、领悟根本的智慧。

园长的智慧首先是丰厚的学识底蕴，这是园长智慧的源泉，包括丰富的学识和人文涵养，对教育、管理的系统指导掌握充分，了解学校各个部门的

---

① 张舒桐：《魅力型领导浅议》，《合作经济与科技》，2021年第3期，第122—123页。

工作实务，并善于对教师进行点拨指导。其次是行动实践的智慧，园长要“论道”，更要“行道”，把学识底蕴转化为教育管理行为，敢于进行办园革新，在实践中不断增长实用智慧。最后园长还要精于反思，在学习、实践中时时、处处、事事进行总结、思考与梳理，只会埋头苦读或闷声干事，而不会适时自省，是一定会耽于烦琐冗杂的事务中，不能成为智慧型的园长的。只有能够深层分析，从中汲取养分化为己有，才能使所学、所用的知识和经验变成自己的智慧、方法和行动。

(三)辩证看待魅力

魅力型园长作用的发挥，受到主客观因素的限制，有效性有一定的适用条件。如果园长的领导能力有限，虽然自信有号召力，但是作出的决策总带来不好的后果，那么就会反过来影响教师对园长魅力的认同。甚至在教师眼中，园长原来的魅力变成了一捅就破的纸，自信成了自负、能言成了光说不练的假把式、关怀成了虚伪。那么园长的魅力反而成了一种累赘，难以再发挥出效用。幼儿园的环境氛围也会影响园长魅力的作用。如果环境乐观活跃，教师易于感受到园长的吸引与热情，达成共识、拥护与协作；如果环境沉闷，上下级缺乏沟通，或者园长与部分教师交流互动较多，其他教师会怀疑如此善于沟通的园长却忽视了自己，那么可能是对自己有负向的评价，这些教师就感受不到园长的效能，会缺乏工作的动力和积极性。

因此，魅力是园长的加分项，但不是唯一选项。园长魅力的发挥也是在自身领导能力、综合素养的基础上实现的，与幼儿园环境氛围的影响相关。作为园长，要辩证看待“魅力”，不能过分依赖、过于相信自己的魅力，要在提高自己、营造条件的基础上，使魅力产生效用。

第二节　园长角色职责的履行

一、园长的角色定位与担当

(一)认清园长角色

1. 角色身份的转换

在一名有着丰富经验的园长心中，其对自身园长形象的朴素认识可能是：

一位思想者和行动的组织者；像孩子一样，永远相信希望，相信梦想；做的事越多，体会越多，智慧越多；用无所求的心做应该做的事；思想有多远，路就能走多远……

对于新任园长来说，其对园长角色既熟悉又陌生，既兴奋期待又焦虑担忧，既是对过去工作的一种肯定也是对未来工作的一项挑战。新任园长经历的是从一个“自然人”到“法人”的角色转变，面临着许多问题困惑。园长有指挥、调度幼儿园各项工作的权利，但权利与义务是相伴的，同时赋予的也有相应的责任。园长就要站上更高的台阶，从全园总体的立场思考问题，避免从以往熟悉的工作领域、相交甚厚的同事下属的利益点出发，处理问题必须公正。园长是对幼儿园各环节工作都了解把握的“全能”领导者，不再局限于教育教学专业领域，需要不断学习有关人事、财务、基建、固定资产、后勤等方面的管理知识。园长还需要对幼儿园的总体规划和发展走向有清晰的目标，对幼儿园结构、优势缺点有清醒的认识。因此新任园长上任后最重要的是摸清情况、搞清状况，遵循“一看、二慢、三通过”的原则，切忌不透析现实情状就贸然大刀阔斧地进行改革的做法。

当然，作为园长也要从主观上进行主动的转变，积极地调整自己的心态。卸下思想负担以及畏难怕事的心理，努力去与教师、团队、上级、老园长沟通、请教，积极寻求帮助与指点，使自己能尽快转变，并投入新的角色中。真心实意为幼儿园和教师的发展考虑，知人善任，不徇私不偏信，所做的一切改革和调整都以幼儿园整体发展为出发点，依靠全体教职工的民主管理，适当运用一些领导艺术和策略，从而为其稳稳地立住园长角色、取得多方信任、推进办园目标的实现奠定基础。

2. 多重角色的定位

《幼儿园园长专业标准》从园长专业能力和发展的角度定位了园长的角色——园长是履行幼儿园领导和管理工作职责的专业人员，对幼儿园的发展起着举足轻重的作用。从横向来看，园长专业标准的基本内容分为维度、领域和基本指标三个层级；从纵向来看，按照园长履行教育者、领导者、管理者三种职业角色所应具备的专业精神、专业知识、专业能力三个维度进行分析。横向角度和纵向角度综合交叉之后，形成了 17 个领域 80 条基本指标的园长专业标准体系。

从现实的幼儿园工作职能来说，幼儿园园长扮演着多重角色：在幼儿园内，园长是教师们的“上级”，而对幼儿园的主管单位和部门来说，园长是“下级”；在幼儿园行政工作中，园长是领导者，而在党支部中，园长可能是一名普通的党员；在幼儿园内部，园长是资源的分配者，而在争取外部支持、同外界打交道时，园长又成了联络者和谈判者。

许多园长总是会感到事务繁多、千头万绪，里面还有许多自己以往没有接触过或者不甚熟悉的领域，在决策的时候难免犹豫不决，没有底气。但是无论在履行何种角色的责任时都要记住一条，自己最重要的角色是全园工作的领导者，抓住全局观念、领导者角色这两个关键词，就能较好地处理庞杂的事务。园长是幼儿园的行政负责人，是幼儿园的法人代表，对内全面领导保育、教育和行政工作，向全体教职工、幼儿负责；对外代表幼儿园，向举办者、幼儿家长及社区负责。在幼儿园管理中处于主导地位，是管理的主体，要做好接受、解读上级政策任务和促进教职工实施完成任务的沟通协调工作。

(二)园长角色的责任担当

作为园长，要善于抓住幼儿园管理中的主要矛盾。在众多角色中，有三种角色对一个园长来说是比较关键的。承担好这三种角色的责任，履行相应的职责义务，是园长的必要担当。

1. 校园发展的规划者

园长要善于发现变化，抓住机遇，找准定位，要有审时度势的能力。这其中包括对政策的理解执行力，必须坚持依法办园；要对“市场”敏感，有获取信息的能力，不断地调整幼儿园的运营模式和管理思路。实现这些的核心便是园长必须要能凝聚起全园教职工的智慧和力量，组织专家、家长、社会人士等多方力量的参与，把握幼儿园发展现状，分析幼儿园发展面临的问题和挑战，形成幼儿园发展思路，制定幼儿园发展的规划，并将这一规划通过对人、财、物、事的配置安排与检测推行实践下去。

幼儿园办园规划是根据国家学前教育方面的方针政策法规(法律、条例、意见等)，对幼儿园未来较长时间发展的规模、速度、质量、特色等方面所做的全面的、有目的的、有条理的部署和安排。包括今后一段时期幼儿园发展的总体目标、任务及实施的措施步骤，具有导向性、预见性、系统性的特点。

园长首先要通过调研盘点，把握幼儿园内外部整体情况，掌握国家的教育方针和相关的法律法规，熟悉各种学前教育的相关政策，了解国内外学前教育改革发展的基本趋势，坚定社会主义的办园立场，谋划正确长远的办园方向。在充分占有资料、坚持正确价值取向的前提下，引入通过学习、培训、感悟得到的办园理念启发，确定幼儿园发展目标，对幼儿园的未来发展进行形象设计，表明园长究竟想办成怎样的幼儿园。还要具体对每个部门、每项工作的责任人需要做什么事情、承担什么任务作出明确的规定。这些都要以文本的形式规范、清晰地确定下来，并下发给教职工学习研读。在文本之外，需要加强对规划的解读和宣传。园长要将办园思考通过宣推、沟通、座谈等一系列行动，达成全体教职员工的理解、认同，形成共同的价值追求，从而统一思想，明确目标。在幼儿园总体规划下，每个部门、年级、班级乃至每个人，都需要制定相应的细化发展规划，具体设定完成自己规划的步骤、方法。制定规划对幼儿园是再学习、再提高的过程，在这一过程中不断厘清思路，不断调整充实发展目标。

2. 文化创建的引领者

文化是办园的基石。我们常说的“耳濡目染”“润物细无声”其实就是文化浸润的结果。文化是一个隐性概念，它可以没有实体，可以看不见摸不着，但它潜移默化地进入人心灵深处，使人的一举一动都受其影响；但是它又可以以显性的方式表达出来，比如，过年的红灯笼、对联，这都是文化的物质承载与显现。幼儿园教育是深藏着文化概念的。对幼儿的教育要渗透到一日生活中，教育时机总在不经意间闪现。因此幼儿园本身就是文化润泽的最佳场所。作为园长，要看到文化的作用，促进园内形成强大的文化氛围，把幼儿园建设为文化的吸纳者和输出者。

在教育管理中园长要善于运用“文化模式”，注重主体价值观和信仰，强调培养教职工凝聚力和形成组织文化，发挥精神、价值观和态度在管理中的作用。在幼儿园管理中，物质层面的诱因并不一定能在各个方面起到决定性的作用，精神层面的理念往往相对于物质刺激产生更强的使命感和凝聚力。一个幼儿园有共同的价值观和行为准则，才能把幼儿园目标和个人目标结合起来，最大限度发挥个人的聪明才智去完成幼儿园目标，在促进幼儿园目标的同时，实现教职工个人价值。

在领导教育教学的过程中，园长也要把文化育人作为办园的重要内容与途径，了解幼儿园文化建设的基本理论，掌握促进优秀文化融入幼儿园教育的方法和途径。坚持立德树人的根本方向，坚定文化自信，在传承与创新中寻找突破。

3. 干部教师的培养者

干部是幼儿园的关键少数，能带动全园教职工发展要坚持“德才兼备、以德为先”的干部选用标准，充分重视中层干部的打磨培养以及和谐同心团队的锻造。园长要在学期开始面对干部教师上好“干部第一课”，将勇担责、扬品牌、顾幼儿、求发展的明确要求和期望传达给干部，帮助干部树立自身责任意识和协作意识，当好幼儿园的承重墙和动力源，发挥关键少数的作用。

品德和价值观的锻造是培养干部的第一要务，其后，便要着重打造干部的管理和业务能力。例如，北京市第五幼儿园的经验便是，援引“智脑”拓宽思路，借培养中层干部管理思维、方法和能力的“赵云计划”“思维训练”等多种培训进行破冰拓展，引进现代管理经验，强化幼儿园顶层设计，着重干部团队建设。在各种培训中，让干部知道自己的角色是因组织、教师的信任而赋予的，从而知道为谁负责，以及怎么样去担责任、做事情。要督促干部坚持不懈抓学习，要经常反思、及时总结，做到举一反三、融会贯通，真正将学习成果转化为实践能力。还要特别注意摒弃只重业务历练不重理论学习和反思、只学技巧不学规律等功利化学习误区。以持之以恒的主动学习韧劲提升自己的综合水平。

同时，实施管理的切入点和落脚点，便是要关注教师，包括教师个体和团队，将教师作为管理工作的着眼点，充分发挥民主管理的作用，增智固本、充电加油，广开言路、提升认知，增进了解、密切联系，搭建平台、增进活力，让教师想做事、敢做事、能负责、能带动。

园长要善待教师，以民主管理机制、人文管理情怀去铺设与教师共同发展的康庄大道。善待教师，便是让每一个教师都能不断成长为最好的教师，关键在于让教师获得专业上的持续成长。要高度关心教师的权益，让教师感受到幸福，引导幼儿、家长、社会形成尊师重教的良好社会氛围，让教师成为习总书记所说的“最让人羡慕的职业”。

二、园长在组织文化中的作用

(一)幼儿园的组织文化

幼儿园的组织文化即园本组织文化，是在幼儿园管理者的带领下，持续多年所形成的价值信念、意识形态、道德标准、制度规范和行事准则，对凝聚全园团队精神、形成教师发展共同体必不可少。幼儿园在日常运转中的方方面面都有组织文化的影子，美国管理学家埃德加·沙因说：“领导者要做的唯一重要的事情就是制造和管理企业文化，领导者最重要的才能就是影响文化的能力。”

一般来说，幼儿园组织文化包括精神、制度、行为和物质四个层面，它们以外显和内隐的双重方式对全园工作起着导向性和动力性的作用。

幼儿园的精神文化是园本组织文化的核心，也叫“内隐文化”或“组织软文化”，它是全体教师所认同的价值观念、群体意识、道德作风等。它对教师发展的影响如春风化雨般浸润入心，虽然舒缓而轻柔，但却是深刻而根本的。积极的园本精神文化能加强教师的专业信念和职业认同感，具有较强的凝聚力，为教师主动发展提供强大的精神动力。

幼儿园的制度文化是教师工作的“准绳”“警戒线”和“长鸣钟”，是教师在共同的组织活动中应当遵守的行为规范的总和。教师在日常工作中能够照章办事、规范操作，是因为其背后幼儿园制度的激励与约束。同时，它也为实现教师的合法权益提供了依据和保障。制度文化的制约、保障双重功能使教师按规履行教育义务、实践岗位责任、努力追求上进，实现教师工作的效能最大化。

在共同的价值理念和制度约束下，教师会自发形成规范的行为体系，这便是幼儿园的行为文化。行为文化是幼儿园精神文化在行为层面的折射，体现在教师日常工作的细微之处，如教师面对幼儿时是否面带微笑、是否蹲下仔细倾听幼儿的需求，教师是否喜欢阅读，教师之间的沟通是否真诚愉悦……良好的行为文化匡正了制度和规则以外的行为，促进教师积极向上。

物质文化是幼儿园组织文化的最表层，也叫“外显文化”或“组织硬文化”，包括园容园貌、幼儿园标志、环境设施、教师形象等可见的一切表象。它向园内全体教师和社会外界直接展示了幼儿园的特色风貌，使人能直观地感受到幼儿园的价值理念。同时也为教师的专业发展提供了物质资源的支持，并帮助教师更容易去理解幼儿园的教育、文化观念，与之产生共鸣，找到归属感，从而在大集体中获得成长。

(二)园长对组织文化的定位与建构

在园本组织文化当中需要特别强调园长的导入，即目标方向的定位，一定要由园长去牵头，有园长自己的思路(见图 1-6)。现阶段学前教育的发展速度非常快，而且各种的学习无论是线上线下，还是走出去请进来都很多，但是往往正是因为这样，可能会干扰了园长的思绪和思考，有时候不知道怎么样定位。园长必须有这样的一种定式，即要把这个园办成什么样的园，方向、目标是什么，而且要让幼儿园中层和园长同频共振。园长在组织文化中，必须发挥塑造者、组织者和带头实践者的作用。幼儿园领导的模范行为是一种无声的号召，对教师起着重要的示范作用，因此要塑造和维护幼儿园的共同价值观，园长本身就应该是这种价值观的化身。

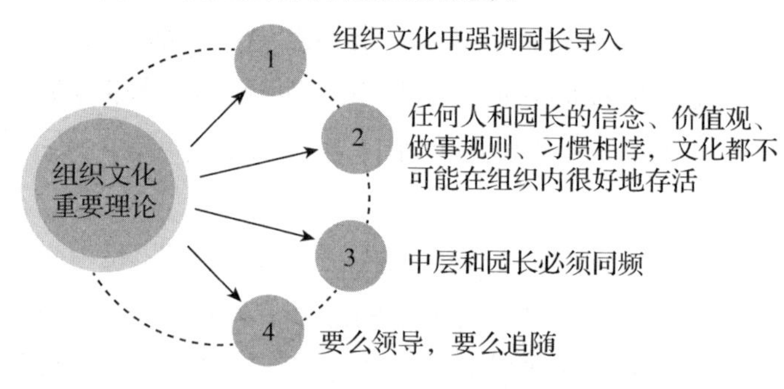

图 1-6　组织文化重要理论

1. 园长导入

文化建设是一把手的核心职责，属于一把手工程，是幼儿园内其他任何人都替代不了的。园本组织文化必须由园长亲自抓，没有园长的重视，是不可能搞好搞实的。也就是说，园本组织文化建设的好与坏，核心在一把手领导。

园长是幼儿园组织文化的缔造者。园本组织文化的价值、规则、制度等作为文化的核心载体，都需要园长的决策、定夺；也只有园长能够真正站在幼儿园全局的角度，有权力去调配全幼儿园的资源，有能力去调动全组织系统的参与、推进。许多幼儿园现在也搞园本文化创建，但是绝大多数只是浮于纸面，根本没有在幼儿园日常工作作风、方式中体现出来，没有释放出应有的能力。其根本原因在于，园长对自己幼儿园的认知不够、理解不深、重视不够，没有亲自挂帅去思考描述幼儿园的发展蓝图、去提供该有的运作机制、去推动文化在具体工作中的实际建设，而是简单地让执笔人去“想词”，堆砌华而不实的理念，或委托一个权重不高的部门承担此事，结果可想而知。

园长是幼儿园组织文化的捍卫者。园本组织文化只建不管是断然不行的，就好比规则制定一样，纸上的规则制度看起来很全，也很详细，但不执行也就只能放在角落里吃灰。所以，园长必须注意观察、考核、激励、落实组织文化的实施，发挥引导价值、指导行为的作用。在执行与实施组织文化的过程中肯定会遇到发生冲突的情况。是网开一面，还是秉公执行，对层级高的越线者的处理方式，对园长来说是一个考验。园长必须将自己置于园本组织文化捍卫者的角度来处理问题，才能使文化建设取得好的效果。

有人说，文化建设是物质、精神建设之外的第三只手。如果对组织文化没有足够的认识和重视，想要带领幼儿园走向光明的发展绝非易事。对于一所建立不久、没有经历过太多代"领导人"、比较年轻的幼儿园来说，园长的治园之策、处事之风、为人之道对幼儿园的发展至关重要，幼儿园组织文化深深烙上了园长的印记，甚至有时候园长的性格特点、人生经历、选择倾向完全决定着幼儿园的外在特点及发展方向。作为这样的幼儿园的园长，更应当全面审视自身的价值观，为园本组织文化的建设起好头、开好篇。

对于一所历史积淀深厚、发展已有既定轨道的幼儿园来说，现任园长要想彻底改变原来的现状，用自己的思想来影响传统的文化，那不是件容易的事，不是需要漫长的过程，就是被原文化挤兑出局。因此，园长在接手幼儿园的时候，要潜下心来虚心了解该幼儿园既有的组织文化，梳理清楚其优势和缺点，在继承传统组织文化的基础上，顺势而为，一步步引入广大教职员工可以接受的价值观，从帮助幼儿园发展的角度发挥园长应有的导向作用，巧妙地将新旧文化相融合，进一步把优秀的文化发扬光大。

2. 干部教师与园长的同频共振

园本组织文化是超越制度的，它可以渗透到制度所无法渗透的地方，发挥制度所不能发挥的作用，去影响幼儿园中每个个体的判断和行为。园本组织文化的本质，是幼儿园的"认识论"和价值判断标准，深入幼儿园工作的每一个环节和每一个角色。园长在进行园本组织文化的建设过程中，除了考虑如何"管理"好教职工，让教职工能够听从园长的要求，遵守幼儿园的制度规范，还必须将教职工的价值、个人的未来成长与幼儿园的发展战略放在同一个平台上考虑，实现干部教师与园长的同频共振。

一根梁撑不起一座房，一块铁打不出一筐钉。仅靠园长查不出所有问题，完不成所有任务。干部是幼儿园的中流砥柱，园长把中层干部带好了，会觉得轻松有业绩；但如果带不好，就会觉得烦心还没有成绩。如何带动这样的关键少数，让他们和园长同频共振，在做法上值得探讨。

首先，要让干部产生对上、对下和对自己的责任感，赋予他们工作意义，并发挥自己执行、落实、完成工作的作用；其次，让干部教师知道自己的重要价值——园里的承重墙，要找准自己的定位，要到位不越位。如果承重墙歪了、裂了，作为园长必须要去修葺；如果承重墙塌了，那么这个楼就要重新修建。选拔干部时，注重对其品质的考察，做人要豁达、包容、有担当、有追求、有执行力等，其中要特别强调不自私。园长要时时分析干部队伍的状况，了解其阅历经验、性格特点、能力水平、优势长项等，打造好干部梯队。

广大教师是幼儿园的主体和根本。要领导广大教师实现与园长的同频共振，可以从以下四个方面着手：

一要制度先行。精梳保教管理制度，开展各部门职能培训，持续推进青年教师夯基工程，明晰职责，恪尽职守，平稳推动工作。

二要动态监管。加强保教日常监管，抓细节夯常态，以督促、指导、推进为导向，做到日查日反馈，扬优点、容失误、纠问题、导正行。简化工作流程，落实教师减负任务，对各类检查、考核、评比活动实施目录清单管理，减少不必要的事务性工作。

三要塑培梯队。狠抓培训，提高教师培训的序列性、层次性，培养保教管理梯队。抓“新青教师”的基础性培训，夯实业务功底；抓“骨干教师”的专长培训，夯实特色教学；抓“卓越教师”头雁领飞式培训，夯实研究实践能力。从中选拔启用有能力有威信的教师涉足管理，进入管理层级，初步尝试学习管理方法。

四要促学强研。持续开展“书香幼儿园”等系列读书活动，加强对教师职业道德、专业要求等方面的学习反思。促进教师信息化在教育教学中的应用，实现教育资源的共享。借助园本大课题或教科研骨干的立项课题，带领教师参与研究思考，促进教师反思与专业成长。

【案例 1-1】

北京市第五幼儿园的“至善”管理模式

北京市第五幼儿园建于1954年，在政府、教委的深切关注下，发挥名园辐射带动作用，勇担解决“入园难”“入好园难”社会问题的职责，探索管理创新，近年来不断探寻将五幼分园、红湖园、城市副中心园、崇文园四所分园与五幼总园母体血脉相连、合生共长的办学新模式。

在五幼办园发展的漫长历程中，经历了社会环境的诸多变化，也遇到过许多棘手难题。当幼儿园逐渐变多后，首先要解决的是怎样让每所分园都能行走在母园的道路和方向上。文化是母园的基因，当基因能传承下去时，无论幼儿园如何壮大，它的内核都不会发生改变。

邹平园长在接手五幼这艘体量庞大的战舰后，在不断克难攻坚的发展历程中，形成了独特的"至善"管理文化、理念和精神追求——以激发幼儿园各个主体"人"的善意为根本，以对"人"的关怀管理为主线，以民主、科学、人本的管理机制和流程打通部门关节，构建园长—干部—教师—幼儿—家长的共同愿景和价值观，以规范的人性化管理评价推动教师主动完整成长，将制度建设、文化建设、组织架构、团队打造等管理层面和保教、科研、财务、信息、卫生保健、安全、家园等工作管理内容融入管理主线中，发挥教师、中层骨干、园长的最大作用，创建"至善"的幼儿园管理模式体系和文化。

在"至善"管理文化和理念下，五幼整合五园软硬资源，全面规划，统筹共举，既要充分发挥总园优质管理机制经验、干部师资等带动作用，促进四所分园稳步活力发展；亦要有效利用四所分园各自规模、地缘、平台等优势，承扬总园优秀基因，深挖自身专长优势与定位，提升质量成就特质风格，确保五幼集团的整体名优品质与持续发展，形成南城优质幼教资源带，促进地区幼儿教育均衡发展。

在五幼的每一个幼儿园，都能看到"至善"管理的影子。每个园区都有为教职工精心打造的活动室，都有统一的园徽、园服，共同开展重大活动和评选，都有严谨规范的统一管理制度，都有层级协调的民主管理机制，都有科学人本的管理流程，都有以"人"为主线的管理行动策略和规范而人性化的管理评价。每个幼儿园的教职工都在"以善意激发善意"的至善管理下，实践"内在自我驱动力—人本文化激发善—让人想创造更多价值"的"尽心"工作路径，从园长的善意，激发起教师、干部的善意，再带动幼儿、家长、社会善意的整体激发，从而达成幸福教育的目标。

同时，邹园长又提倡在"文化同生、理念共融"的基础上，因园制宜，焕发"各美其美、美美与共"的个性色彩。在总园"无边界"课程的总体带动下，分园开展生态与艺术剪纸课程，红湖园开展二十四节气课程探索，将各园的地缘、历史、个性优势和特点发挥得淋漓尽致。

正是因为园长的量体裁衣，抓住五幼文化理念根底深厚的关键点打造“至善”管理的组织文化，才有各园发展的枝叶繁茂。在“至善”管理文化与理念的浸润下，五幼各园实现了共性与个性的协调发展，实现了母子幼儿园的共创、共建、共赢、共享。

（来源：北京市第五幼儿园）

三、园长对幼儿园情况的把握

为了实现园长的真正领导力，园长首先要破除严格死板、由若干层次不同的部门组成、法定权力自上而下的科层式组织结构，建立合作、开放、富有凝聚力的组织体系；通过建立发展愿景、提供教学支持、发展组织文化等行为来提升教学品质，在人本管理之下建立人性化的制度机制；修炼好自身的素养，在行政权力之外，更多地依赖个人的专业智能和信念来影响教师们的行动；为教师们提供更广阔的发展空间和更丰富的教育资源，为教师专业发展提供物质支撑。

园长在幼儿园中有着全面管理和领导的职责，其中包括构建幼儿园组织文化，优化管理干部队伍，形成科学合理的权力分配与制衡关系，实现内部管理的程序化、公正化、制度化；针对幼儿园内部各部门及教工个人制定与实施各项具体规章制度，形成明确的学习与工作的规则、程序与方法；领导和管理教师的专业发展，评估教师工作绩效，合理决定教师的奖惩……

园长职责的履行必须基于其对幼儿园情况的深层熟悉和把握，包括对幼儿园文化历史发展的梳理，对教职工情况的了解，对教育发展与特色创建的把握，对研究历程的总结，对课程的建构，等等。

(一)把握幼儿园历史文化

历史是最好的教科书。每一所幼儿园都有自己独特的历史，无论这历史是长、是短，都保留着历史洗礼的痕迹。幼儿园的历史文化是一代又一代人对这所幼儿园的精神提炼，非常鲜明地体现了幼儿园在文化层次、价值取向、思维方式、行为规范、审美情趣等方面的独特之处；是社会价值、风尚的人文反映，是幼儿园担当社会责任、服务国家、造福百姓的历史见证。幼儿园的园史文化对师幼有着巨大的历史穿透力，具有无形的教育力量。从园史文化中汲取积淀凝练的珍贵财富，可以使园长丰富知识、积累经验、增益智慧、继承和弘扬幼儿园的优良校风。

园长首先要尊重本园的历史文化，要秉持着积极的心态、正向的角度，以一个学习者的心态去面对、学习、理解、吸收其中优秀的历史文化。将情感投入进去，发现历史文化长河中的闪光珍珠，感动于历代师幼在其中的欢笑与泪水。

许多高校和中小学都曾围绕自己学校的历史文化进行过深入的研究。在这些研究中，自然渗透进了学校所在地域历史与文化对学校的深刻影响，流露出动人的历史沧桑感和人文情怀。幼儿园对这方面的关注显然弱于其他学段。并非幼儿园教育浅薄、历史浅陋，而是园长没有意识到历史文化对师幼的影响、在学前教育中的作用。如果师幼每天生活在诗书礼乐中，他们的气度必然不凡；如果师幼每天能感受到历史人物对他们的召唤，他们的思想必定底蕴深厚；如果师幼每天都浸润在红色历史中，他们必定对祖国饱含深情。这就是教育家常说的“生活即教育”。幼儿园的历史文化氛围便是师幼现实生活融入教育的重要元素。

幼儿园的历史传承和文化脉络对建设全园精神力量起着“凝魂”的作用。园长要向前回溯寻根，将幼儿园所处的区域历史文化、人文文化、本土文化、地方特色等作为重要的参考内容，并盘点历史，找准支撑点，凝练核心词，通过讲述历史故事、汇集文化精粹、提炼精神胚胎的方式，带领教职员工找到“精气神”，加深认同感、归属感、自豪感。

园长可以将对历史文化的梳理以适宜、便于师幼观看的方式呈现出来。比如北京市第五幼儿园在建园 65 周年时，在园长的带领下围绕“创新教学”“亲切关怀”“成果荣耀”“中外交流”“课程建设”梳理盘点了五幼几十年来的发展历程，将历史和文化积淀蕴含在一张张图片、一段段视频、一个个沙盘模型中。当幼儿和教师置身其中观看感受时，就仿佛在通过时光隧道和过去的人物、事件见面问好，五幼的精神便融入了他们的身心深处。

(二)把握教职工基本情况

教育的本质是提高生命质量和生命价值。这就为我们幼儿园工作定下了以“人”为核心的基调。如果说教师是关乎幼儿一生发展的“重要他人”，那么园长和教职工之间又何尝不是相互影响的“重要他人”呢？作为园长，首要的工作是了解把握教职工的基本情况，这是开展一切工作的前提条件。

1. 把握哪些基本情况

一是要把握全园总体情况。例如本园一共有多少名教职员工，不同编制的人数各为多少，不同部门和岗位的人数各为多少；再继续往下细化，拿前勤教师来说，其中处于不同工龄段的教师分别有谁，每个年级组、每个班级的教师分别是谁，不同职称、学历、性别、现聘职位的教师分别是谁；在此基础上要清晰掌握每个部门、年级、班级的人员构成情况，是否配置合理，有没有梯队性，能否完成人员的接续培养，工资情况如何……为了便于园长把握，应针对以上内容详细地做一个分块式、结构化的梳理和提炼，可以将有关情况用直观的图表方式呈现（见图 1-7、表 1-1），使园长对幼儿园发展的整体情况做到心中有数。

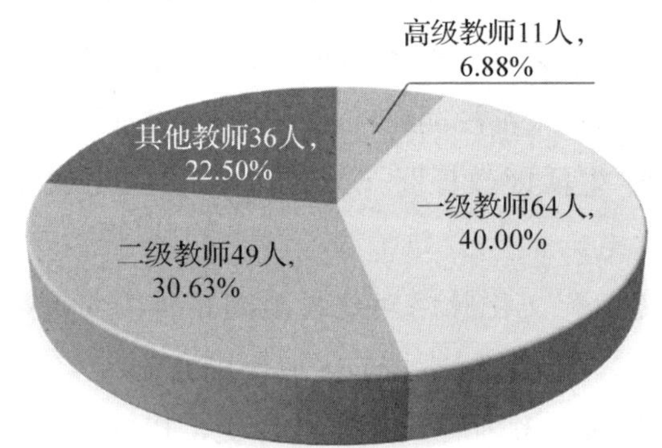

图 1-7　某幼儿园教师职称概况

表 1-1　某幼儿园部分教职工基本信息表

序号	岗位级别	是否为专任教师	所在幼儿园	姓名	性别	民族	2021 年连续工龄
1	专技 4 级	是	总园	王×	女	汉	35
2	专技 6 级	是	第一分园	李×丽	女	汉	20
3	专技 7 级	是	第二分园	许×媛	女	满	16
4	专技 8 级	是	总园	莫×	女	汉	16
5	专技 8 级	是	第二分园	沈×东	男	汉	15
6	专技 9 级	是	总园	张×	女	汉	7
7	专技 10 级	是	第一分园	傅×叶	女	汉	5

二是要把握教职工个体情况。一方面园长需要把握教职工在专业发展上面的具体情况，如组织教育教学活动的能力如何，撰写论文、开展研究的水

平如何，与家长进行沟通、处理家园矛盾问题上有什么突出能力，在专业成长上有没有明确的愿景、强烈的动机，主动进行学习、接受吸纳新知的意愿如何，是否敢于接受挑战等等。另一方面园长还要把握教职工与工作相关的个人情绪情感的具体情况。比如个人的性格脾气、人际沟通方式、兴趣爱好特长、健康状况、与其他教师的亲疏交往状况等，对教职工的家庭生活情况、备孕计划、孩子上学需求等也可以做相应的了解。在有关个人私人生活方面，园长要注意把握“度”，不要干涉教职工的隐私，但也要提醒教职工注意不要把生活中的负面情绪带到工作中，当教职工寻求园长生活上的指点和帮助时，园长也可以根据自己的情况，在合理合法合适的范围内尽量帮助教职工。

2. 如何把握基本情况

关于教职工的基本信息一方面可以从人事部门获得，并且需要求人事部门随时根据人员变动进行及时的信息更新和呈报；另一方面更要依靠平时与教职工的沟通交流进行深入了解，才能真正把握每个教职工除简历上呈现的学历、工作经历、获奖荣誉之外真实的专业能力、师德水平、性格特点、精神状况等丰富的信息，才能帮助园长判断教职工是否适合目前的工作岗位，他所在的团体是否和谐，人员结构是否合理等重要问题。

关注教职工、培养教职工是园长的一项基本工作。园长需要走到教职工中去，善于倾听教职工的合理诉求，能够从多方面关心和爱护教职工。园长还要了解和研究教职工，知晓他们的需要，清楚他们的工作情况，明晰教职工成长的基本规律，关心他们的生活和思想。

当代管理决策论者西蒙曾说：“管理工作的关键在于领导者，领导艺术的核心在于激励下属积极主动地工作。”当一个园长将幼儿园里各个岗位、处于各种发展阶段的人们看在眼里、想在心里，以教职工的专业发展作为决策的主要依据和来源之一，他便做到了“情若春风爱无声”，教职工自然也会主动地追求成长。

（三）把握幼儿园教育发展特色

追求幼儿园特色是许多有办园理想的园长的必议事项。著名教育家顾明远先生曾说：“何谓特色，顾名思义，是指不同于一般，不是平平常常，而是要有所创新，具有个性，而且这种个性能够形成传统，代代相传。”

可见，办好一所有特色的幼儿园，首先要具有创新性。创新的含义是指人们为了发展需要，运用已知的信息和条件，突破常规，发现或产生某种新颖、独特的有价值的新事物、新思想的活动。创新不是凭空想象、凭空捏造，而是要在已有的环境条件、信息知识的基础上，进行创造性的再造，这种再创造必须要符合当前和未来发展的需要，要有价值。园长对幼儿园特色发展上面的创新，也要求园长首先要具备丰厚的学识和教育、管理理念，理念决定思路，思路决定出路，要善于对自己的教育管理经验不断地进行总结；在此基础上把积累的教育理论创造性地运用于办园实践当中，找准适合幼儿园的发展之道，形成符合本园情况的新想法，提出自己的办学方针，突破幼儿园固有的、不适应发展趋势的教育模式；最后把新想法转化为幼儿园可持续的行动方向，逐步形成自己独具特色的教育思想和办学理念，实现个性化办学的目标。

办好一所有特色的幼儿园，还需要具有代代相传的可持续性。这就要求幼儿园的特色必须是有价值、有效果、符合各个主体需要的。如果幼儿园没有个性化的办园特色，说明其与时俱进的能力有限，造成千园一面、流于普通，在教育竞争日益激烈的今天，终将不被社会认可而被淘汰，谈何长期发展呢？园长在定位幼儿园特色时，应当全面而慎重地进行思考，并在通过教育实践活动彰显特色时，能够向各方进行到位的展示和“推销”，让幼儿园特色满足幼儿发展需要，得到社会认可、家长满意、同行称道，为幼儿园发展带来新鲜活力和生命力，使特色成为幼儿园品牌建设与持续发展的重要推动力。

办好一所有特色的幼儿园，应当以教育为本。幼儿园的教育发展特色是幼儿园办园特色的根本，有思想的园长应该在这个问题上作深入的思考。园长是教育特色化的引领者，园长的教育特色化水平决定了幼儿特色发展推进的深度和广度。园长要善于把握教学素质，建设专业团队，在幼儿园教育实践中发现、研究、解决问题，不断实现教学质量和团队专业能力的提高与升华。园长要关注幼儿和教师的发展。幼儿的游戏探索是幼儿园特色彰显的有力杠杆，园长要带领团队创造性地设计、编制、开发、实施课程，精心组织富有教育内涵、与课程理念相匹配的丰富幼儿活动。教师是打造特色幼儿园的中坚力量和生力军，幼儿的教育发展特色凝聚着教师的智慧和汗水，承载着教师对教育的梦想与追求，园长应为教师提供各级各项研讨交流的平台，拓展家园共育、互动交流的渠道，促进教师展示个人风采，宣传教育特色成果。

【案例 1-2】

北京市第五幼儿园的教育发展特色

北京市第五幼儿园将“为每个孩子的幸福人生奠基”作为办园最高追求，坚持“以人为本、全面育人、研究立园、持续发展”的办学思想，自 1979 年起步教育科研，几十年高度重视、率先倡导、长期奉行“科研强园”的思想方略，矢志不渝地将教科研视为自身持续发展的动力源泉与生命支点。紧依时代、教育、幼儿园师幼发展切实需要，先后参与、独立主持、与人合作开展“常识教学”“综合教育”“规程试点”“教师适宜行为”“教师反思能力培养”“引导幼儿主动活动的环境创设与指导策略”“无边界理念下的幼儿园泛在式主动学习课程”等国家、市、区级课题研究二十余项，以科研促教育特色发展，积极推进了幼儿园改革与师幼成长(见图 1-8)。

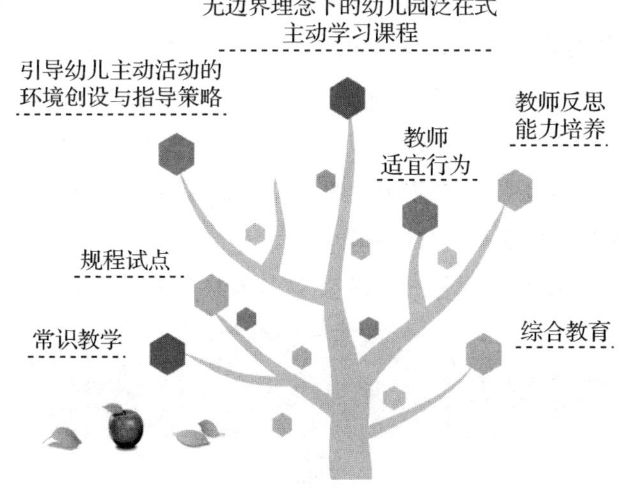

图 1-8　北京市第五幼儿园科研促教育特色发展的历程

五幼四所分园一园一品、各具特色。五幼分园开展了以健康饮食为基、心理健康为魂、体育活动为本的健康特色教育，同时在其参与的生态式艺术教育课题带引下，以无稿剪纸为载体发展幼儿美育，发挥“北京市首批社区早期教育示范基地”作用，积极进行早教的探索与实践。红湖园主打“传统文化浸润童年”，带领幼儿通过水墨画感受中华文化之神韵，将二十四节气贯穿教育始终。城市副中心园重视幼儿探索、发现、创造的科学思维培养。崇文幼儿园由崇文托儿所演变而来，一直对幼儿的生活照顾非常重视。重视一日生活皆教育，努力挖掘生活中的教育价值，用游戏引导幼儿养成良好行为习惯，提升幼儿适应生活的能力。

在优良文化的熏染孕育下，教师们不断激发个人潜能、充盈教育智慧，展示教学能力、映现专业素养，挥洒才艺魅力、绽放靓丽风采，他们收获着成长的喜悦，实现着自身的价值；幼儿也在“开放多元、融合创新”课程思想的培育下与丰富多彩活动的学习体验中，充分感受着童年的美好，尽享自主自信、全面和谐发展的快乐。

五幼创造性提出建构研究型幼儿园理念与办学特色定位，构筑了以“全研”为特征，以研究立教立人为内涵，以追求发展、享受幸福为价值取向的研究型幼儿园思想体系与实践模式（见图 1-9）；且在课程领域体现儿童为本的“以‘学’为中心，以教师引领为支架，以探究为特征，以亲历体验为关键，以幼儿主动发展为追求”的自身鲜明的教学特点与风格，形成以“以游戏为基本活动，根植于生活、着眼于未来”为课程理念，“尊重儿童价值与文化，将幼儿的主动发展作为根本追求，关注幼儿生活、生命与经验，打破边界、以学定教，让学习无所不在，实现幼儿幸福、全面的成长”为核心思想，“开放、融合、自主、创新”为课程特点，“顺应天性、尊重个性、启蒙心性、濡养品性，激发主动性、鼓励创造性”为课程原则，联通“健康、语言、社会、科学、艺术”五大领域教育内容和“自主游戏、生活化学习、会说话的环境”多维实践路径的无边界课程模式，探寻出一条品牌名园特色创建发展之路。

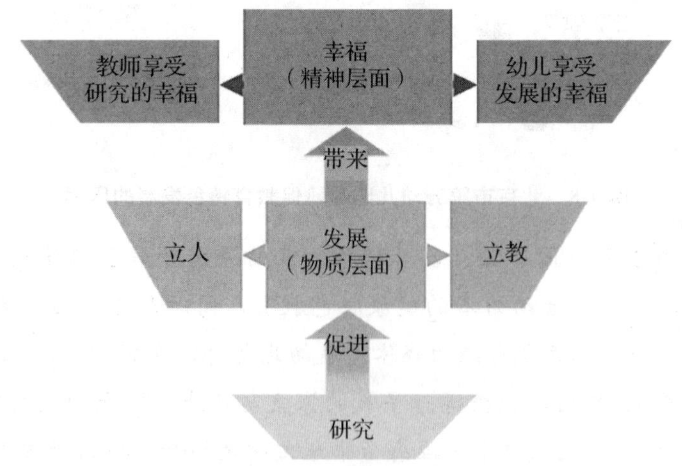

图 1-9　北京市第五幼儿园教育特色创建

（来源：北京市第五幼儿园）

第二章　管理机制

【本章要点】

- 以管理机制建设突破园本管理困境；
- 园本管理制度建设的内容和路径；
- 园本管理中如何把握“度”；
- 园本管理中的几项实用方法；
- 幼儿园内人际沟通的模式。

【本章关键词】

园本管理；管理困境；民主管理；制度建设；管理策略；人际沟通

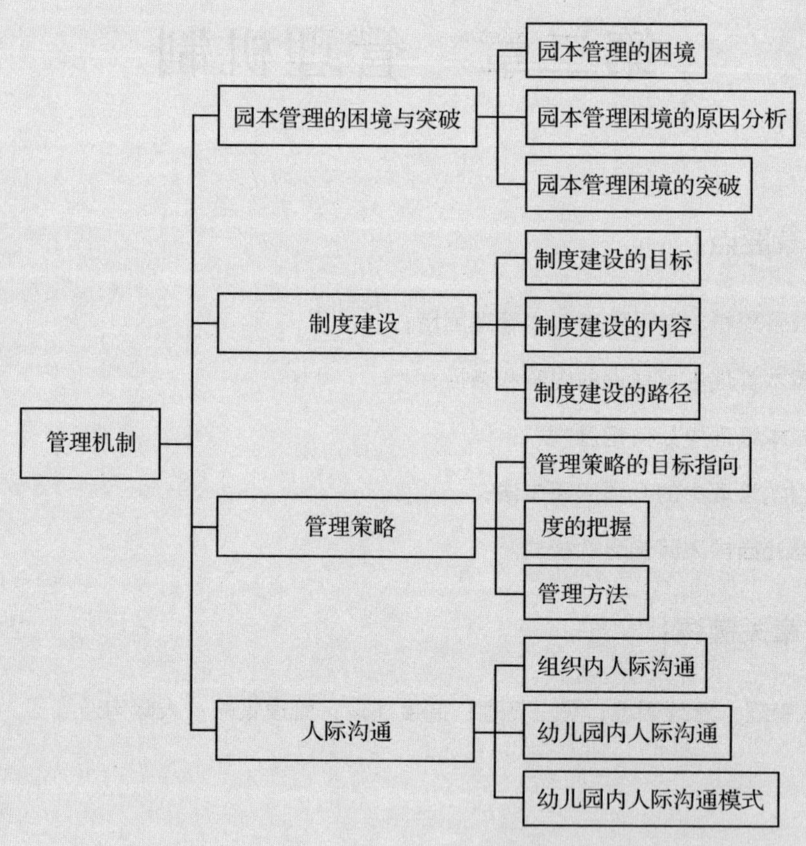
管理机制
园本管理的困境与突破
园本管理的困境
园本管理困境的原因分析
园本管理困境的突破
制度建设
制度建设的目标
制度建设的内容
制度建设的路径
管理策略
管理策略的目标指向
度的把握
管理方法
人际沟通
组织内人际沟通
幼儿园内人际沟通
幼儿园内人际沟通模式

管理机制是管理系统的内在结构与机理。幼儿园作为一个有机的组织系统，必然有着内在运转的机制。幼儿园的每项工作都是在客观存在的管理机制作用下运行的，管理机制是管理工作科学性和功效性的依据。

管理机制按一定的规律、秩序，自发地、能动地诱导和决定幼儿园的组织行为。高效合理的管理机制能够促进幼儿园各个部门、教职工在自己的岗位上自主履行职责、有效联动沟通，突破管理困境，共同完成幼儿园管理工作的目标。

园长应能掌握园本管理的实用方法，从而把握幼儿园管理流程和组织结构，建立起符合园本特点的制度，加强部门、人员间的信息沟通，从而提高管理效能，促进工作链条顺畅地运转。本章从园本管理困境的突破切入，阐述了管理机制建设的重要意义，制度建设的内容、路径及要点，具体的管理方法，园内人际沟通的有效模式，增强园长管理操作的实效。

第一节　园本管理的困境与突破

一、园本管理的困境

(一)断层与跨越的沟壑致使园本主体矛盾重重

在园本管理过程中，由于种种原因导致某些事务进行不畅、效率低下甚至无法推进而形成的该事务的停顿或管理过程中的瑕点即为园本管理的断层。园本管理断层在幼儿园工作中有多种表现形式，如园长的思想与中层干部、教师之间的断层，办园理念与教育实践、行为落实的断层，教师梯队建设的断层，幼儿园成员间的情感断层等。

园本管理断层的出现会致使园长号召力降低、公信力下降、幼儿园主体间矛盾增多，影响幼儿园的组织效能，从而造成教育目标无法达成、教育政策难以落实、组织沟通不畅、加大人际间的离心力，其负面效应不容小视。面对园本管理的断层，许多园本管理者苦苦寻求破解之法，期望能通过对园本管理的改善实现对断层的跨越，凝聚团队力量。

【案例 2-1】

一次幼儿园接受上级部门督导评估，在最后一个环节，是反馈与感受，干部们听到领导对幼儿园工作的充分肯定，非常高兴。一位中层干部感慨地说："感谢领导对我们的评价，我特别佩服我们的园长，她爱思考，爱学习，有创新能力，但是，我们好像脚踩风火轮也追不上她。"这个干部的初衷是想表扬园长，而园长善思好学也是为了幼儿园的发展。"追不上"的原因是什么？会出现什么结果？无奈、失落，太快了也会出现断层。所以，幼儿园的管理目标、方向、定位，首先要基于幼儿园实际出发。

（来源：北京市第五幼儿园　邹平）

(二)投入与产出的不均衡致使园本管理效益低下

衡量园本管理成效的指标之一便是园本管理的效益，也就是通过各种管理规划和措施实施，对幼儿园工作进行资源的投入，使产出的教育成果得以增值的多少。幼儿园的教育投入包括设施改善、教师培训等消耗的人力、物力和财力资源，教育产出主要是指培养出符合国家、社会和个人发展需要的全面发展的健康儿童。

可见，园本管理的投入和产出比决定了园本管理的效益，也就决定了幼儿园作为教育机构是否有效履行了对未来人才的培养职责。近年来，国家出台了《国家中长期教育改革和发展规划纲要(2010—2020年)》和《国务院关于当前发展学前教育的若干意见》等政策，大力加强对学前教育的投入。其中有许多幼儿园都把这种投入理解定位为硬件投入，因此将很大一部分财政资金用于教室、课桌椅、玩教具等设施设备的改善上。带来的后果是，幼儿园的外表华丽了，用具精致了，但幼儿对其无所感知，师幼的发展并没有实质性的提高。这就是投入与产出比例的失调，造成严重的教育浪费现象。

一所学校是否具有高效能，教学的组织性、有效的学习时间、学校氛围、评估、激励、学校领导能力、家长的参与等十多个因素都很重要，而不仅仅是学校物质特征或硬件设施。在幼儿园组织文化里，物质文化只是其中最为表层、浅显和流动的部分，对幼儿和教师的发展有长远深刻影响的还是精神文化、制度文化和行为文化等内涵文化。因此在园本管理中，要对投入资源和成本进行合理规划，才能增大管理的边际效益。

(三)过程与结果的位置倒挂致使幼儿园偏离发展目标

幼儿园在建成—发展—改进—再发展—形成特色—成为品牌的过程中，一系列的督导、评级、检查是不可避免的。各种督查和评价的初衷是提高幼儿园质量，其目的和意义存在于根据督查进行改善的过程之中，幼儿园工作做到位了，带来的有益结果应该是水到渠成的。

但若在步履艰辛的评级督导中迷失了方向，其结果将是灾难性的。一些幼儿园为了更高的效率，采用严明的等级管理结构，管理者对教师进行单向的命令式管理，用计划程序控制监督和评价教师，以高速度地完成管理者的预定目标。教师丧失自我思考、自我决策的能力，更无法创新。更可怕的是，教师再依葫芦画瓢将习得的管理方法转嫁给受教育者——幼儿，并对幼儿进行控制性的监督和评价。教师在管理者面前处于被支配的位置，反过来在幼儿面前以权威者的身份发号施令。在这种管理模式中，重结果轻过程，过程与结果的位置被倒挂，教师这一园本管理的主体和幼儿这一幼儿园教育的主体都成了受害者和牺牲者，园本管理的过程和结果都被异化扭曲，与幼儿园发展的目标越来越偏离。

(四)常态与发展的脱节致使幼儿园脱离本职

教育需要静待花开，需要常态本真，只有在常态中的经年沉淀才能厚积薄发，实现可持续性发展。面对每学期、每个月的大小特色活动以及上级定期或突然的检查，幼儿园经常会采取事务型的管理方式即为了保证日常工作的顺利开展而处理一件件任务和事情。节日要来了便全园准备庆典表演，检查要来了便全园做环境、练做课，感觉每天都有事情要忙，忙完也不知收获了什么。事务型管理使管理者和教师掉入不停解决个别事件的陷阱，其事件处理的成果不能持续性地保留或拓展，不能为教师和幼儿带来根本性的益处，反而会增加他们应付事务的烦恼，干扰正常的教育教学工作，导致幼儿园发展长期停滞不前。

在信息爆炸、社会高速发展的今天，人们对教育的要求也在改变。幼儿园每天要处理层出不穷的各种新旧问题。常态工作和“出彩”事件都不可偏废，考验着幼儿园管理者对管理精力和资源的分配投入。但是坚持儿童立场，坚守教育的本分和追求是永恒不变的真理。园本管理要抓住这一核心思想，研究如何将力道使对地方，才能促进幼儿园的长效发展。

园本管理能否走出这四大困境，将决定着园本管理效能的实现、教师专业发展的可能空间。

二、园本管理困境的原因分析

(一)园本管理缺乏系统性和专注性

幼儿园的正常运转需要园内各个部门和所有人员的有效参与，幼儿园每一项工作的完成都是多个职能部门共同起作用的结果。运作链条的某一个环节出现阻塞或断裂，都将影响工作效能。幼儿园组织作为一个系统如果其管理缺少系统性、标准性，将导致园本管理横向“面”上的断层；若缺少专注性、贯彻性，将导致园本管理纵向“线”上的断层。

【案例 2-2】

幼儿园都会定期开展幼儿自助餐的活动，看似简单，但其中要求幼儿园各部门都要协调配合，才能达到最佳效果。一次自助餐活动从主题策划、食谱制定、厨房制作、食育教育、财务核算，到最终的对外宣传工作，几乎涵盖了幼儿园前后勤的各个职能部门。如何让看似经常性的工作能够既丰富精彩又便于执行呢？管理者就必须起到统筹联动的作用，同时了解到各个部门的需求及困难，上下联动沟通，起到“链条”的作用，有效避免出现“自顾自”，最优化合理部署，推出最优方案，达到最优效果。

（来源：北京市东城区安乐幼儿园　刘颖）

当前为了发展普惠优质的学前教育，许多幼儿园都要增加学位、扩大办园，必然使幼儿园系统越来越大。而系统越大，管理的断层风险也就越大。管理者运用有效的管理策略，将相互关联的工作过程作为系统加以识别、理解和管理，防范断层的出现和增多，是幼儿园实现跨越发展的重要议题。

（二）假性园本文化阻碍共性思想内核的形成

园本文化是幼儿园的灵魂，但现实中并不是所有园本文化都能直达幼儿园的“灵魂”。许多幼儿园在文化创建时的首要问题便是注重外在形式的塑造，而忽略了精神实质的构建，我们把这种园本文化称为“假性文化”。在幼儿园管理中便表现为对幼儿园的打造和改革只触及硬件投入的层面，根本没有意识到或即使意识到了也没有能力和方法去进行软件的投入。

幼儿园的文化若只停留在比较浮浅的表面，缺少精神内涵，不仅会缺少对教师的深入打造和培养，教师迟迟无法成长，教师对自己的职业认同感也会比较微弱，其职业价值观可能出现偏差；还不能得到教师发自内心的认可，难以形成全体教师所认同的真正园本文化，从而极大地削弱团队凝聚力。

（三）僵化的管理结构和模式削弱了教师发展的自主权和内驱力

目前大多数幼儿园仍采取科层制、宝塔形的管理结构，它一方面保证了严明的分工和明确的层级，使幼儿园系统的核心命令能够层层传递；另一方面长期施行科层制会使管理模式逐渐僵化，教师惯于听令和直接传达，异议和质疑没有生存空间，教师慢慢失去专业自主权和创新内驱力。

没有“斗志”的教师要么浑噩敷衍沉沉度日，要么不以幼儿发展、教育目标实现为追求，而以迎合检查、讨好上级为己任，只在乎外显的展示，不在乎细究深思才能了解的内在素养，整个幼儿园也只重视评级评优功利性结果，不重视持续根本内涵性发展，浮躁求“利”，没有常态，组织从此失去活力，走入恶性循环的怪圈。

（四）管理素养与理念有待提高和更新

随着时代的发展，幼儿园面临着越来越多的挑战与冲击。当幼儿园组织的变革落后于社会与时代的变革，组织措施、制度不能及时调整，那必然造成幼儿园整体发展与时代和社会需求的脱节。

幼儿园管理者需要具备相应的管理素养，要有看问题的长远大局观，在管理过程中如果仅对一些局部问题紧抓不放，不懂取舍，往往造成厚此薄彼的情况，使得不协调问题凸显，不利于管理工作的顺利开展，甚至于出现错误的决策，使得幼儿园的根本目标有悖于主流正向的价值观，发生有违法律、道德的行为。

因此，建构适应社会变革的幼儿园管理系统，管理者必须具有正确适宜的管理理念，对幼儿园发展的整体规划，对各项工作内容、流程及结果的评价监管和反馈等，即园本管理者要具备较高的管理素养、与时俱进的管理理念和领导、执行能力。

三、园本管理困境的突破

任何一种教育管理模式的产生，都起源于学校自身变革的需要。一个管理者历经小园、拆迁园、民办园、双体制园到大园、名园等各种不同类型幼儿园的管理实践磨炼，就会深知每个园都会遇到自身的管理瓶颈和问题。为了走出园本管理的困境，提高管理效能，实现教师的专业发展，突破点在于探索出原则上可共性适用，但又根植于各园特色、具体操作上可进行适宜性调整的园本管理机制。

(一)形成共同愿景

愿景是一个机构发展过程当中的核心，共同愿景的构建是管理机制建设的前提。著名学者图宾(D. Tubin)认为："愿景是一种建立在现实基础上的面向未来的图像，这一图像就是一种共同的认知而根植于团体之中，具有赋予人们以动机的力量。"富兰(M. Fullan)认为愿景常常被用于组织之中，也存在于具体的独立组织或者团体中"源自于内部，并赋予工作以意义"的个人愿景。园长首先就要让教师的愿景和幼儿园的愿景协调一致，为全体成员建构一个共同的愿景，树立共同的目标，激发协作的愿望。共同的愿景和目标就是使幼儿幼儿园有的人都能达成一个共识，形成一致的价值观，产生"同频共振"，从而激发全体教师的工作积极性、主动性、创造性，以实现幼儿园教育教学管理的最优化、人性化、持续化，发挥 1＋1＞2 的功效。

使管理发挥实效的根本不是领导者怎么去“管着”组织里的人，而是领导者怎么去“影响”组织里的人。在共同愿景下，园长才能实现“影响”人的管理方式。这就要求园长必须从教师的需求和幼儿园的发展出发，挖掘教师的成长潜能，注重教师间的协同合作，以其专业发展的光明方向为教师工作的动能，以人本的关怀实现教师的归属认同，建构协调统一的整体性的共同愿景。

（二）激发教师善意

突破管理困境、构建高效适宜管理机制的最大要素是“人”。园长需要以激发幼儿园各个主体“人”的善意为根本，以对“人”的关怀管理为主线，以民主、科学、人本的管理机制和流程打通部门关节，构建园长—干部—教师—幼儿—家长的共同愿景和价值观，以规范的人性化管理评价推动教师主动完整成长，将制度建设、文化建设、组织架构、团队打造等管理层面和保教、科研、财务、信息、卫生保健、安全、家园等工作管理内容融入管理主线中，发挥教师、中层骨干、园长的最大作用，创建“至善”的幼儿园管理模式体系和文化。

园长的领导必须能激起教师内心深处对于职业发展和价值实现的渴望，使他们在工作中能够超脱“尽力”的层面，达到“尽心”的层面。“尽力”来自本分，其实现的路径是“外在强制推动力—制度体制抑制恶—让人不能犯错”；而“尽心”则来自善意，其实现的路径是“内在自我驱动力—人本文化激发善—让人想创造更多价值”。激发全体教师更多的善意是最为高明的管理方法，能让教师主动“尽心”去工作，在主动实现自我价值的过程中不断去创新、完善，从而为幼儿、家长、社会创造价值。

（三）实行民主管理

管理机制包括流程（如何做事）、标准（各环节做成什么样）、制度（不按标准会怎么样）等。园长在管理中需要强调以人为本进行规范管理，充分发挥民主管理的作用，不断规范幼儿园机制管理。也就是说，以人为本要注意两点：一是要以教师为本，对教师充满善意、善待教师；二是在以人为本的背后应该是制度机制的约束。以人为本并不是让大家都当老好人，善意也不是说为了讨好教师而无视问题，否则在问题爆发的时候对教师的负面作用更大。教师愿意追随的管理者一定是为教师的成长着想的，这种着想并不是表面的嘘寒问暖或包庇问题，而是为教师制造发展的机会，给予空间，激发教师的创造潜能。

民主管理机制着重强调了在工作过程中“人”的重要性，提出了“主观能动性”的重要意义。而促进人主观能动性的发挥，与各种规范性制度、激励制度、精细化管理制度、数字管理制度、流程管理制度等机制的保障是分不开的。但以上所有机制都需要基于人性化的思考和管理。因此，制度机制发端于人本，民主权利的实现有赖于制度机制，人本与规范并不是天平的两端，而是相辅相成的两部分。

在民主管理过程中，不仅能提高教师的工作积极性，还能在一定程度上调节个体与组织之间的关系，逐渐形成“管理层级联动、保教合作互动、信息上下通达、任务逐级实施”的工作机制与“共通共融”的文化理念，从而促进幼儿园的发展。

第二节　制度建设

在幼儿园建立起完整系统的规章制度体系，对幼儿园发展起着保障、制约、导向和调控的作用。幼儿园需要依照有关规定和要求，建立考勤、安全、家园、办公等全园性制度，行政、保教、科研、卫生保健、总务等部门性制度，以及岗位责任和考核奖惩等制度。

完整系统的园本规章制度的建立能够形成制度性合力，保证幼儿园上下一心，具有一致的工作目标和方向。这些制度涵盖了教师教育教学、培训学习、内通外联等在园工作的方方面面，而每一个工作环节和内容其实都会影响到教职工在专业发展上的追求、信心、动力和能力素养。可以说各项制度的建立和执行，使得幼儿园的各项工作有据可依，保障了教职工明确岗位职责、端正师德教态、规范教育行为、获得学习机会、公平竞争提升。

一、制度建设的目标

(一)终极目标

简单来说，制度建设的终极目标便是“激发善意，实现幸福”。幸福教育是国际教育界近年来高度关注的焦点，蕴含了深厚的教育哲学意味，是一个思考教育终极价值追求的深刻命题。幸福教育不是一种教育内容，也不是一种教育方法，它是一种教育理念、理想与追求，是回归教育本源的终极追求。它指明了教育的最终目标是实现人生的幸福，包括幼儿的幸福，也包括教师的幸福。

制度建设是实现幸福教育的途径，贯穿于幸福教育的始终，最重要的便是"以制度保障善意"，激发并确保教师、干部在工作中的善意，带动幼儿、家长、社会善意的整体激发，才能达成每个人的幸福。

(二)具体目标

1. 确保幼儿园的正常运行

幼儿园是一个有着完整系统的学前教育组织机构。幼儿园各项工作的运行是需要各个部门的相互配合、通力合作的，是一项系统工程。要维持幼儿园这个系统的高效运转，就需要对其内部各个环节、流程建立起行之有效的协调联系机制、相互制约机制，并辅以奖惩机制和保障机制。幼儿园的制度是教育本质规律和教育管理部门的要求落实到幼儿园的细化规定和行为准则，能够规范幼儿园全体教职工的行为。

幼儿园制度系统能够调节各主体之间的利益。通过制度的建立和运行，明确了人员的分工和岗位职责，细化了任务的标准与流程，也确定了利益分配的宗旨与方法。通过幼儿园制度系统中的各种制度，就能够协调不同教职工的利益和每个教职工在幼儿园的不同事务上的利益。

2. 带动幼儿园的创新发展

科学技术的日新月异带动社会的极速变化。幼儿园作为社会系统中的一分子不可能自我隔绝于其外。教育始终需要为社会的发展服务。幼儿园必须跟上社会的步伐，不断吸纳外界的"营养"，才能培养出建设未来社会的人才。幼儿园的创新发展与社会的创新发展一样，也是需要有推动力的。为了保证推动幼儿园变革的力量能够被合理、有效地应用起来，需要幼儿园制度系统的建设和不断完善。

制度为幼儿园创新发展提供切实的平台和保障，幼儿园创新发展往往要通过制度建设与制度创新来实现，或者以制度的形式固定下来。同时，科学、合理的制度能够最大限度保证全体教职工的利益，从而激发教职工变革与创新的意识与能力。布罗姆斯认为："任何一个制度的基本就是对个人行为形成一个激励集。"因此，依靠制度构建这个激励集，并使这个激励集本身成为一种制度，就能使教职工意识到主动工作、积极思考和创新是能够帮助自己获得职业成就的。而每个教职工的创造性工作最终将会为幼儿园的发展带来有益的结果。

3. 提升幼儿园管理效率与办学效益

同其他各类组织一样，幼儿园办园工作也要达到一定的效率，才能保障办学效益的实现。但是幼儿园的管理效率却常常不那么令人满意。园长应当认识到，当今时代的发展已经不再是追求“规模”“体量”等“面”“量”的铺开，而是重在“质量”“效率”“卓越”等“质”“效”的打造。组织的高质量发展，离不开制度的建设和完善，幼儿园也不例外。

幼儿园管理效率应当是稳步发展、步步向前的，应当是稳固而正向增长的。没有家长愿意把孩子放在一个应对迟缓或内部不稳定的幼儿园里。而良好的制度是保障幼儿园效率的最有力的手段之一。幼儿园管理中的每一项制度都是关于特定领域工作开展的行为准则，这些行为准则能够“自动化”地“批处理”这个领域所涉及的所有事务，大大减少了工作成本，提高了管理效率。[①]由不同制度组成的幼儿园制度系统能够有效地调控整个幼儿园的顺利运转，提升幼儿园的整体办学效益。

二、制度建设的内容

幼儿园管理机制的运行依托于一项项具体的制度。园长需要带领全体教职工建立和完善每一项必要的制度，建构出幼儿园整体的制度系统。幼儿园制度种类项目繁多，包括岗位责任制、学习会议制度、卫生保健制度、教研制度、安全保卫制度、幼儿作息制度、财务管理制度、财产保管制度、考勤制度、奖惩制度、交接班制度、家长联系制度、业务档案制度、工作人员工作质量的评价考核制度、教育评价制度、幼儿发展情况的报告制度、资料借阅制度等行政和业务类制度。具体可以划分为组织管理制度、工作管理制度、目标管理制度和绩效管理制度四大内容。[②]

(一)组织管理制度

组织管理制度是规范组织行为的管理制度，是在一定的组织结构基础上，

① 李雯：《学校管理从何入手》，上海：华东师范大学出版社，2013 年版，第 146 页。

② 焦爱萍：《制度文化构建视角下提升高职院校现代治理能力的策略和实践探索》，《中国职业技术教育》，2020 年第 31 期，第 68—72 页。

规定人员的职务或职位，明确责权关系、行为准则等，以有效实现组织目标的制度。幼儿园的组织管理制度是为了有效地配置幼儿园内部的有限资源，为了实现一定的共同目标而按照一定的规则和程序构成的一种责权结构安排和人事安排，其目的在于确保以最高的效率，实现办园目标。

幼儿园通过制定各岗教职工相应的行为准则和具体操作制度等一系列规范、要求，作为教职工从事各种工作的行为标准和准则，表明了幼儿园内什么行为被鼓励和提倡、什么行为被制止，它对教职工的行为具有指导性和约束力，体现了幼儿园的基本价值观。一般来说，幼儿园的组织管理制度应当用文字的形式表达出来，并且被所有教职工知晓，最好展示、存放、发放到教职工便于阅读、学习的地方。一些约定俗成流传下来的非正式的行为要求、规范也可以用习惯和理念等方式为教职工所感知，使教职工会自觉按此规范去行动。

幼儿园组织管理制度是教职工在幼儿园日常工作、学习、生活中，应该把握的行为规范尺度，是培养专业和师德双优教职工的有效措施。幼儿园各类人员行为规范包括幼儿园教职工职业道德规范、教师行为准则、保教人员行为规范、管理手册、服务手册等。组织管理制度建设是幼儿园管理的长效机制之一，园长要以专业管理为引擎，把握当今学前教育改革的大方向，对一些不合时宜的组织管理制度要进一步完善和修订，充分达到"人岗匹配"标准，使其不仅起到制约、规范作用，更能发挥激励、调动的作用，最大化激发每一个教职工的潜能，更好地为幼儿园发展服务。

(二)工作管理制度

工作管理制度是规范各职能部门和教学单位各项专业职能的制度，包括各类工作及教学规定、业务流程、工作程序、内部控制等制度。我们通常说到制度首先想到的就是工作管理制度。工作管理制度主要用于指导和规范幼儿园的教育教学、人事、安全、资产、保健、伙食等各部各岗的具体工作规则和程序。如明确教师教育教学工作所需要的教研、科研、培训和教育资源支持、晋升的程序；明确保卫干部等安全口教职工安全保卫工作的工作流程、完成标准、培训和资源支持、晋升等。

教学规定确定了教师在教学活动中应该完成的工作、工作的状态、要达到的目标等内容。要求班级教师必须做到科学、合理地安排好幼儿的一日生活，坚持保教结合的原则，五大领域互相渗透，创设利用与教育相适应的良好环境(心理环境、物质环境)，促进幼儿情绪愉快、主动积极地参加各项活动，提高自我服务能力，养成良好的行为习惯。

业务流程和工作程序是指制定具体的相对标准化的工作程序。首先要了解某项工作任务，熟悉这项工作任务从开始到结束的全部内容、流程，不放过任何一个细节及问题。再对任务进行分解，按照时间节点、涉及人员、材料环境等资源、可用方法、用何种方式推进等进行划分，尤其要明确其中的流程要素。然后构建完善的指标体系，可以包括日常的教育管理工作责任指标内容，如教育质量管理目标元素、管理机构的权利与责任元素、管理评价审核元素，之后再明确和合理设置具体的指标内容。接下来要梳理出具体的步骤流程，首先完成什么，再完成什么，最后完成什么，每做完一步以什么标准判断是否达成目标、符合要求。最后还有对流程进行反思和分析，发现其中问题，看是否有简化的方法，而后进行完善，再实践，直到制定的业务流程或工作程序能够很好地描述一项工作的全部环节。

幼儿园内部控制主要是指幼儿园为实现办学目标，按照全面性、重要性、制衡性和适应性原则，通过制定制度、实施措施和执行程序，对各项事务风险进行防范和管控，保证幼儿园各项事务合法合规、资产安全和使用有效、财务信息真实完整，提高资源配置和使用效益。幼儿园可以主动适应新形势，善于利用互联网技术和信息化手段，努力实现内部控制制度化、流程化和信息化。为此，内控建设要最大限度利用现代信息技术，从效率上提升单位内部控制，并最终优化权力运行规则。[①]

(三)目标管理制度

现代管理之父德鲁克在《管理实践》一书中最先提出了“目标管理”的概念，其后他又提出“目标管理和自我控制”的主张。德鲁克认为，并不是有了工作才有目标，而是相反，有了目标才能确定每个人的工作。幼儿园目标管理制度是园长、干部团队和教职工共同确立目标体系，以目标为中心，推进幼儿园管理的方法。目标管理在幼儿园管理中的应用，主要是通过幼儿园以及各部门成员制定完善的目标，并通过协调合作优化资源配置和组织管理，促进幼儿园各部门、成员的自我管理规范化发展，从而促进学校总体管理目标的

---

① 韩振、王雁：《基于治理视角的高校内部控制研究》，《中国市场》，2021年第11期，第101—104页。

实现。

幼儿园的目标管理需要发动全体教职工共同参与，才能起到动员全局、发挥全员力量的作用。通过议事协商，教职工不仅制定幼儿园的总体目标，并且要制定各个部门、年级组、班级乃至个人的具体工作目标，并需要保证目标的实现。目标管理与幼儿园每个部门、层次和各个成员的责任和成果密切相关，在目标执行过程中要根据目标决定上下级责任范围。在当前社会发展趋势下，幼儿园也要注意通过目标管理促进上级权限下放，帮助下级实现自我管理。在对教职工进行考核和评定的过程中，需要严格以目标管理制度作为评价和奖励的标准，实行自我评定和上级评定相结合。以此组织形成一个全方位的、全过程的、多层次的目标管理体系，提高幼儿园各级管理者的领导能力，激发教职工积极性，保证目标实现。

目标管理在幼儿园内部建立了一个相互联系的目标体系，而这种体系把教职工有机地组织起来，从而最大限度地发挥集体的力量。在实施目标管理制度时，要注意借这一过程推进幼儿园组织管理的民主化、教职工管理的自我控制化、成果的管理目标化。

(四)绩效管理制度

绩效管理制度是规范各种行为实施效果及诊断与改进的制度，包括幼儿园不同层面的工作绩效检查、监督与考核及考核诊改制度。绩效管理制度有评价性功能，能够评判幼儿园组织中各项工作的实时状况及其最终质量，通常表现为幼儿园某一方面事务的评价标准、评价程序和评价方法。它更多地指向幼儿园工作的结果，体现为对幼儿园工作结果的奖惩。因此，绩效管理制度通常要和目标管理制度结合起来施行。

绩效管理制度包括绩效计划制订、绩效辅导沟通、绩效考核评价、绩效结果应用、绩效目标提升几个环节，这些环节共同形成持续的绩效管理循环过程。

【案例 2-3】

“园长，我在全园工作计划中了解了指导思想、工作思路和工作目标，可是在制订保教工作计划时，不知道怎么落位于具体的保教工作、怎么落位于师幼发展，而且计划写着写着就成一大片了……”这个干部的困惑反映出了岗位职责、岗位权限不清晰、不全面；“不能落位”的主要原因是没有以结果为导向的整体化、全流程撰写思路，思考过程中师幼发展没能落位于具体工作中；流水账式的计划会导致干部教师在执行计划时找不到方向、抓不住要点、收不到效果，教育教学质量大打折扣。可见，绩效计划制订的系统性、层级性、生长性对于提高管理质量是十分必要的。

（来源：北京市东城区革新里幼儿园　单金雪）

绩效计划需要园长及各级干部和自己的下属教职工围绕教育教学目标、研究工作目标等自己的工作职能、内容进行双向沟通，并依据园内组织管理、工作管理的要求将沟通的结果落实为正式书面协议即绩效计划和评估表，这是领导者和教职工双方在明晰责、权、利的基础上签订的一个内部协议。绩效计划的设计具有层级性，从园长开始，先由园长与领导班子成员、副职进行讨论订立，再由干部、部门领导与下属教职工进行沟通确定，将绩效目标层层分解到各级部门，最终落实到个人。

绩效辅导是包括园长在内的管理者与教职工讨论有关工作的进展情况、可能存在的障碍和问题，提出解决问题的办法措施，指导教职工完成工作任务，取得工作成绩。园长在进行绩效辅导时，要注意了解教职工的具体信息，包括其个人和工作的信息，然后依据自己的经验、能力帮助教职工进行前瞻和决策。绩效辅导能把园长与教职工紧密联系在一起，在讨论问题、解决问题的过程中，园长也能进一步加深对教职工的了解，并且在共同排除障碍之中达到共同进步和共同提高，从而帮助园长与教职工建立良好的工作关系。

绩效考核是绩效管理制度中的一个重要环节，园长及各级领导干部作为考核主体对照工作目标和绩效标准，采用科学的考核方式，评定教职工的工作任务完成情况、工作职责履行程度和发展情况，并且将评定结果反馈给教职工。绩效考核制度可以采用 360 度考评制，即将多个主体引入到考核中，综合主管考评、自我考评、同事考评和下属考评几种方案，通过权重设定最后得出考核结果。绩效考核制度一方面要注意对考核结果进行运用，要落实到具体的利益分配中，发挥绩效考核激励机制的作用；另一方面也要注意通过考核发现问题、改进问题，找到差距进行提升，从而促进幼儿园与教职工的共同成长，最后达到双赢。

绩效结果运用需要通过对绩效优异者的奖励和绩效较差者的惩罚，来鼓励幼儿园内部的正确行为、激励教职工为达到预定目标而共同努力。对在绩效考核中发现的一些幼儿园内部运作问题，要及时进行指导和纠正，以达到幼儿园的整体进步。绩效结果一般会运用到五个方面：薪资报酬、职级升降、岗位调整、培训、管理改善。园长对某个教职工的评价要注意避免主观臆断，通过科学合理的绩效考核就能帮助园长判断教职工的工作情况和效果，并且给予园长实施相应的反馈如提拔、评优、调整岗位等的有力凭证。

每一次的绩效考核，每一次的发展计划都是为了下一阶段的绩效和目标，鼓励和支持教职工创造更大的价值。绩效目标提升就是把着眼点放在鼓励和未来，帮助教职工改变工作方式方法，调整下一阶段的绩效目标，真正帮助教职工不断成长。每一次评估考核结束后，园长及各级干部要通过绩效反馈及绩效结果应用与教职工共同制订个人发展计划，列出教职工需要提高和改进的项目，以及改进这些项目的具体行动和时间安排等，并且可以在下一阶段工作中采取一定的跟进措施，避免绩效考核流于形式。

三、制度建设的路径

(一)民主化制度建设

幼儿园制度建设对学前教育的发展具有重要的现实意义。园长作为幼儿园领导者，在建设园本制度时绝不能把它当做个人意志的体现，而要让全体教职工参与制度的制定、质疑以及修改。教职工参与日常幼儿园管理是激发和调动教职工积极性和能动性的关键因素。园长应从教职工出发，密切与教职工的合作关系，挖掘教职工主人翁意识，为教职工对日常管理提出建设性意见广开言路、渠道。

管理制度要有实效，要能被教师心悦诚服地接受，园长就应将制度的建设根植于教育实际，扎根于师幼生活实际之中，这样所产生的制度才会有生命力，才能真正承担起监督、制约、激励的作用，其所蕴藏的文化内质才能成为幼儿园一种形象、一种气质、一种个性、一种特色，甚至是一种品牌。在幼儿园制度建设中实行民主式参与，让所有教师加入管理制度建设的规划，倾听教师内心的想法，让教师成为制度建设的主体，能够提高教师群体对管理制度的认同，从而让制度更好地内化为教师的言与行。

园长要责成相关部门建设并落实园内制度，进一步健全并执行园长负责制，保证党支部监督作用和干部群众参政议政的畅通渠道，实施民主化的幼儿园制度建设。包括建设并落实园务会制度，定期组织教育教学主管领导、党支部书记、工会主席和幼儿园中层干部参与例会，就教育、后勤、管理等主要问题进行集体讨论，园长负责决策；建设并落实重大问题集体议事制度，讨论形成并修订幼儿园章程、发展规划、年度与学期工作计划、园内机构部门的增设和撤并、重大改革措施及规章制度、中层干部人事安排、师资队伍建设实施方案、年度经费预算决算、重大基建项目等内容，拟定重大问题议事决策的形式和程序；建设并落实园务公开制度，加强民主管理，对幼儿园办学思想和规划、重大改革方案、涉及教职工切身利益的评优评级、人事任命等相关内容进行公开，并确定园务公开的地点、决策到公开的时间段、公开持续时间、公开后相关反馈及处理等。幼儿园通过教职工代表大会、行政会、全园例会等方式，引导全体教职工参与并完成园本制度建设。

幼儿园制度建设是一个动态的过程，并不是一旦制定好就一劳永逸，而是在管理过程中不断完善、不断修正的。在制度运行过程中，如果发现确有不合理的地方，领导者要真诚面对、切实调整，使制度发挥效用。

(二)法治化制度建设

在新时代治国理政大框架下加强幼儿园制度建设，需要厉行法治思维和法治方式。幼儿园各项制度要严格遵从源自国家法律法规的具体规定，要适用于国家法治规范的具体应用领域，不能有任何一点逾越之举。在幼儿园制度建设的过程中，也要充分体现法治理念、法律精神和法律原则。

幼儿园在制定管理制度前要认真学习相关法律和上级政府部门的规章，可以在制度生效前由专业机构和人员进行合法性审查，以保证其合法性。在学前教育领域，园长要注意学习把握《中华人民共和国未成年人保护法》、《教育法》、《中华人民共和国教师法》(以下简称《教师法》)、《幼儿园工作规程》、《幼儿园教育指导纲要(试行)》(以下简称《纲要》)、《北京市学前教育条例》等正式发布的法律法规条文，还可以提前了解学习《中华人民共和国学前教育法草案(征求意见稿)》。

在制定制度时要有程序思维和程序意识，讨论议定制度的流程、步骤要符合规范，该具备的询问、商议、表决等过程一个也不能少，该设置的人员、配备的资源都要到位齐全。在建设制度前广泛征求教职工意见，可以用书面征集及信息化征集的方式，以匿名形式了解教职工真正心声。对广泛涉及师幼权益的制度，应提交教职工代表大会或家长委员会进行讨论，然后再提交幼儿园决策部门进行审议通过。

在制度形成后要加强公示与宣传。制度的发布是制度产生作用的第一步。公示是影响制度效力的重要程序。制度公开要注意信息的完整性和释义的清晰性，以免意义不清引起教职工、家长与幼儿园之间的纠纷。还可以将制度条文下发给教职工，通过会议讲解、集体和个别学习、撰写体会感受等方式进一步解读、宣传制度内容和意义。

各类制度的制定和修订按部门职能进行归口管理，所有制度的解释权均归制度制定部门。制度建设不可能一劳永逸，当园本制度所依据的上位法修改或废止时，该制度就必须相应予以修改或废止。制度具有滞后性，当幼儿园情况的发展已经不能用原有的制度来约定和规范时，就应当启动新一轮制度修订或增补、废止程序。

园长和各级领导干部要带头遵守幼儿园各项规章制度，爱岗敬业、办事公道，以身作则、言传身教地为教职工做好遵守制度的典范。教职工必然也会心悦诚服地效仿，其效果是说教方式远远不能相比的。

（三）系统化制度建设

幼儿园管理涉及组织管理制度、工作管理制度、目标管理制度和绩效管理制度等。不同制度的建设内容之间会相互影响、相互配合、相互作用。在制度建设和实施的过程中，不可能只关注其中一个内容的制度建设，比如目标管理制度与绩效管理制度是紧密相关的，只有把握好目标的制定和实现与否的判定，才能决策出其绩效水平。因此，从制度建设之初，园长就要通盘考虑幼儿园的整个制度系统的规划，以实现制度系统的整体性功能。

建设幼儿制度系统首先要确立整体的框架和结构，明确幼儿园制度系统的构成要素、每个制度的内涵与功能，以及各个要素、制度之间的相互关系。园长必须清晰地把握在四大类幼儿园管理制度之下，有哪些具体的制度条例，这些制度条例之间的关系是什么，如何才能保证制度之间是相互呼应、标准一致的。如组织管理制度中“教师行为规范”约定的教师着装、师德、工作态度、教学任务完成等要求，应当与工作管理制度中“教育教学管理制度”规定的教学目标制定、科学教学方法的选择与应用、教学过程、教学反思、教案撰写等相对应、相补充。

许多幼儿园的制度类别往往不够完备，在某一个方面或多或少都有缺失的现象。但是不同内容的制度在幼儿园制度系统中有着不同的立意和特点，发挥着不同的作用与功能，都是幼儿园制度系统不可或缺的一部分，发挥着整体整合的效果。不少幼儿园都是在上级督查的时候才开始“头痛医头，脚痛医脚”，缺哪块现补哪块。但是没有完整的程序、充分的准备和经历时间的考验，这些“现编”的制度的有效性大打折扣，甚至是不甚合理、科学的，对幼儿园有序的管理造成不利的后果。园长应注意盘查、了解现有的制度系统有哪些方面的缺失，把不同性质、功能的制度内容一一进行完善，并将其有机整合起来。

第三节　管理策略

一、管理策略的目标指向

管理目标是幼儿园管理的方向，在实际工作中，园长在制度保障下实施管理行为，心中要有明确的目标指向，才能确保管理走在既定的价值路线上。

幼儿园的每一个工作任务都是由教职工团队来承担的。幼儿园内部的所有教职工因为共同的愿景联合成一个大的团队，但为了完成具体的工作项目，还会有许多小的团队。如以班、年级、研究主题等为单位的不同的教研团队，以教学、后勤、安全等不同工作职能为单位的教工团队等等。园本管理策略的目标指向便是带好这些团队，它包括形成共同认知、构建公认价值观、创新思维方式、规范制度标准、情注幼教事业、促进持续成长。

因为工作任务、职能等的不同，团队的结构和关系是比较复杂的，有平行有交叉，甚至有资源的配置和矛盾等问题。但是要坚信，好团队是带出来的，带出来的好团队，管理默契就会高，沟通成本就会低，工作效率也会高。具体来说，可以将具体目标总结为“团队六带”。

“团队六带”是指：一带认知，如果全园上下认知不同步，教职工们工作总是跟不上园长的思路，就会不可避免地出现政策落实的偏差；二带价值观，只有“同道中人”才能更好地往前走；三带思维，思维方式是行事的基础；四带标准，幼儿园的任何事情都必须有标准的流程；五带士气，幼儿园教职工必须有工作的热情和激情，精神状态一定要饱满，才能带出充满活力的幼儿；六带成长，带队伍的目的就是促进教职工不断成长、成熟，从新青教师走向骨干，每一步都浸润着园长对其成材问题的思考(见图 2-1)。管理者要从这六个方面去下功夫，根据园本情况充实每一方面的具体管理行动，有的放矢抓好管理工作，推动管理工作高效开展。

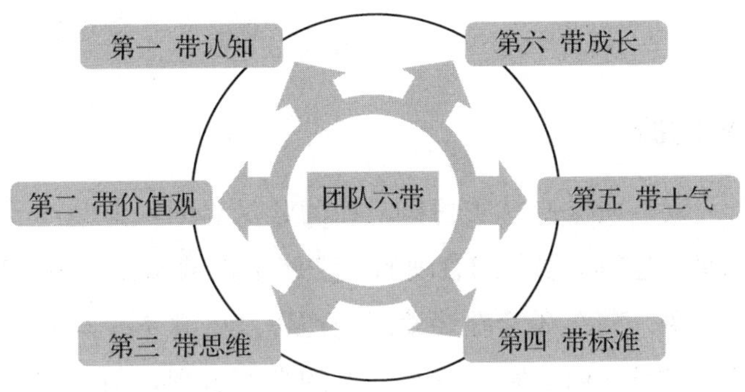

图 2-1 管理策略的目标指向——“团队六带”

【案例 2-4】

一次在看完区域游戏与老师进行反馈时，我带着老师观看我录的小视频并从幼儿的游戏状态、游戏水平帮助老师进行分析，给予老师日常工作充分的肯定。也提出了幼儿计划意识和计划水平的问题，帮助老师一起分析调整策略。老师说：“园长，我刚刚特别担心会受到您的批评，现在感觉特别有劲，心里暖暖的。”

园长在深入班级指导工作中，往往容易看到老师的问题。但是，能够用专业的眼光去发现老师工作中的闪光点，并能够从孩子的发展肯定老师的日常工作，让老师深刻体会到园长对她工作的认可，这时再提出问题，共同分析研究策略，有温度的指导不但提升老师的自信，还激励老师改进工作的积极性。

（来源：北京市通州区张家湾镇张家湾中心幼儿园　李新波）

为了帮助老师以健康良好的情绪开展家长工作，将团体心理辅导的方式引入教师培养和关爱活动中，在幼儿园里组建了“暖阳心灵驿站”，以工作坊的形式，运用叙事治疗和积极心理学理论，精心设计团体活动，结合线上线下的形式，开展一系列有趣又有效的活动。通过共同订立团体契约、现场线上签名，描绘自己的动物自画像，守护天使抽签，绘画外化内心问题，观影阅读抒发内心感受，运动音乐释放消极情绪等多种形式的活动、游戏、谈话，让来参加的老师袒露了自己不为人知的特点，真诚地分享了对彼此的支持，向内深入地挖掘了自我，把握了优化情绪管理的方法。活动中老师们都很温暖、真实，都获得了情绪上的互助支持，更凝结了团体的力量。园长管理的温度也能体现在这些精心、贴心、暖心的活动中。

（来源：北京市第五幼儿园　徐婵）

二、度的把握

度，是指一定事物保持其质的稳定性的数量界限，即制约着其质的稳定性的限度、幅度、范围。幼儿园管理的“度”就是指园长在管理过程中对时机、方式与方法、强度、节奏等管理要素的把握程度。它不仅与管理的艺术性有关，也有其科学性的一面。它是一个动态的掌控过程，与管理活动中的各种要素都息息相关。

在管理中，园长要把握适度原则，防止“过”或“不及”，以最大限度地获取幼儿园管理效益。“度”的把握是基于园长能否用全面、辩证的观点看待事物、分析问题，防止片面性和绝对化，能否做到审时度势、把握规律，在宽严、松紧、刚柔、内外、快慢等方面区别对待、恰当处理，是对园长的管理水平和管理艺术的体现。

（一）“民主”与“集中”的度

1. 基本含义

在幼儿园管理中，常常谈到“民主制”管理，但这里的“民主”不是绝对独立，更不是无政府主义的绝对自由；“集中”也不是绝对的专权专制，而是在民主基础上的集中和在集中指导下的民主。“民主”和“集中”需要有机结合，构成两方面的对立统一体。

在幼儿园中，民主权利的释放和运行是新时期加强正规化建设的重大举措，是依法治园、严格管理的必要路径。但是，部分幼儿园管理者在强调统一管理、严格要求的同时，却对教职工的民主权益有所忽视，民主管理观念比较淡薄。还有一部分幼儿园管理者为了避免承担责任，将决策、审查的事务一概交给下属去承担；或者为了和谐关系或激发活力，一味迁就所谓“民意”。这些管理行为都与民主集中制度相去甚远，甚至致使一些幼儿园出现“一严就死，一松就散”的现象。其重要的原因就是这些幼儿园管理者对“民主”与“集中”的辩证关系认识不足，没有把握好“度”。

民主的目的在于通过广大教职工的参与管理，增强其在幼儿园治理中的主人翁责任感，最大限度地把各级干部、教职工的积极性调动起来，以提高管理的效果和幼儿园凝聚力。而集中也是为了增强决策的合理性、有效性，保证幼儿园治理正确的价值观，避免以部分“嗓门大”“势力大”的民意替代真正的广大教职工的民意，提高幼儿园管理的正规化水平。两者都是为了加强幼儿园管理的效率，保证全园教职工的权益。在广泛民主基础上的集中，是为了将“被动管理”变为“自觉管理”，发动群众，集思广益，依法管理，严格监管，从而激发广大教职工的工作热情。

2. 度的把握

幼儿园民主和集中管理“度”的把握集中体现在园长对集权和分权的认识和实践上。集权是指决策权在幼儿园组织系统中较高层次的一定程度的集中；与此相对应，分权是指决策权在幼儿园组织系统中较低管理层次的一定程度的分散。集权和分权是一个相对的概念。绝对的集权意味着组织中的全部权力集中在园长手中，组织活动的所有决策均由园长作出，园长直接面对所有的实施执行者，没有任何中间管理人员，也没有任何中层管理机构。这对于现代治理下的幼儿园或者体量较大的幼儿园来说是不太可能运作起来的。但是在一些管理方式比较落后、园长个人控制欲较强、规模较小的幼儿园里是存在的。而绝对的分权则意味着全部权力分散在各个管理部门、年级组、班级，甚至分散在各个执行、操作者手中，即教职工个体身上，没有任何集中的权力，因此园长的职位显然是多余的，一个统一的组织也不复存在。

因此，一个运转顺畅、能够不断发展壮大的幼儿园是不可能在管理中走向集权或分权的两个极端的，而是要把握好两者之间的“度”。该由幼儿园相关干部、教师获得的权力若过于集中，那是园长或部门领导的“擅权”；同样，该由园长或部门领导掌握的权力若过于分散，那就是园长或部门领导的“失职”。因此，要园长需要因时而异地制定集权和分权平衡的策略。

园长要根据幼儿园管理的环境条件特征来确定保持集权或分权的一定合理性的界限，并根据管理因素的变化而进行适时调整。不同的幼儿园或者同一个幼儿园的不同时期，其集权或分权的度有可能都是不同的。但是，其中也有一些普遍性的规律。在幼儿园成立之初，比较强调园长的权威，在管理中更倾向于集权式的纵向管理方法；而在幼儿园的成熟期，则可以强调柔性，采取分权制的横向管理方法。在这之中，园长还要根据自身的特点以及幼儿园内部教职工的特性、团体状态、氛围环境等调整具体方式，保证管理的科学性和有效性。

(二)“管人”与“管事”的度

1. 基本含义

“管人”与“管事”是管理的两大核心要素，两者之间的平衡是幼儿园管理有效性的重要保证，平衡的要点便是如何去平衡与拿捏“度”。

偏重于管事的园长喜欢运用管理程序、工作标准、绩效考核方式来实施管理；偏重于管人的园长喜欢运用思想统一、组织文化与氛围营造等来实施管理。但是，任何只重视其中一种管理方式的园长，总会在管理中出现许多困难与危机，面临更多的挑战与风险。

只重视事的管理，表面上来看管理很“科学化”，但如果只是强调对制度的遵从、对流程的把控、对标准的检视、对绩效的考核等，就会缺乏人文氛围，使原本科学化的管理体系与工具完全失去它应有的功效。因为只管事最大的难题就是无法有效激发教职工内在的工作热情与主动性。特别是当幼儿园遇到重大危机时，没有人会和园长站在一起。

只重视人的管理，表面上来看是非常人性化的管理，但这样的幼儿园通常看上去热热闹闹、人际关系活跃，但实际上没有人会去真正地做实事，幼儿园内部充斥着“人浮于事”的现象。因为这种类型的幼儿园管理者只以教职工服从不服从、听不听话等标准来衡量教职工的优劣，做实事的教职工可能会被管理认为不会表忠心，不会与上级搞好关系，没有对上级表现得足够殷勤而不受重视，甚至受到打压，这些教职工具体工作方面的表现只是退而求其次的次要因素。

幼儿园管理的许多问题其实就是在“人”与“事”之间没有找到合适的“度”，顾此失彼而造成的。只重视“事”，幼儿园会失去发展的动力和灵魂；只重视“人”，幼儿园会失去它的原则和理性，两者之间既相互依存，又彼此不可或缺。

2. 度的把握

“管事”需要有据可依的制度，有形的制度条款是规范组织成员行为的重要手段。每个幼儿园都要有对工作的标准、规定。无规矩不成方圆，规矩是幼儿园成为一个统一组织的基础。幼儿园管理者需要为教职工界定清楚必须要做的事情，以及做事的标准。对于大多数教职工来说，在清晰的标准下他们能够被明确地指引应该做什么事情。如果只讲人情，只凭着兴趣和情绪，或者感情来做，这样的做事方式，一定是无法评定以及无法控制结果的。但制度涉及范围也是有限度的，难以实现对全部组织行为的有效管控。这时候，园长往往会对教职工的精神思想进行干预和引导，也就是“管人”。

【案例 2-5】

一次行政例会时，干部们汇报进班检查工作的情况，这时一位年轻的干部说：“园长，您怎么总能发现我们发现不了的问题?”分析这位年轻干部的话，一是园长不可能将进班检查工作全部包揽下来，二是显然这位年轻干部对进班检查工作的目的、方法、关注点以及评价都有问题。作为园长应该信任认可每一名教职工的工作，但更应具备善于捕捉到他们工作中的短板和困惑的能力，并给予最适宜的帮助与指导，这也就是“授人以鱼不如授人以渔”在管理中的体现。

（来源：北京市东城区安乐幼儿园　刘颖）

“管人”很大程度上涉及情感上的关注与关爱，甚至可能是超越一般情况下的重点关注，这就不可避免地会涉及行为范围的选择。来自园长或各级领导干部对教职工的关爱必须严格限制于公事，坚决避免涉及私事的处理；必须一视同仁，不能借关爱、培养之名行私相授受之实，不能因为来自一个班级、毕业于一个学校、互相之间有师徒之谊、私下交情好等原因就给予优先或帮助，面对其他基层教职工则置之不理，长此以往必将引发管理的变味、民意的不满。

制度规范幼儿园运转的基本依据和尺度，必须依照制度行事。在教职工需要专业发展、提升的时机提供适宜的平台，给予大公无私的帮助和指导，才能收服人心。园长和各级管理者不可随心所欲，随意制定违背制度规定的临时标准来滥用职权，也不可以个人的好恶来制造与不同教职工之间的亲疏远近关系，这样才能不断提升管理效能。

(三)“把控”与“放手”的度

1. 基本含义

幼儿园管理中园长依靠规则制度给教职工的行动设置范围，使得教职工的行为受到一定的制约。但是过于教条化的管理又会使幼儿园组织气氛沉闷，教职工冲劲不足。监管力度过严，容易造成教职工的抵触情绪，同时也缩小了创新空间，限制了其主动工作、施展才能的意愿。

一些幼儿园管理者为了便于管理，对教职工施行“极限施压”，有时又好大喜功，为了“争彩头”或出于私利目的，片面迎合上级“满意”，不允许一点“异样”的声音发出，不切实际提高教职工的工作标准，给教职工超出能力范围的加压、负担，全面把控教职工的工作细节，从行为到精神都牢牢控制在自己手中。这违反了幼儿园管理的初衷，势必会造成形式主义，导致园内怨声载道，影响上下级之间的团结，不利于增强幼儿园凝聚力和保持管理的持久性。

还有一些幼儿园管理者出于“维护团结”考虑，或者不愿多管事、对事不肯负责、自己对工作毫无主见，充当“好好先生”，工作上只求“不出事”“差不多就行”，任意降低工作标准。虽然表面看上去园内上下级关系处得不错，实际上这样的幼儿园管理者早已在下级心目中失去了管理者应有的形象和威信，长久下去，想严起来将是非常困难的。

这两种不同的管理方式便是“把控”与“放手”的极端体现，都是不可取的。

2. 度的把握

严管应与信任相结合。对于幼儿园的制度要求，园长和各级管理者要执行到位，不能放松，要严格把握住统一的尺度与标准，不能因人而异、因情而异。放手并不是让管理者放任不管、任由其去，而是要在考察其能力、了解其态度的基础上，给予教职工主动承担工作的机会和创新发挥的空间。基本原则不能动摇，但是具体实施可以有个性化的方式。

对于事必躬亲的幼儿园管理者，教职工也许会遵从其指令，但不会把这当做管理者的好意，而是会有逼不得已或被盯上了的感觉。在现实工作中，教职工每天都会作出许多管理者无法也没必要去监控的事情。无论多么有力的管理者，都不可能顾及所有的事情，也不可能掌握所有的细节。一个成功的幼儿园管理者能够成为教职工的“教练”，更多地去指导和监督教职工怎么做，而不是什么都自己做。

首先，园长或幼儿园各级管理者应信任教职工，相信把事情交给他们是能够做好的。其次，要为教职工提供相应的标准、资源和目标，适当地授权，让他们去执行和完成工作任务，管理者则对结果进行检查和评价。日常还要重视对教职工的培养，授之以渔、赋能赋权，教给他们有效工作的方法，也让自己的管理更加顺畅。

三、管理方法

许多园长在架构完制度之后，最为苦恼和不知所措的是如何来实施、监测这些制度。有效地实施各项制度，真正将民主管理机制运用于幼儿园管理中，提升管理质量。在实践操作上，有以下几项对幼儿园管理者来说十分实用的方法。

【案例 2-6】

一次异地园长跟岗学习的反馈交流中，一名四川的园长说："您的幼儿园整体感觉舒服、有序；活动开展很有生活的味道，活动过程记录也很真实、有趣，你们是怎样做到的？老师是不是很辛苦，总是得加班啊?"这个园长的表达既肯定了幼儿园工作开展有序、高效，又体会到了师幼生活的自然、常态。同时也流露出对"高效管理"的好奇。"加班"与"高效"之间到底是什么关系？加班就能产生高效吗？高效就得很辛苦地加班吗？所以，幼儿园采用清单式、程序化的管理方法是优化管理、提高效能的关键。

（来源：北京市东城区革新里幼儿园　单金雪）

（一）清单式管理

管理应该包含整个流程，应该关注整个质量活动链条的效益和绩效。清单式管理是指针对某项职能范围内的管理活动，分析流程，建立管理台账，并对流程内容进行细化、量化，形成清单，列出清晰明细的管理内容或控制要点，检查考核按清单执行。它方便快捷地反映出动态化的痕迹，能追溯到整个管理过程的来龙去脉。因此，清单式管理又称为台账式管理、流程式管理、矩阵式管理。

清单式管理有多种呈现方式，如列表式、名册式、总结式、图表式等。看似简单，但在其背后，是由列清单的人清晰的逻辑思维、对工作的明确规划、不断反思改进的能力来支撑的。如后文所述的质量体系文件、组织架构图等，其实都是对清单式管理的不同表现和运用。

建立清单式管理是链式学习和点式管理的一个环节，在幼儿园工作中，不仅管理者可以运用清单式管理，全体教师也可以运用清单式管理策略。许多幼儿园管理混乱就是因为管理者和教师对问题没有清晰的认识和把握。列出各类管理问题的清单可以引发教师研讨问题，让教师围绕焦点、难点问题，自主成立各种研讨小组，按照平等、民主、自由的方式研究问题，找到管理项目的办法。许多新青教师面对班级工作总是感到茫然无措，一些干部教师或骨干教师面对纷繁复杂的各项任务也会焦头烂额，教会教师运用清单式管理，通过画大饼图、思维导图、列表打钩等简单直白的方式，可以帮助教师厘清思路、找出重点、做好计划，也能帮助教师有序实施、追溯反思，让教师尽快地、高质地走完从青涩到成熟的成长过程，也为幼儿园各个层级的管理节约了时间、提升了效益。

(二)PDCA 循环

PDCA 循环是美国质量管理专家休哈特博士首先提出的，由戴明采纳、宣传，获得普及，所以又称戴明环。PDCA 循环的含义是将质量管理分为四个阶段，即计划(plan)、执行(do)、检查(check)、处理(act)。在质量管理活动中，要求把各项工作按照作出计划、计划实施、检查实施效果列出，然后将成功的纳入标准，不成功的留待下一循环去解决。这一工作方法是组织质量管理的基本方法，也是企业管理各项工作的一般规律。

在幼儿园中，运用 PDCA 循环，实际上也包含相同含义的四个环节，即计划、组织实施、进行检查、纠正偏差(见图 2-2)。幼儿园做一个家长会、“六一”庆典活动，或者班级的教学观摩活动，都需要有计划。在计划实施的过程中，从园长到干部、教师，都有自己的职责要去完成。在计划实施完之后，参与人员还要有反思。这种反思帮助我们去检查思考自己的工作有什么好的地方，有什么需要改进的地方。在这之后还有一个非常关键的环节，就

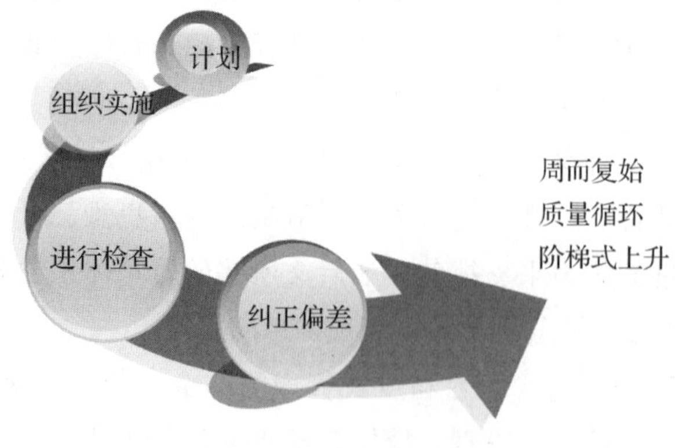

图 2-2　幼儿园 PDCA 循环

是从“纠正偏差”到“计划”之间的连接。也就是说，反思找出问题之后，在下一个计划里面应该不再出现这样的问题，从而让质量形成周而复始、阶梯式上升的循环，这就是幼儿园的质量工作程序。

(三)质量体系文件

一个组织的质量管理就是通过对组织内各种过程进行管理来实现的，因而就需要明确把过程管理的要求、管理的人员、管理人员的职责、实施管理的方法以及实施管理所需要的资源用文件形式表述出来，形成该组织的质量体系文件。质量体系文件是建立并保持组织开展质量管理和质量保证的重要基础，有助于进一步理顺关系，明确职责与权限，协调各部门之间的关系，使各项活动能够顺利、有效地实施，使质量体系实现经济、高效地运行，以满足服务对象的需要，提升管理效益。

质量体系文件常常分为四个层次，即质量手册、程序文件、支持性文件、质量记录。幼儿园应当以家长、儿童为关注焦点，根据本园工作的质量管控需要和具体情况特点来编制园本质量体系文件，从而在校园内部各项循环的细节过程中渗透质量与服务，使幼儿园具有可持续发展性。质量体系文件能够反映一个幼儿园质量体系的系统特征，对影响幼儿与教师发展的过程性技术、管理和人员等因素的控制作出统一的规定。不同文件在各个层次应做到层次清楚、接口明确、结构合理、协调有序、要素和内容的取舍得当。在编制时，要注意以下几点。

1. 质量手册

阐明幼儿园的质量方针并描述其整体的管理体系的文件，覆盖了各项标准，是质量体系文件中纲领性文件及核心。质量手册要规定幼儿园各项质量工作的基本结构、遵循的方针政策和原则等，如幼儿园的简介、部门设置、层级结构、总体性职责、一般的工作内容和程序、与外部的公共关系等。

2. 程序文件

针对各个职能部门，是幼儿园为完成各项质量活动与过程所规定的途径。程序文件是对质量手册的原则性要求的进一步展开和落实，通常包括：幼儿园组织的某项活动的目的和范围，做什么和由谁来做，何时、何地和如何做，应该使用什么材料、资源、设备；如何对活动开展的情况进行督导和记录等。程序文件也规定了各部门间的横向联系和接口，具有横向协调的作用。在质量管理体系文件中，程序文件编制的工作量较大，也较容易出问题。好的程序文件对提高幼儿园管理水平作用显著。

3. 支持性文件

支持性文件是程序文件的进一步展开和细化，是对具体工作的指导或规定，通常以业务指导书和岗位业务指导书形式出现。它对各项活动的各细节给予限定，同时展示进行各项活动的依据。如法律法规、制度、教材、整个幼儿园的评价标准和体系等。这类文件数目最多，是最基础的文件。

例如法律法规除了《纲要》、《3—6 岁儿童学习与发展指南》(以下简称《指南》)，还包括《教师法》及很多有关职业道德、行为规范的若干意见等。将所有与学前教育相关的法律法规不断地充实到幼儿园的文件库当中，随时可调取、查询，使这些东西都成为工作常态的一部分，而不是需要的时候要到处去找。这样帮助幼儿园形成一个管理架构和管理体系，让处理事务的时间浓缩，让管理简约。

4. 质量记录

幼儿园已经进行完成的各项活动所留下的证据、数据和记录，是用以证明质量体系有效运行的客观证据。它使幼儿园组织的活动能够追溯、反思，并在下次类似活动开展时得以纠正和预防。幼儿园采取质量记录的方式可以丰富多样化，展现幼儿园的特点，如照片、新闻稿、活动总结、研究报告、打卡记录等。

(四)组织架构图

幼儿园管理组织是指专门设置的具体从事管理工作的组织机构。管理通过组织机构进行，组织机构又是管理的对象。幼儿园管理组织要有共同目标，有明确分工，有一定权威，有职能层次，注重纪律、协调和效率，要求机构和职能高度统一。如此复杂的组织机构如果用图表来表示，就会比较容易让人理解，也便于管理者的思考和安排。组织架构图就是幼儿园组织结构的直观反映，是最常见的表现教师、部门和群体关系的一种图表，它形象地反映了幼儿园内各机构、岗位上下左右相互之间的关系。图标列表的形式直观展现了幼儿园组织各单元之间的相互关联，并可帮助管理者直接查看组织单元的详细信息，及与组织架构关联的岗位、人员信息。

组织架构图并不是一个固定的格式，关键是要考虑是否符合幼儿园发展战略的需要，组织架构的功能是为了实现战略效果而将相关工作进行划分，因此要根据幼儿园具体情况以及管理任务需求来制定具体的个性组织架构图。

例如一个规模较小的幼儿园，架构的层面应该越简约越好。它可以设置教学部、后勤部、综合部、财务部、保健部等。那么在一个小幼儿园里保健部可以单独提出来，因为园长可以直属管理，比如幼儿生病了，或有特殊事件了，不能一步一步周折，需要在管理过程当中尽可能把烦琐的事情简单化，这样就简化了很多程序。

但是如果面对一个大幼儿园，例如北京市第五幼儿园，组织架构图可能就比较复杂。五幼的总园有 20 个班，700 多个孩子，100 多名教师，在落实园长全面负责制的前提下，于架构组织体系的过程当中，形成了“六部一室”职能部门(保教部、科研部、党务部、财务部、人事部、后勤部和办公室)，进行一体化联动管理(见图 2-3)。将幼儿园有限的人力资源进行优化配置，确保园务管理与保教管理条块分明，形成全员参与、上下互动、左右联动、自主创新的管理态势，凸显各部管理的相对独立性与保教工作的统整性，集中精力保障和促进幼儿园建设，实施一体化管理新格局。园长直接管理两个副手——教学副园长和后勤副园长，他们再管理自己手下的各个部门。而园长根据需要和事件性质，也可以直属管理六部一室。两名副园长在他们的管理工作中也会有不同的管理层面。

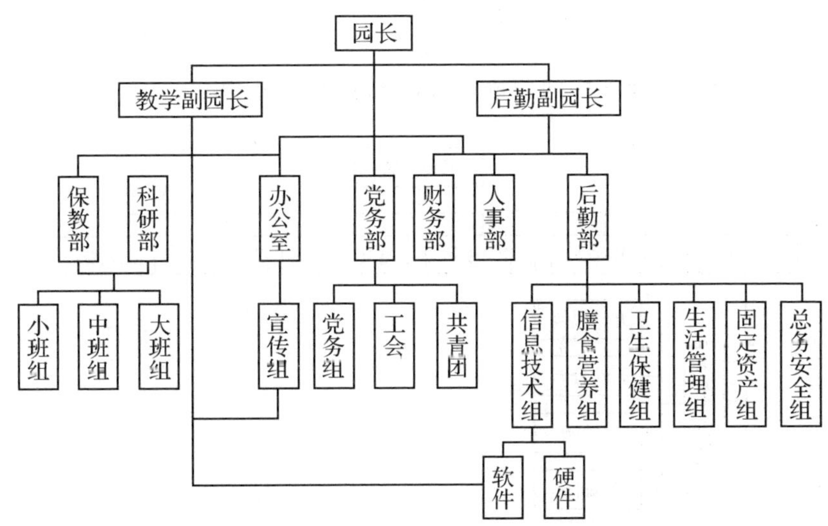

图 2-3　北京市第五幼儿园组织架构图

在幼儿园整体的组织架构图之下，各个管理层次还可以构建自己的组织架构图，如教学组织架构图(见图 2-4)、后勤组织架构图(见图 2-5)、工会组织架构图(见图 2-6)等。

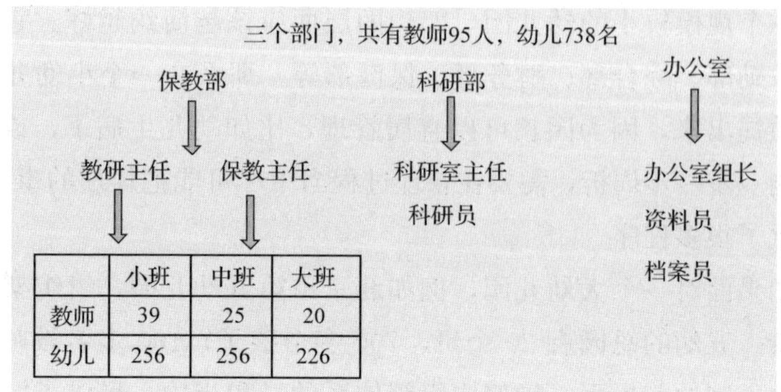

	小班	中班	大班
教师	39	25	20
幼儿	256	256	226

图 2-4　北京市第五幼儿园教学组织架构图

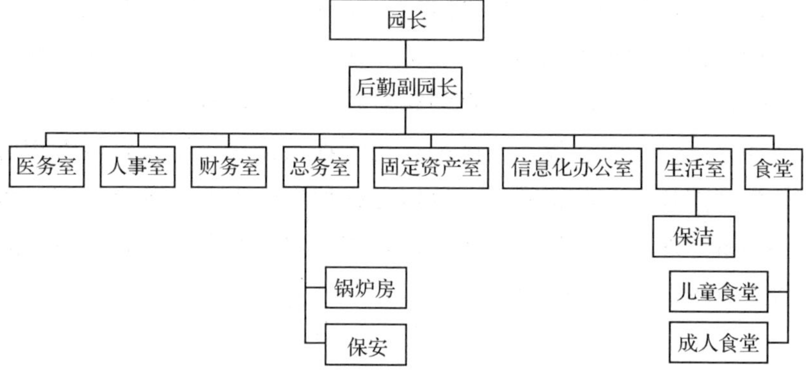

图 2-5　北京市第五幼儿园后勤组织架构图

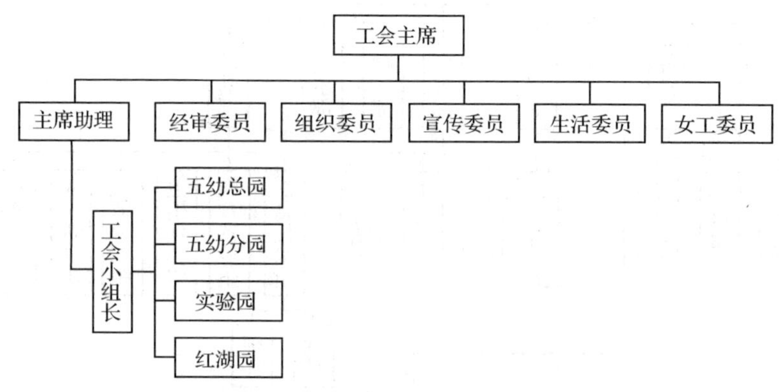

图 2-6　北京市第五幼儿园工会组织架构图

除了部门管理可以用到组织架构图，五幼还将此方式运用到课题管理、活动管理等项目的管理过程中。如保健医团队工作组织架构图(见图 2-7)、视力保健课题管理结构图(见图 2-8)等。

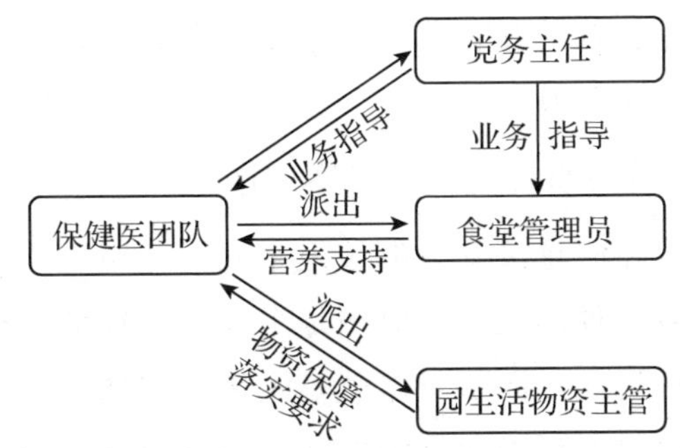

图 2-7　北京市第五幼儿园保健医团队工作组织架构图

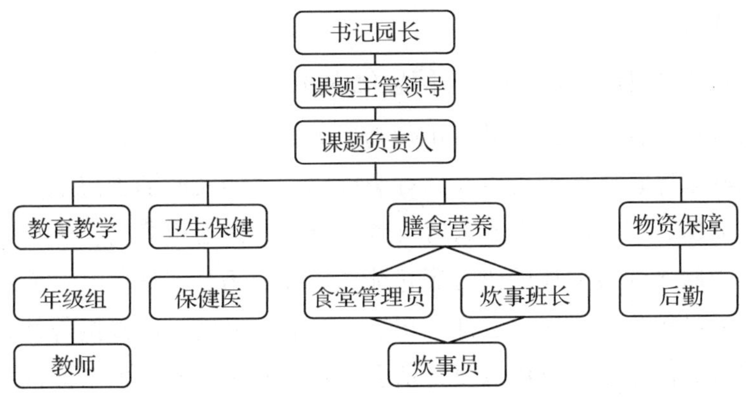

图 2-8　北京市第五幼儿园视力保健课题管理结构图

组织架构图不是一成不变的，它随着幼儿园发展的需要和管理任务的需求而动态调整着。通过组织架构图能让管理者反思是否对自己所管理的人、事、物、财等资源了如指掌，目前的教师群体结构是否合理，职责和任务是否落实到位等问题，促进幼儿园管理层次更清晰、细化，实现责任到人、责任到点、责任到位。

第四节　人际沟通

一、组织内人际沟通

人际沟通是个人之间在人际交往中彼此交流思想、感情和知识等信息的过程，是信息在个人间的流动。组织内的人际沟通一般是在两人或多人之间，并主要通过语言(包括文字语言、口头语言和身体动作语言)来进行。信息的内容包括资料、观点、意见或情感，沟通的目的在于获得了解、信任、协作，为共同完成组织目标而努力。

（一）组织内人际沟通与组织内团体沟通

按照信息发出者和信息接受者的数量来划分，组织内人际沟通包括一对一、一对多、多对多三种形式。一对一是个体对个体的沟通，一对多是个体与多人组成的团体的沟通，而多对多就是团体与团体之间的沟通，如部门间的讨论、谈判。组织内人际沟通以个体作为研究对象，重点研究个体的沟通行为。而组织内团体沟通则以团体作为主要的研究对象，研究组织内部团体之间的沟通行为。

（二）口头沟通、书面沟通与信息化沟通

口头沟通是日常工作中最常用的沟通方式，如会谈、讨论、会议、演说以及电话联系等，其优点为生动、有亲近感，并能及时捕捉感受到沟通主体的表情、动作、语调等，增加沟通效果。但口头沟通也容易丢失信息，不容易记录，受制于沟通主体的语言表达能力、注意力、态度等。书面沟通更加正式，指通过布告、通知、文件、刊物、书信、电报、调查报告等方式进行的信息交流。优点是可以传达复杂信息，且可永久记录。但书面沟通无法了解对方的直观感受，不能及时获取反馈，且沟通周期较长。信息化沟通是随着科技的发展而出现并兴起的一种通过互联网和电子邮件、微信等工具进行的沟通方式。它的信息容量庞大，反应迅速，空间依赖度低。但同样也会有不直接、不正式、信任度低、容易产生误会等缺点。

（三）正式沟通与非正式沟通

正式沟通指按照组织规定，通过组织的正式结构所进行的信息交流与传递，如会议、信函、文件、汇报、请示等。非正式沟通指以一定的社会关系为基础，通过正式途径以外的渠道来进行的沟通，如日常的交流、打招呼，还有个体间的流言等。正式沟通能传达比较重要、可靠的信息，但是无法了解组织内个体的心声。非正式沟通恰好能够通过私人间交流弥补这一缺点，但其随意性大、不可靠、容易引发猜忌，不能完全信任。作为组织领导者，也需要对非正式沟通进行引导。

（四）上行沟通、下行沟通与平行沟通

上行沟通是由下向上的信息沟通，包括下级向上级汇报工作情况、提出意见或者表达自己的观点等，如定期的工作汇报、非正式的领导谈心、群众意见箱等。下行沟通是由上而下的信息沟通，是直属领导的决策或工作任务传递给下级的过程。一般来说，组织采用下行沟通比较多，如布置工作任务、发布规划计划、对工作进度提出建议等。平行沟通指组织内同一层级之间的沟通，如同一部门同事间的交流，同级不同部门之间的沟通。组织中发生的部门间的矛盾，很大的因素源于各部门关门干事、互不通气，领导者要通过适宜的机制确保部门间沟通的畅通性，才能在组织内加强团结与协作。

二、幼儿园内人际沟通

管理的本质就是沟通。幼儿园管理的第一要素便是沟通。著名组织管理学家巴纳德认为："沟通是一个把组织的成员联系在一起，以实现共同目标的手段。"对于园长等幼儿园管理者来说，做好幼儿园内部的人际沟通，就是在将全园教职工凝聚到一起，朝着共同的愿景和目标团结协作、共同努力。但是作为一个组织，幼儿园内部的人际沟通也需要讲究科学的理念和方法，并不是如朋友相处拉家常来拉近关系，也不是如菜场买菜讨价还价来占尽便宜，而是为了建立一个和谐统一、信息畅通、追求效率的团队，实现高质量的管理。

【案例 2-7】

临近下班时间，小辉老师来到园长办公室要求换一个班级。园长耐心倾听，发现原来是作为保育老师的小辉在洗抹布时，由于主班老师小彤带班忙不过来，便让小辉先放下手头的活，过去顾孩子。小辉感到委屈又生气。园长并没有着急批评老师，而是引导小辉站在小彤的角度想想，班长既要关注孩子的安全，又要关注教学质量，小辉应当帮小彤分担。也让小彤表达了自己当时的想法："我说他是为了他好，平时他把卫生做得很好，但是我想他将来做保育、做任教老师都能胜任，孩子在活动时应该先关注孩子。"通过园长的引导和调节，小辉主动跟小彤老师道了歉。

"小辉老师，今天发生的是班级内部的事，以后要学会班组内部解决。首先，要静下心来想想别人的好，不能动不动就想逃避、放弃；其次，知道新老师有很多要学习的东西，就应该虚心求教，对于班组老师要坦诚，不能任性。"园长说。

小辉老师的冲动，真实地反映了新教师岗位胜任与新班长管理胜任之间可能存在的问题，其根本是因为工作经验和管理经验欠缺产生的无力感，导致本能地选择问题解决的方法是闹情绪、发脾气。

专注倾听，引导教师换位思考，助力教师明辨问题产生的原因、学会遇事理性思考，让干群有效沟通成为管理的秘诀。

（来源：北京市东城区革新里幼儿园　单金雪）

1. 注意倾听教职工的声音

园长一般在日常的行政例会、以重要通知为目的的临时会议、各项活动中进行的都是下行沟通。主要是为了明确要求、宣布消息、发表观点，将自己的教育、管理思路和理念传达给教职工。但是在教职工代表大会、小组式讨论会、汇报、个别化的谈话中，园长是有机会听到来自教职工的声音的。但是有的园长急于让干部教师理解自己的想法，有时会在应该以聆听基层声音为主的场合充当“主讲人”的角色，总是在滔滔不绝地输出自己的看法。当园长首先表达自己的观点后，其他教职工一般都会附和，或者不敢说出自己的想法，长此以往，园内会形成沉闷低落的沟通氛围，没有人愿意在园长面前说真话。但是不说出问题不代表问题就消失不存在了，长期没有出口的情绪和得不到解决的问题会最终形成力量强大的暗涌，在不经意间暴发出来，给园长、幼儿园重大的打击。

沟通的氛围也会影响工作的氛围。一般民主沟通渠道不畅通的幼儿园，其工作活力也不充分，教职工主动性差，任何事都等着上级给命令，步步都等着有人督促才干，因为大家都抱着“反正我做什么领导都会说不对，做多错多，主动做了被否决了还要推倒重来”的心态，进入“挤牙膏”式的工作状态中。这样的园长虽然感觉到“权力很大”，园内事事都“瞒不过”自己，把控感很强，但也常常感叹“太累了”、教职工“带不动”。

实际上，一个幼儿园的正常发展是以教职工为基石的。每一个岗位上的教职工，不论他所在的部门是大是小、他的职位是高是低，都发挥着自己的作用。倾听教职工的声音是一种对教职工的尊重和信任，也是了解园内各项工作运转情况、教职工情绪状态的有效途径。工作中教职工难免会对幼儿园要求不理解、对同事有抱怨、对职业发展有诉求。园长忙于按下时不时蹿起的火苗、忙于当“救火员”，不如在平时多通过各种方法有效聆听教职工的声音，避免急于解决问题的盲目性。

2. 沟通要以人为本

苏霍姆林斯基说："校长对学校的领导，首先是思想的领导，其次才是行政的领导。"要实现思想领导，最根本最首要的是打动人心。打动人心并不是指纯粹情感上的笼络，更不是物质上的"收买"，而是真的从教职工的角度出发，从教职工成长的需要出发，人性化地去感知教职工的特质，切实地为解决教职工发展中的问题创设条件。当教职工感受到幼儿园领导者的真心与实效时，自然就愿意与幼儿园共发展。

"以人为本"是管理的核心理念，也是沟通的核心理念，秉持着这一理念与教职工沟通是打动人心的基本要求。管理沟通的整个过程都要重视人本的精神和文化的色彩，重视人的心理感受；和谐体现对每个人的尊重、信任和激励以及宽容理解和严格要求的统一；提倡"管人要管心，管心要知心，知心要关心，关心要真心"，从而使管理者和教师共建"心灵契约"，给每名教师一个梦和平台，每天让他们带着快乐上班。

以人为本的沟通首先要求园长要站在教职工的角度去进行表达。教职工的经验、岗位、学历、知识面等情况不同，其能接受和理解的表达方式也不同。园长通常站在较高的位置，能够把握某项工作的全貌，但是教职工不能，他们所了解的信息、所关注的焦点往往都局限于自己所处的岗位。园长在与教职工沟通工作时如何表达、细致到什么程度、能透露的信息有什么限制等都是需要考虑清楚的。一项指令通常在一次沟通中只有40％能被理解，20％能被执行。因此，工作布置完了却常常没有后续，那就需要反思是不是沟通方式带来的沟通效率的问题。

其次，园长也要"因材施教"，因人而异区别沟通。既然一项工作只有极少数内容被听懂执行，那除了重复地去传达，就只能跟其他教职工沟通剩下没被理解和执行的部分，让这些人去执行。这时候园长需要去了解教职工的特点是什么，哪些人之间的能力、经验、水平是可以互补的，尤其是在理解能力、执行能力、执行意愿和态度上是可以互补的。在这一基础上，园长去构建结构合理的项目团队，让团队成员之间可以取长补短、相互协调、相互督促。

以人为本的沟通能够创造园内良好的人际互动关系，而良好的人际关系引起的是人们愉快、亲切、随和的心理体验。这样的心理体验带给组织的是积极、健康、饱满的精神状态。只有幼儿园教职工具有了积极健康饱满的精神状态，才能更好地投入各项工作中，不断地为幼儿园的生存、建设和发展作出贡献。

3. 运用信息化工具

现代信息技术在组织管理沟通中发挥着强大的联通作用。幼儿园要实现内部的统一管理、协调发展以及信息通达、沟通顺畅，必须借助信息化技术手段。尤其是一园多址、规模较大的幼儿园，运用信息化技术打造数字管理，能够突破空间、时间上的诸多限制，简化教师工作流程，加强沟通的即时性和有效性，强化园长对各项工作的把控和规范化管理。

(1)数字共享平台

建设数字共享平台，为幼儿园的优秀教育活动、教育心得体会、研究进展、培训交流等工作的资源共享和融通学习创造硬件环境。利用信息化平台完善教师工作程序，减少教师与教学无关的无意义工作所占用的时间，拓展师幼有效互动时间，在智慧幼儿园建设的进程中不断提升教育价值。

(2)干部留痕管理

将干部学习笔记、干部月总结册等工作过程性资料定期上传至数字共享平台，形成干部管理工作记录信息库，方便干部工作汇报及对干部的日常工作检视。提醒干部务必如实填写信息化工作纪实，每天一记、有事必记，并通过平台提前安排、预约工作，通过系统将工作安排自动列入个人日程，外出审批、请假休假也都可在信息平台完成。此后，还将在教师教育教学管理中推行此项留痕管理措施。以“制度＋科技”让干部管理“全透明”、晒在阳光下。

(3)基层条目量化

运用数字化手段，促进幼儿园固定资产台账记录清晰，数字统计准确，汇报归纳及时。主管每日岗位必查，部门每周完成情况必碰，幼儿园每月图文必汇总。幼儿园内部各班级互通有无，互相学习，实现有效管理不拖拉。从而帮助园长和各级干部通过信息传递及时把握教职工工作情况。

三、幼儿园内人际沟通模式

(一)多向沟通

幼儿园内沟通的方向是多样化的，既有领导向下发起的沟通，也有教职工向上发起的沟通，还有不同部门、不同教职工之间的沟通。在这些沟通中，交流是有来有回的，不能只是一方输出，另一方被动接收。其中，尤其要注意上行沟通、平行沟通和双向沟通的作用。

【案例 2-8】

幼儿园经常会召开各种会议，教师们进入会议室后都会选择后面的座位，第一排的位置经常是空的，没有人愿意坐在第一排。会议开始时干部会安排大家坐到第一排，这样做既耽误时间还会出现有的教师不太情愿。虽然看似只是一件小事，但是园长没有了解教师们的想法。通过与教师们沟通，了解到年轻的教师们认为第一排应该给职位高或者年长的教师坐；后勤的教职工觉得应该让一线教师坐在前面……作为园长换个角度思考，分析教师们的想法都是可以理解的。在理解的基础上，我用接纳的态度和大家一起讨论，最终我们达成了共识：第一，坐在第一排是积极主动态度的体现；第二，园里的每一个教职工的工作都是值得尊重的，不分前勤后勤更不分职位的高低；第三，会风也是团队正能量的体现。达成了共识之后，空空的第一排不见了，从中我也体会到，任何问题只要存在都有其“合理原因”，作为管理者不能强硬要求，要尝试“理解”，“共情”之后才能有“共识”。

（来源：北京市东城区安乐幼儿园　刘颖）

1. 上行沟通

上行沟通是园长了解和掌握幼儿园和教职工全面情况的重要途径，集体决策实际上要靠上行沟通的信息为依据。良好的上行沟通可使园长掌握真实的情况从而作出符合实际的决策。园长需要开放更多的上行沟通的渠道，让更多教职工的声音汇集到自己面前。

上行沟通的方式有很多，书面沟通的形式有意见箱、反馈表、问卷调查等；口头沟通有工作汇报、非正式的语言交流谈心、座谈会等。在沟通中，园长可以主动发起提问，将一些自己想了解的问题以咨询、了解的方式向教职工提出，表示对教职工的看法很感兴趣、很重视，以开放的心态鼓励教职工表达意见。园长还可以围绕某个问题或某项工作组成一个工作小组，组织一次或几次会谈，营造轻松的氛围，鼓励教职工发言，让他们谈论工作中的问题、自己的需要，以及管理中的促进或阻碍工作绩效的做法。这样的会谈中当有一个教职工谈起自己的想法而得到了园长的肯定时，那么会有更多的教职工愿意大胆表述自己的意见，园长会探究到教职工内心的问题，得到许多意外的收获。

许多园长认为自己的门一直都是打开的，自己的态度也是开放的，是教职工自己不愿意与其沟通。但是园长首先应该意识到，自己所处的职位其实在教职工心目中是有一个天然的威严的。教职工自然会对“管自己的人”存在着防备的心理。对于园长来说，更有效的开放政策是走出自己的房间，走到教职工中间去，可以了解到比以往坐在办公室里更多的信息。这种做法被称作走动式管理，园长以此与大量教职工多多接触。教职工也在园长的“走动”中观察到园长“开明、开放、愿意倾听”的线索，有利于园长营造支持性的氛围。此外，园长还可以组织非正式的社团、娱乐活动，如联欢会、运动会、茶话会等，为非计划性的上行沟通提供绝好的机会。非正式沟通往往能比绝大多数正式沟通更好地反映真实情况。但也要注意，如果总是占用教职工的休息时间组织这样的活动，或者使活动变成了满足园长个人虚荣的工具，那反而会起到相反的效果。

上行沟通是为了让园长倾听到教职工的声音。园长在上行沟通中要能够积极地去倾听，不仅要用耳朵听，还要用心听。也就是说，园长既要理解教职工字面的意思，也要理解对方的情感。在沟通中向教职工释放一个重要信号：园长关心教职工。因此，人际沟通也是园长重要的管理能力之一。

2. 平行沟通

幼儿园的平行沟通可以简化办事程序、手续，节省时间，提高工作效率；可以使园内各个部门之间相互了解，有助于培养整体观念和合作精神，克服本位主义倾向；还可以增加教职工之间的互谅互让，提高工作主动性，改善工作态度。

但在包括幼儿园在内的组织中，平行沟通往往是组织沟通的薄弱环节。由于幼儿园的规模、管理结构、机构设置、制度约束以及人的心理状态等的限制，幼儿园的各个平行部门的交流并不一定总是很顺畅，从而使信息难于在各个平行部门中共享。不同部门之间互相不配合，遇到任务相互推诿，都是让园长十分头疼的事情。

平行沟通中最大的问题是“我不和你谈”“你管不着我”。一个部门的工作需要多个部门配合时，其他部门可能根本不买账、不积极响应。还有一些部门习惯于将活儿抛给别人去做，动辄以“我不会”“没做过这个”为借口。这样就形成了干活的永远在干活，但是干的活却不属于自己部门的工作业绩。长期下去，愿意承担工作责任的部门积极性会逐渐减退，而不愿意承担工作责任的部门也缺乏处理实务的能力。

其实平行沟通不仅包括组织中各个平行部门间的交流，也包括各个平级的管理层和基层教职工之间的横向交流。部门之间的平行沟通问题反映的是整个幼儿园组织文化的问题，是管理层平行沟通障碍的体现，也影响教职工个体之间的沟通氛围和习惯。不顺畅的平行沟通带来不合作、设“路障”、推责任的工作文化，这样的工作文化又反过来加重平行沟通的问题。在当前幼儿园工作中，许多事项是需要打破部门边界通力合作的，比如安全教育需要前勤教师与保卫干部合作完成、节庆日传统食物需要后勤食堂的参与、家园共育也需要前后勤共同协作，只有良好的平行沟通才能推动幼儿园高质量地完成这些工作，并逐渐提高完成更大规模、更广领域的工作的能力。

为了促进平行沟通的正常运转，园长需要制定清晰的工作规范，明确工作责任和制度，明晰哪项工作该由谁负责、谁牵头、谁配合，按照幼儿园制度流程让各个部门、各岗教职工各司其职。需要全园配合的工作，园长可以先以下行沟通的方式告知相关部门情况，让各部门了解自己需要参与其中，并且必须积极配合主责部门的工作。工作进行中的平行沟通情况主责部门需要及时向园长汇报。园长需要有公平合理的评价标准，按照工作量、工作成效、工作态度等进行客观评价，给予有能力有责任感的教职工相应奖励或更多的发展机会。

园长还可以通过非正式渠道促进平行沟通。园长组建非管理工作小组，组织管理人员和一些自愿参与的教职工共同组成，小组成员在全园范围内就幼儿园相关问题进行广泛沟通与讨论，与自己的同级同事进行交流。在日常工作中，也可以通过工会活动、联欢会、户外拓展等提供更多平行沟通的机会。但是要注意对于同事间的流言蜚语，园长要及时阻隔，详细调查后酌情处理；对有碍同事独立行使职权的信息，也要先行阻隔。

3. 双向沟通

现如今，许多幼儿园的管理体系还比较陈旧，仍以传统的宝塔形管理体系为主。在这种管理体系中，主要依靠单向沟通，即在组织内从上到下传递信息和命令，下级无法表达自己的感觉、意见和建议。教职工往往只能和与自己临近的层级人员进行沟通交流，对幼儿园的顶层设计和园长的想法理解不清，园长及其他幼儿园管理者也不了解教师的行为和想法，从而造成幼儿园工作之中的信息传递较慢、不准确以及教育方针、教育方式脱离实际的后果。

在实际工作中，沟通的起点是信息的发送者，终点是信息的接收者。当终点上的接收者反馈其想法、意见时，他又转变为信息的发送者，最初起点上的发送者就成了信息的接收者。沟通应该就是这样一个交流往返的过程。也就是说，沟通应该是双向的，有来也有回，有发送也有反馈。园长应在幼儿园内建立以建议系统或申诉系统为形式的向上沟通渠道，帮助教职工表达想法和建议，增进管理沟通的效果。在双向沟通中，信息发送者和接受者两者之间的位置不断交换，即园长在发送自己的工作要求时要给教职工思考和表达自己想法的时间和空间，及时听取教职工的反馈意见，共同协商推进工作开展。

园长和教职工可以围绕教育教学实践和研究、工作方式方法、改革建议等多方面的问题进行双向沟通，教职工在工作中的优点和长处可以作为沟通内容，不良的倾向和可以继续发展的方面也可以作为双方沟通的要点。园长和教职工的沟通应当具有恒常性，形成一种机制化的沟通习惯，让教职工都知道园长会有一个专门的沟通时间或地点是开放给大家的。园长和教职工都可以成为沟通的发起者，不仅园长可以和教职工主动联系，教职工也可以主动去找园长，双方都有平等的沟通机会。

双向沟通能保证信息准确性较高，有助于构建共同的目标；教职工有反馈意见的机会，产生平等感和参与感，增加自信心和责任心，有助于建立管理者和教职工的感情；激发教职工的创造性和工作热情，更加高效地执行决策。

(二)立体化沟通

随着时代的发展，为了使信息在组织内部快速传递，适度的组织内部网络化以及沟通立体化成为趋势。对于幼儿园来说，园长作为决策者个体，其信息的获取量是有限的。为了在信息爆炸、瞬息万变的环境中加强决策的正确性，需要将幼儿园内部结构变革为一个网络型组织，在网络型组织中产生的沟通便是立体化沟通。部门团队作为节点，各节点相互连接、相互发生关系，信息就能迅速从一个节点流动到另一个节点，既能保证横向流动，也能保证纵向流动。①

立体化沟通是随着信息技术的变革而发展起来的。信息化社会中，信息传播形式逐渐改变，园长在短时间里可以看到更多的信息，作决策的过程因此比以往缩短了很多，决策过程的透明度也相应提高了。这时候，幼儿园就不需要有那么多层级来作决定了。事实上决定的过程越简单效果越好，而且效率也会越高。管理的中间层级也自然消失了。幼儿园的每一个教职工都是一个管理沟通的信息中心，同时又通过某种直接或间接的渠道为其他人形成的信息中心服务，信息交流高度透明、民主平等。

立体化沟通使每个教职工在获得各种信息更加便捷的基础上，都成为资源的创造者和享用者。幼儿园内部所有教职工之间的沟通更加充分与高效，使一园多址等形式的幼儿园也能够跨越幼儿园空间范畴进行通畅的交流。

(三)有效沟通

幼儿园内一天会发生无数次沟通事件，其中能通过沟通完成传递和交流的目标，提高沟通的可靠性和准确性，沟通双方能较好地进行表达和理解的沟通有多少呢？能够在思想、信息、情感、态度或印象上实现个体或全体的互动，共同完成组织追寻发展而定下的期望的沟通才能称作有效沟通。

一个有效的沟通不仅要求信息发送者清晰表达信息的内涵，以便信息接收者能准确理解，还要求信息发送者重视信息接收者的反应并根据其反应及时修正信息的传递，免除不必要的误解。园长与干部教师在进行沟通时，要注意沟通的有效性，也就是要在信息的选择和处理、沟通渠道的组织、沟通方法和技术的选择、自我的调整和沟通氛围的创建上下功夫。

首先，园长与干部教师的沟通，其要传递和交流的主要内容，也就是“信息”，必须要有价值，它应当是沟通双方都关注的问题。如果教职工认为这件事跟他没关系，那沟通只是敷衍了事。园长在客观地对信息进行价值判断后，确定它确实与要沟通的对象教职工有重要的关系，那么就要想办法让对方知道这一沟通内容的重要性、对教职工发展的意义，从而让沟通双方都对信息的价值产生认同。

其次，要注意对沟通渠道的组织和运用。沟通渠道一般需要结合正式和

① 李自鹏：《组织结构网络化和内部沟通立体化》，《经济研究导刊》，2010 年第 23 期，第 25—26 页。

非正式的形式，发挥二者的优势。园长根据沟通的事项和教职工的特点，设计相对合理的沟通渠道。一般来说，应该缩短信息传递链，减少冗余的沟通过程，确保信息的畅通性和完整性，提高信息传递的效率。这涉及组织机构的建设和调整，需要减少重叠多余的组织机构或部门。

例如，某幼儿园调整了学校组织机构系统，只设置了两个管理层：园长是最高管理层，负责全局管理和决策；年级组是第二个管理层，负责管理实体。两名副园长下分设两名主任，六位干部组成三对搭档，分别主管一个年级组，也就是说一名副园长加一名主任以及一名主任加一名主任的组合直接管理一个年级组，把教育教学管理的重心和力量放在了年级组，减少了管理和沟通的层次，下移了管理重心。副园长与主任的组合使干部的工作职责明确而持久，收到了良好的效果。①

在面对不同的沟通内容时，园长需要选择适宜的沟通方法和技术。比如紧急信息利用口头沟通，会比书面沟通速度快；面对面交谈可以获得即时反应，而书面沟通可能得不到反馈；书面通知会使接收者产生重视感，而社交场合提出的意见，会被认为重要程度不够；一对一沟通提出的工作任务对方会特别在意，小组中泛泛而提的工作任务，会让教职工产生“反正其他人也听到了，他们做了我再做”的依赖感，或者“领导只是随便一提，后续没有催到自己头上，就不用真的做”的想法；在公共场合宣布某一消息，对于其沟通范围及接受对象毫无控制，反之，选择少数可以信赖的人，利用口头传达某种信息则能有效控制信息。

一些园长习惯于在沟通中传达任务时，只关注自己的管理目标能否实现，而不关注教职工是否明晰了自己的沟通内容。但是沟通中一个很普遍的问题便是沟通发起者讲了一句话，自以为已经讲明白了，但接收者居然没听明白或者没听清楚。但是沟通内容是否清晰地呈现出来，问题有没有讲明白，是由接收者说了算的。这就需要园长对自身进行合理的调整，通过换位思考由从自己出发变为从对方出发。比如在沟通前了解教职工的想法是什么，易于接收信息的方式是什么，有什么诉求等，还要考虑到教职工的性格、文化水平、人际关系，然后整理自己想要沟通的内容，预想设计一些沟通细节，使自己的想法能让教职工真正接受，使他们心悦诚服地成为自己的追随者。

---

① 李雯：《学校管理从何入手》，上海：华东师范大学出版社，2013年版，第76—77页。

沟通氛围的创建与幼儿园文化、制度的建设都有重要的关系。首先，园长需要建立一种民主和谐的组织文化氛围，这在本书其他章节有详细阐述；还需要改革沟通制度。例如建立信息沟通检查制，对沟通的内容、形式、频次等提出制度性要求，对沟通效果作出相应评价；设立能够广泛听取意见的建议制度，意见箱、代表大会、提案议案等都是建议的有效渠道；建立定期例会制，使有关工作情况在会上得到及时沟通；进行教职工调查和反馈；等等。

第三章　创建幼儿园文化

【本章要点】

● 明确幼儿园文化的内涵与价值；

● 了解幼儿园文化的结构和组成；

● 掌握确定幼儿园文化的依据和思路；

● 探索建设幼儿园文化的关键步骤；

● 明确园长在创建幼儿园文化中的角色和作用。

【本章关键词】

幼儿园文化；物质文化；行为文化；园标；家长参与；园长角色

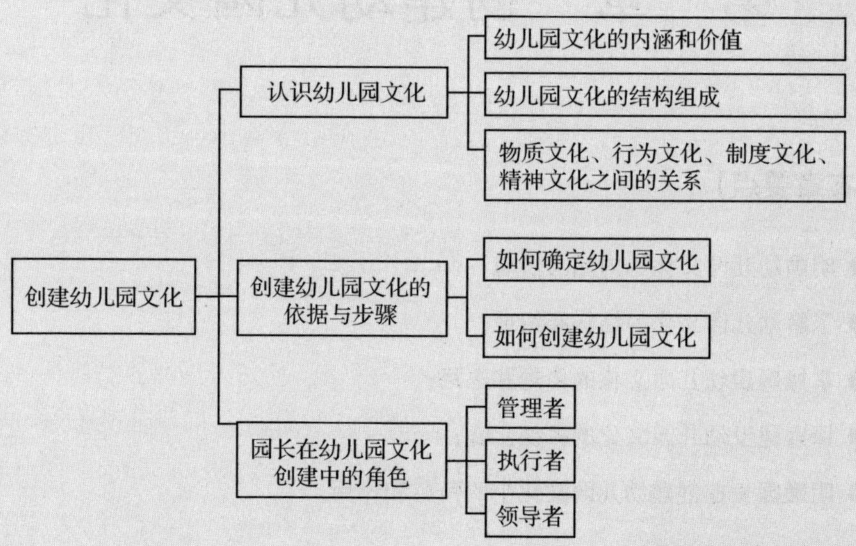

创建幼儿园文化
认识幼儿园文化
幼儿园文化的内涵和价值
幼儿园文化的结构组成
物质文化、行为文化、制度文化、精神文化之间的关系
创建幼儿园文化的依据与步骤
如何确定幼儿园文化
如何创建幼儿园文化
园长在幼儿园文化创建中的角色
管理者
执行者
领导者

文化是幼儿园的灵魂，它像是一条看不见的绳线，牵引着幼儿园各项工作的运行发展。文化是大家共同的价值追求，是幼儿园的精神基础，同时也是园长领导能力、专业能力的重要体现。

在创建幼儿园文化时，园长的角色是管理者、执行者、领导者，一些准园长在角色转变中，往往缺乏从更综合的角度看待幼儿发展和教育工作的意识和能力，有时会聚焦于具体的教育教学活动，而对于专业实践过程中所涉及的复杂关系缺乏足够的经验，这就需要园长具有价值领导的能力。在园长的领导力结构中，价值领导力是十分关键且是新手园长最为缺乏的，它具体包括了规划幼儿园发展和构建幼儿园文化两大主要的内容。本章将重点介绍创建幼儿园文化的意义、结构、依据、步骤和园长作用等问题，希望能够以理论和实际案例相结合的形式，帮助新手园长逐渐掌握建设幼儿园文化的方法，逐步建立起自己的价值领导力。

第一节 认识幼儿园文化

一、幼儿园文化的内涵和价值

“文化”一词最早来源于古拉丁文 Culture，本意是对自然界植物和动物的“耕作”“栽培”“饲养”的意思。文化有广义和狭义两种解释，广义的文化是指人类在社会历史实践过程中所创造的物质和精神财富的总和。其中物质文化可称为“硬文化”，精神文化可称为“软文化”。狭义的文化是指社会的意识形态，以及与之相适应的礼仪制度、行为方式等物化的精神。① 一般认为，幼儿园文化是指在长期办园实践过程中逐渐形成的积淀，是被全体教职工和幼儿中的大多数奉行和遵守的价值观念、行为准则等，以及体现幼儿园价值观念的环境风貌的总和。

一所幼儿园想要获得可持续发展，保持一贯的教育质量，必须依托文化发展和引领。文化对幼儿园有诸多方面的价值和作用，主要体现在两个方面：

(1)以文化明确方向：一方面是明确培养人的方向，也就是要培养什么样的人；另一方面是明确办园的方向，也就是要办一所什么样的园。这些都需要文化的指引。文化就是教育工作者所秉持的教育观、儿童观、教师观、管理观的高度凝练。

(2)以文化凝心聚力：文化是一个团队共同的价值观，有了文化的维系，团队才有向心力、凝聚力、战斗力。

二、幼儿园文化的结构组成

20 世纪 90 年代以来，学者对学校文化的划分主要有三种：一种将学校文化分为主流文化、校园文化、班级文化、教师文化和学生文化五种表现形式；二是将学校文化分为物质文化、行为文化、制度文化和精神文化；三是将学校文化分为表层的实体文化、中间层的制度文化以及内层的观念文化。

---

① 邢利娅、隋丽丽：《园长在幼儿园组织文化建设中的地位和作用》，《内蒙古师范大学学报(教育科学版)》，2007 年第 12 期，第 33—37 页。

其中第二种是较为普遍的划分，将幼儿园文化从结构的维度进行划分，本章节也采纳此种结构划分法，将幼儿园文化分为物质文化、制度文化、行为文化和精神文化。

(一)幼儿园的物质文化

1. 含义

幼儿园物质文化是幼儿园全体成员在教育实践过程中创造的各种物质设施的总和，是幼儿园文化的物化形态，是组织文化最表层外显的内容。

幼儿园的物质环境是幼儿园物质文化的物态形式，是幼儿园文化的物质层面，是人们能用眼、鼻、耳等感官直接感受到的客观存在。3—6 岁幼儿以直觉行动思维、形象思维为主。他们在行动中学习，需要与周围环境相互作用，对世界的把握主要通过具体的事物和直觉形象来实现，需要在直接、感性和丰富多样的环境中获得相应的经验，理解周围的世界。因此，在幼儿的幼儿园阶段，环境具有独特的隐性教育价值，对孩子的学习与发展非常重要。幼儿园中许多的事、物、景背后都有人们的目的和意图，幼儿园中的物质环境超越了物质本身，反映一所幼儿园办园的教育观和价值取向。幼儿园物质环境有自己的特殊性，判断一所幼儿园对幼儿的发展特点和身心发展规律的认识是否到位、对幼儿的需要兴趣是否真正了解、教育观念是否正确，有时候可以通过观察幼儿园的物质环境的创设和利用来了解。[①] 当你迈进一所幼儿园，透过幼儿园的物质材料和环境，就能一定程度上感受到它的办园质量。如果幼儿园也像人一样分内在和外在，幼儿园的物质环境就是一个人的外在，外在的面貌能影响和反映内在的精神。

幼儿园的物质环境是幼儿和教职工生活和活动的物质基础，以幼儿和教职工为服务主体。宏观上讲，幼儿幼儿园在的地理位置、原始建筑风格、人文景观、周边自然风貌等先天的环境因素也是幼儿园物质环境的组成部分，会影响和制约幼儿园教育质量的发展。从微观构成上，幼儿园的物质环境主要包括：①户外活动环境；②幼儿园班级环境；③幼儿园公共环境(门厅、走廊、楼梯、功能室等)；④教职工办公环境；⑤园徽、吉祥物等反映幼儿园特色的视觉识别形象设计等。

① 虞永平：《从物质环境中感知幼儿园课程文化》，《教育导刊(幼儿教育)》，2008 年第 7 期，第 4—6 页。

2. 物质环境创设的基本规则

(1)安全第一

2012 年颁布的《幼儿园教师专业标准(试行)》提出,“要关爱幼儿,重视幼儿身心健康,将保护幼儿生命安全放在首位”。学前儿童年龄小,自我保护能力差,自控能力弱,容易发生安全事故。幼儿园的物质环境的创设应尽可能排除安全隐患,将安全风险系数降到最低,可以主要从两大途径确保幼儿园的环境安全:①保证玩教具配备的安全,幼儿园里的玩教具是幼儿游戏和学习的材料,每天都会接触和使用,需要定期检查玩教具的质量与安全问题。②定期排查消除环境中可能的不安全因素。组织教师定期排查园内各种设施、设备、活动场地、大型玩教具、器械、护栏、门窗、电源、开关、厨房煤气灶等安全状态;确保灭火设施及报警装置能正常使用,应急通道畅通无阻,做到及时发现安全隐患,及时处理。

【案例 3-1】

“小挂饰”护安全

“慧”玩数学车中的“串串烧”玩具是小朋友们十分喜爱的,时常在活动区中选择此玩具,“串串烧”玩具中有四根长长的签子,用来穿“小肉串”,对于幼儿来说,长长的签子虽然很吸引他们,但同时也存在着一些安全隐患,在收放时很容易出现危险,长长的签子无法全部放入框中,会出现露出一节签子在外面的情况,那么,幼儿在经过此玩具柜的过程中就很容易被签子碰到,从而出现危险,因此我利用签子细细长长的特征,用布制作了一个专门放签子的挂饰,让签子可以一个一个地挂在上面,并放在了玩具柜侧面的位置,不仅避免了安全隐患,同时也让孩子们收放起来更加方便,有趣的创设也让孩子们很享受收放签子的过程。

作为教师,我们要把幼儿的安全放在第一位,将事情考虑在前,预设幼儿可能出现的游戏行为,从而提前排除和避免班级的安全隐患。

(来源:北京市西城区三教寺幼儿园　邓佳)

思考:教育安全是一切之首,是“0”之前的那个“1”。前面的“1”没了,获得的荣誉再多,教师的专业能力再强,也都无济于事。一所幼儿园,一旦发生安全事故,园领导和全体教师付出的努力和心血就会顷刻间化为乌有。

(2)儿童视角

幼儿园的环境创设以幼儿的发展成长为目的，需满足幼儿身心发展的需要与特点，而不是主要由成人的眼光和欣赏标准决定。比如，一些“花园式”幼儿园，把原来适合孩子奔跑撒欢的空地，打造成适合于成人休闲、符合成人审美的花园。幼儿园里有花坛、喷泉和古色古香的亭子，把原来平整的大块场地改造成曲径通幽的通道，环境符合成人的审美需求，但是并不利于幼儿的成长。

(3)合理规划

幼儿园的物质环境是一个系统工程，设计风格要整体和连续，追求有序的、有机的、优化的整体建设。户外活动环境、班级环境、公共环境等方面都要统筹考虑，因地制宜，形成自己的环境特色。

(4)基于实际

每所幼儿园之间的物质环境因为经济条件、地理位置、历史文化等方面的原因具有显著的差异，幼儿园自身应该根据实际情况进行规划与调整。不能因为欣赏某一幼儿园的物质文化，而去生搬硬套地刻意模仿和追求。

(二)幼儿园的行为文化

幼儿园行为文化是幼儿园在长期的发展过程中，全体师幼共同的行为习惯等，是师幼言行举止上具体可见的表现，是幼儿园育人活动中最直接、最广泛、最深刻的部分。它是幼儿园作风、精神风貌、人际关系的动态体现，同时也是幼儿园精神、价值观的折射。例如，幼儿园教职工对家长的服务是否周到，幼儿园上下级之间、教职工之间的关系是否融洽，各个部分是否合力合作，也包括了教师的教育教学行为和教职工的在职学习行为等。人际交往与学习是幼儿园行为文化的两人重要组成部分。

1. 幼儿园中的交往行为

交往是生活与学习的基本形式，幼儿园中的交往行为主要包括四种类型：(1)园长与教师之间的交往行为；(2)幼儿教师之间的交往行为；(3)师幼之间的交往行为；(4)家园之间的交往行为等多种类型。

(1)园长与教师之间的交往行为

好园长就是一所好的幼儿园，园长最主要的任务是激发教师内在潜力和积极性，给大家搭平台。为每个人找准适合他的位置，发挥专业，实现价值。

【案例 3-2】

发现教师的亮点

幼儿园的每个人都应该有自己的岗位分工，每个老师在个性、特长、能力等方面都存有显著差异，对于课程有自身的理解和擅长之处，所以我作为管理者，会给予老师充分的自主权，用欣赏的、包容的视角看待老师，老师就更愿意发挥主观能动性。人不可能十全十美，我认为好园长必须能够培养出一批优秀的老师，才能成就好的幼儿园，因此我鼓励老师要找自己的亮点工作，发现自己的闪光点，让老师有自信。期末学期总结，让每个老师谈一谈一学期中最突出、最值得骄傲的工作表现。可能你的教学活动做得不是特别好，但你特别会跟家长沟通，能营造和谐的班级氛围，特别爱孩子，能把常规工作做好，就是好老师。老师之间取长补短，形成学习共同体，从而更好地提升能力和专业成长。很多人说我们的老师都特别好，我说看用什么尺子来衡量了，如果都用教学活动或者某一项指标衡量，很多人也不那么好，但是我的尺子宽泛，这一样不行，总有一样行的。

老师只要有了自主空间，感受到被信任，积极性就会被调动起来，谁也不愿意被抽着去做事，不管，是管理的最高境界。有的园长总是怕老师做不好，不敢放手，但是万事开头难，什么事情都是循序渐进的。让老师做些觉得有用的事情，去实现自己的想法，只要对孩子的发展有好处，家长满意，老师就可以去尝试。即使失败了，还可以反思，结合孩子的特点和学习方式作出调整，这也是一种进步。

（来源：北京市西城区三教寺幼儿园　王岚）

(2)幼儿教师之间的交往行为

幼儿教师之间存在各种不同的人际关系组合，包括同班教师之间、同年龄班教师之间、不同年龄班教师之间等。教师之间的良好交往可以帮助教师成长，促进心理情绪健康发展，收获愉快幸福的学习和工作生活。幼儿教师之间交往有一些明显的特点：

①幼儿教师以女性群体居多

幼儿园以女教师为主的特殊环境中，女教师往往较为感性、心思细腻，有时同事之间沟通不够直接，容易互相猜忌，引起不必要的误会和矛盾。

②个体之间有显著差异性

幼儿教师一般多才多艺，教师之间才艺优势不同，而且在带班能力水平、专业知识结构、教育风格上都差异明显。在一个教师团队中，每个成员都各有所长，也各有所短。幼儿教师之间在知识、经验、思维方式等方面的差异性是教师之间合作与分享的前提条件。只有通过合作和分享，教师之间才能够实现智慧上的交流与碰撞，共同促进和发展。

③同班教师长期交往

与中小学教师之间的交往相比，幼儿园里存在一种亲密的交往关系，那就是同班教师之间的交往。班级是幼儿园的基本组成单位，一天中大部分时间同班教师都在进行交流和合作，同一班教师之间的和谐、团结的交往是班级正常运作的保证。对幼儿的成长有着潜移默化的影响和作用。

为了给孩子创造一个稳定、安全的心理环境，一个班里的教师一经搭班，就会形成长期的合作关系，一些合作愉快的教师会形成稳定的团体模式，长年累月地互相搭班。因此，从交往频率和深入性角度来说，在幼儿园，同班教师之间交往最为频繁，交往最为深入。

【案例 3-3】

志同道合，便有远方

同伴，是从我踏入这个行业就一直在感悟的一个词，快十年的工作经历中，我有幸结识了一群志同道合的“同行者”。我们心中有共同的愿景，并愿意为这愿景付出努力和用心。虽然也会偶有低沉，但因为彼此的鼓舞和激励，前行的路上，便会一直充满力量。

我找到的第一群心灵相通的人，是在我职业生涯的第一个平稳期，带给我一年幸福时光的人。那是我第一次半途接班，以班员的身份。我希望通过自己的努力，快速走进孩子，我的同伴给了我最大的支持，乐此不疲地跟我分享每一个孩子的故事。我全身心地与孩子相处，积累着一点一滴对于他们的了解，珍惜着每一点他们成长的瞬间。

在那一年里，我们与孩子一起收获幼儿园里的柿子，一起探索蔬菜的秘密，一起赢得足球比赛的胜利，一起创造和见证属于我们的毕业季……

在那一年里，我们努力寻找属于自己的节奏，为我们的小小世界，笼罩一层阳光。

也是在那一年里，我第一次体会着，老师间和谐、融洽的氛围会缓缓地流淌，影响在这个集体中的每一个人。

还记得那是在毕业前，我们商量着为孩子们留一份什么样的毕业礼物，因为班里之前开展过“悄悄话”的活动，每周记录我们看到的孩子们的进步和发现的点滴。这样书信和对话的方式给了我们灵感，于是我们决定为孩子们每人写下一封“毕业祈愿信”在毕业之际为孩子们送去，我们对他们开启未来的祝福和期盼，在这封信里我们送给每位小朋友一件“礼物”，有的是“超人的斗篷”，有的是“放大镜”，有的是“公主的皇冠”，有的是“水晶球”……它们都以卡通贴画的方式，出现在这封独一无二的信里。我们希望孩子们带着这满含童趣和想象力的礼物，留住心中的美好，克服走进小学新环境的畏怯，在未来能满怀信心地成为更好的自己。

就这样30封手写信在毕业前送给了孩子们，而让我们惊喜的是，孩子们也带来了他们的回信，在字里行间是他们的感谢、不舍和对我们同样满含爱意的祝福。

如今，那一年，那些事，已经过去了三年的时间，但我依然记得，那一年，充实而又幸福的感觉。每一天，我都会满怀期待地走进教室，每一次，我们都会为孩子们发生的一点趣事聚在一起聊个不停……那时候，总希望时间慢一点，再慢一点……

我知道，人生得一知己不易，在工作中更是如此，我们不会为了小事斤斤计较，只满心满眼地看着孩子们，为他们的发现惊叹，为他们的成长欣慰。为每一次教育的契机迸发出创造力，为真实的情感而动容……

这样的我们，让自己的内心变得更简单，也让快乐和满足在我们之间流淌。

教育之路上，真正的“同行者”是什么样的呢？

我想，是纯粹的，是坚定的，是彼此欣赏和珍惜的，是能够走向“远方”的吧。

我们，走在一起，为了共同的“价值感”而努力，更在一点一滴的行动中，拥有属于我们的“获得感”。这份实实在在累积在心中的“获得”会带我们继续向前走，走一条更长更远的路。

也会让我们为“同行过”而庆幸，然后用这“幸运”为自己注满能量，成为更加真挚的自己。如今，即使并不在身边，但就在各自的一方天地，坚守着我们对于教育的信仰，为每一个孩子带去未来的光。

（来源：北京市西城区三教寺幼儿园　杨茜楠）

(3)师幼之间的交往行为

师幼交往也可称为师幼互动。是指教师与幼儿间的互动，贯穿于幼儿一日生活活动中，是幼儿教师与幼儿之间相互作用、相互影响的行为及过程。2022 年 2 月颁布的《幼儿园保育教育质量评估指南》中对师幼互动提出了 7 个考察要点，主要概括为：包容接纳、积极对待孩子，给孩子创造有安全感的心理环境；信任赋权，给孩子充分的自主空间；观察、倾听、看见儿童，客观全面分析孩子的发展情况；读懂孩子、给予针对性的支持；善于发现教育契机，提供孩子发展的机会；尊重和回应孩子的想法与问题；教师应该尊重个体差异，促进每一个孩子全面发展。

师幼关系对幼儿的身心发展具有十分重要的影响。教师的点头肯定、微笑鼓励，会让幼儿感到温暖与被关注，从而获得心理上的安全感，能更专注地学习与发展；教师对幼儿的尊重关爱、积极支持，有利于幼儿敢于创造与发现，培养自尊与自信；良好的师幼互动对孩子的社会性发展有积极促进作用，并且影响亲子、同伴交往。

(4)家园之间的交往行为

良好的家园关系是幼儿园和家庭协调一致促进幼儿发展的基础保障，家园交往非常重要，也很有价值。

首先，家园及时沟通，双方可以更全面地了解孩子的情况。教师通过家长提供的信息可以给予孩子有效的回应和支持，促进孩子更好地发展，同时，积累和提升教学经验。

其次，家长在家园共育的活动中，可以更好地了解幼儿园的教育理念和教育形式，感受幼教工作的专业性，对幼儿教师和幼儿园教育形成正确的认知。

再次，幼儿园会为家长提供教育指导，有助于家长形成科学的育儿理念，了解孩子的年龄特点和学习方式，家园携手配合，有效并持续促进儿童发展。

家园的交往与合作成就幼儿、教师和家长实现“三赢”。

2. 幼儿园中的学习行为

幼儿园中学习行为的主体包含幼儿和幼儿教师，幼儿通过学习促进全面发展，教师通过学习提升专业水平。幼儿和教师互相成就，同生共长。

(1)幼儿的学习行为

《指南》在“说明”部分中指出：每个幼儿的发展速度不同，达到某一水平的时间不完全相同。要充分地理解和尊重幼儿的发展差异，支持和引导他们从原有水平向更高水平发展。在支持幼儿学习发展时教师应做到：①追随儿童的兴趣和需求，促进主动学习。幼儿园课程是幼儿生活经历的一部分，应贴近幼儿的生活经验，以幼儿的兴趣和需求为出发点，最大限度地促进每一位孩子的学习和发展。②尊重个体差异，支持经验连续发展。教师学会观察儿童，读懂每一个孩子，因材施教，把握幼儿的发展水平，为幼儿提供个性化的支持策略，真正做到尊重幼儿的个体差异。③开展符合幼儿年龄特点和学习方法式的活动，实现全面发展。

《指南》强调要关注孩子学习和发展的整体性，从而促进孩子的全面发展。幼儿园应为孩子提供形式多样、丰富的学习内容，使孩子获得不同的活动体验，为孩子们打开感受、接触生活和世界的大门，使孩子眼界不断打开，能力发展更加全面。

【案例 3-4】

幼儿园门口的开关

孩子全部离园后，李老师告诉我：今天子豪闯了祸，把幼儿园门口的一个开关给打碎了。因为刚开学升入大班，我们和孩子们讨论新的班级公约，还聊到如何对自己的行为负责。所以听到李老师的消息，我觉得这可能是一个较好的教育契机，帮助孩子对自己行为负责。

晚上，我打电话告诉子豪奶奶孙子在幼儿园发生的事情，我告诉她本意不是向她告状，而是希望以比较恰当的方式帮助子豪认识到自己的问题，并且让他学会为自己的错误负责。

第二天，我带着子豪去看了幼儿园门口被破坏的开关。子豪告诉我：这个开关本来就有一个小小的裂痕，于是他使劲地捶了捶开关，就彻底破了。“既然开关有点裂，为什么还用力捶呢?”我马上追问。子豪立马说：“想看它结不结实。”“真是一个淘气的孩子”，他的回答让我又好气又好笑，我尽量克制住自己的情绪，继续问：“开关露出了伤口，保安叔叔现在用封条封上了它，你觉得这样美吗?”

“这样一点都不美。”听到子豪的回应，我顺势发问：“那你想怎么做，修补这个开关呢?”

子豪说：“晚上放学以后，让奶奶陪我去买一个新的开关，第二天给换上。”

我对子豪说：“你的行为造成了破坏，坏掉的开关可能会划到小朋友的手，虽然这并不是你的本意。老师很高兴你愿意为自己的行为负责。”

晚上我又和子豪奶奶沟通了，跟她复述了我和子豪的对话，子豪奶奶特别认同我的做法，带着孙子去买了开关，第二天子豪拿着开关来上幼儿园。我陪他找到了后勤老师，让他跟后勤老师说了事情的原委，最后在保安叔叔的帮助下，破损的开关换成了新开关。

（来源：北京市西城区三教寺幼儿园　杨平）

分析：幼儿园的孩子在真实的生活中学习，案例中的老师充分理解孩子的学习特点和方式，善于将孩子生活中发生的事情转化成教育契机，从小建立为自己行为负责，关爱集体的意识，促进孩子良好品德培养。

(2)幼儿教师的学习行为

幼儿教师的学习行为指的是幼儿教师立足于所从事的教育教学工作而开展的，以专业发展为基本目标，不断使自己成为成熟的专业人员的各种认识和实践活动。教师队伍成长是园长管理工作的重要组成部分。幼儿园教师是高度专业化的职业，需要树立终身学习的理念，在不断学习中促进能力发展。园长需要激发教师的学习内驱力，促进教师积极主动地学习，实现各方面的需要。

【案例 3-5】

故事中的管理

陶行知先生说：“一位好校长就是一所好学校。”我认为这句话同样适用于园长与幼儿园的关系。园长的工作复杂而烦琐，但管理是园长工作中非常重要的一部分，如何在幼儿园中开展我的管理呢？我将高深的理论转化为故事，用故事指导和落实我的管理工作，将道理蕴含在故事之中，既帮助教师明白道理，又指导教师在团队中工作、成长。

做好管理先要抓好队伍和软文化，利用每学期的全园会和月例会，用故事落实队伍管理和文化建设，开展教职工的教育和引领。幼儿园是一个大家庭，需要每个人的付出与努力，需要团结合作，需要尊重和谐，需要奉献包容，这也是我想建立的团队文化。我用《天堂与地狱》的故事引领教职工，我们教师要像天堂里的“人”一样，用一米长的筷子夹菜喂给别人吃，才能享受到丰盛的美餐；不能像地狱里的“人”那样，用一米长的筷子各顾各的，最终什么也吃不到，反而，浪费了丰盛的美餐，自己还饿得骨瘦如柴。在团队中，团结合作是必须做到的，班级教师分为上午班和下午班，中间必须有交接、有合作，才能较好地完成教育教学工作，才能很好地开展家园共育，才能达成优秀班级的目标。幼儿园的各个部门同样需要团结合作，才能较好地完成幼儿园工作，共同创造出优秀的幼儿园。

《风滚草》的故事，引导教师们要学习风滚草的精神，落到哪里就在哪里扎根，没有水源就要一直向下扎，直到寻找到水源，同时落户安家，生长壮大。教师们也要具备干一行爱一行的精神，无论在什么岗位都要把此岗位干好、干精。我们的岗位无论出现什么困难或问题，都需要我们不断地坚持，不断地深入钻研，需要我们有克服困难、解决困难的勇气，有知难而进的魄力，这是做好工作的基础，这更是从事教育必备的能力。教师是一项专业性非常强的职业，教师的专业不仅体现在现阶段，更体现在不断学习和终身学习的专业提升、发展上。这也是我们传统要求的干一行爱一行专一行的践行，同时，幼儿园教师还要做到一专多能，掌握五大领域的知识技能，组织好幼儿一日生活中的各项教育。

为了提高教师的职业幸福感和自身价值，激发教师不断学习提高的动力，我为教师们讲了《人民币》的故事。一张弄脏褶皱的百元人民币丢在地上，无论谁看到一定都会非常喜欢地把它捡起，并迅速装入包中保存起来。然而，如果是一张同样的A4纸，即便有人将它捡起，也一定是放入垃圾桶丢掉，绝不会喜欢地收入包中保存，这就是自身价值的魅力。我们做老师一定要展现自身的价值，要有人民币一样的魅力，要不断地充实自己，活到老学到老，要向学者型、专家型的教育人努力。

一位领导力大师说：领导者通过服务他人增加价值。我也在日复一日的管理工作中向着领导者前进，为更好地服务他人、为他人增值努力。这是我与我的教师团队的故事，也是我团队管理的方法，我们的故事还在发生，还在继续，我们都在不断地为着心中的幼教梦拼搏着。

（来源：北京市亦庄镇中心幼儿园　李媛媛）

【案例 3-6】

爱的专业，点亮孩子的幸福旅程

四年大学时光、十年教育实践，让我树立了正确的儿童观，习得了扎实的专业知识。但要成为既懂“道”，又有“术”的专业型、创新型教师，还需要不断地学习和磨炼。

一、抓住成长平台 修炼专业能力

庆幸的是，二幼为每一位教师搭建了成长的平台，我抓住机会，连续三年代表二幼参加区基本功大赛和活动评优，均获得全能一等奖的好成绩。成绩的背后，是夜以继日地全力以赴。成功，没有捷径。比赛评优修炼了我的品格，丰满了我的羽翼，为我的教育插上了专业的翅膀，心中有目标、眼中有孩子，教育过程更加符合幼儿的年龄特点，教育策略更加得心应手。真正把孩子放在正中央，我开始有多篇论文在市级获奖，先后被评为全国先进实验教师；在延庆区教育系统师德榜样评选活动中被评为师德先锋，被评为区优秀教师。

二、走上教育研究 体会职业幸福

苏霍姆林斯基曾说过：“如果你想让教师的劳动能够多获得乐趣，天天上课不致变成一种单调乏味的义务，那你应引导每一位教师走上充实教育研究这条幸福的道路上来。”在幼儿园五大领域课程中，我对语言教学情有独钟。尤其是绘本教学，通过生动有趣的图画，引领孩子感受世界，发展语言表达能力，促进幼儿全面发展。借助于《我不知道我是谁》这样一本有趣而经典的绘本，通过“多元化的创意阅读”“依托绘本形成自我意识”“师幼、幼幼、家幼丰富互动”三个步骤带领孩子们开展一场趣味十足的阅读之旅，感受成长快乐。一本书，点亮了孩子内心强烈的好奇心和求知欲；无数本书，点亮了孩子成长的道路，徜徉在书的海洋里，驶向未来的理想彼岸。

三、依靠团队协作 汲取勇气力量

大雁之所以能够穿越风雨，行稳至远，靠的是团队的力量，目标一致、团结协作和相互鼓励，每天的清晨，园长的微笑点亮我和孩子的一天的幸福；每天傍晚，班级分析会、干部点评会，点亮我的教育智慧。焦虑时，有团队的鼓励；茫然时，有领导的引领；比赛时，有大家的支持；取得成绩时，有热烈的掌声。一棵树的成长，离不开土壤的营养、雨水的滋润，还要在与风雪对抗中“千磨万击还坚劲”。在团队支持下，我一次次披荆斩棘，超越自我。

碧叶成金黄，今又挂新绿，一个人遇到好老师是人生的幸运，一个学校拥有好老师是学校的光荣，一个民族源源不断涌现出一批又一批好老师则是民族的希望。我愿做这样的一位好老师，育才造士，为国之本，逐梦圆梦，生逢其时，我愿用教育智慧去点亮每一个孩子的幸福人生！

（来源：北京市延庆区第二幼儿园　李剑飞）

(三)幼儿园的制度文化

1. 含义

幼儿园的制度一般是指结合幼儿园实际而制定的各项规章、条例、公约、习俗、园规、教学常规、保育措施、工作手册、岗位职责等。但从广义的角度理解，也包含有文本化的各种规章制度，既包括国家颁布的教育方针、政策、法律、规章，也包括政府主管部门制定的各类章程、规则、指示、要求等。

幼儿园管理制度在一定程度上反映了幼儿园组织管理的理念和幼儿园管理的方式，例如，重视科层制、精细化管理的幼儿园在幼儿园制度制定上往往反映幼儿园领导的意志，而重视人本化管理的幼儿园，其组织机构的设置和制度内容则体现出为组织成员服务的意识。

2. 制度文化建设的基本规则

(1)民主性、激励性

在建设制度文化的时候，要遵守民主性原则，为教师提供自由、民主的制度环境。广大教职工的民主参与有助于培养归属感，提升幸福，增强幼儿园凝聚力、向心力，形成良好的幼儿园园貌。

【案例 3-7】

人人有事管，事事有人管

——两张发票引发的故事

案例背景

“一流学校靠文化，二流学校靠制度，三流学校靠校长。”对一所学校而言，学校的管理是有规律可循的，往往要经历一个由“人治”到“法治”再到“文化熏陶”的过程，其中制度建设是学校发展中至关重要的一个阶段，它对一所学校良好文化的形成会起到奠基和保障作用。第五幼儿园是一所新建的幼儿园，幼儿园的管理从零开始。由于我们的干部多数来自于延庆的示范园，经历了校园文化创建的全过程。因此在五幼的制度建立过程中更多的是参照了示范园制定的一些制度和一些相关的经验。在历时一年的实践中依据“三严三实”教育实践活动，我园党支部结合幼儿园的实际情况，关注教师发展需求，注重发挥制度的激励价值，重新审视了各项制度。根据幼儿园的实际情况和制度建设规律不断更新观念，转变管理的思想。在制度建设中注重了以人为本的思想，倡导“人人有事管，事事有人管”的做法。实现我党提出的“三严三实”，不断转变工作作风。使制度服务于幼儿园的管理，促进幼儿园可持续发展。

案例描述

一天，参加教师基本功大赛的某老师拿着一张购买班级用品的发票来报销。该教师的业务素质强，平时教学严谨，善于研究问题，此次参加县级评优不负众望，获得了县级二等奖的好成绩，给幼儿园争得了荣誉。为了参加这次县级评优，该教师和班级的教师购买了大量的环境创设材料，花了不少钱。考虑到教师为幼儿园赢得了荣誉，我没加思考就签了字，让其报销了。过了几天，工会舞蹈小组的负责人因小组人员外出参加比赛有一些费用，我一看报销的费用比较多，就随手在报销的内容上去掉了一部分费用没有给其报销。后来听工会的干部反映，舞蹈小组的负责人对报销一事颇有意见，同样是参加比赛，有人随意报销，有人却不能报销，甚至自掏腰包，幼儿园厚此薄彼有失公允。

案例分析

前后两次报销、两张发票引发了我对幼儿园管理的思考。幼儿园要推行“人人有事管，事事有人管”，但管理不能随意而为，不能因人而异。两张发票随意签字报销看似小事，实则影响到教师的思想，甚至影响幼儿园正常工作的开展，说到底这是“人治”的危害。幼儿园管理中类似的问题：晋级考核、年度考核、评优、选先工作中靠领导印象推荐人员，或教师代表投票表决方式推荐人员，都带有“人治”色彩，很难达到公正公允。解决此类问题唯一的出路就是加强制度建设，用制度确定办事的程序和原则，用制度来考评教师的工作，用“法治”代替“人治”。

首先，制度制定中处理好“领导”与“群众”的关系。幼儿园制度的制定主体不是少数领导，而是广大的教职工，因为幼儿园的每项制度都涉及广大教职工的利益，教职工应是制度制定的主体参与者、执行者、监督者，这是符合制度制定正当的法则，因此我们向群众发放了幼儿园制度实施意见反馈表，听取教职工的意见和建议，对幼儿园的制度进行了修改和完善，即尊重教师的陈述权、知情权、申辩权，使教师理解幼儿园制度的初衷，热情地支持制度的实施，维护制度的权威。

其次，制度建设中处理好“继承”与“发展”的关系。任何好的制度为现实服务，具有很强的实践性和可操作性，但幼儿园不断发展，现实情况不断变化，昔日行之有效的管理制度会失去应有的功能，因此我园在借鉴示范园的制度建设过程中要注意与时俱进，处理好继承与发展的关系，每隔一段时间，重新审视管理制度，虚心听取教职工的意见和建议，结合制度实施中暴露出的问题，集中修改完善制度并经教代会通过，保障制度的完整性，保证制度的连续性。如：我们修改了《教师绩效考核评价办法》《教师评优评先的补充办法》，使广大教职工看到了希望，激发教职工干好工作的积极性和主动性。

最后，制度执行过程中处理好“刚”与“柔”的关系。我园在管理过程中，主要运用刚性管理和柔性管理相结合的方式来达到管理最佳效果。刚性管理主要是严格按照并利用权力架构来实现由支配到服务的管理，其侧重外力强制和严格执行，在管理上易操作，效果易显现。柔性管理是在研究人们心理和行为规律基础上采用非强制方法，在人们心中产生一种潜在说服力而实现管理目标。是“以人为中心”。我们在严格执行刚性规章制度的前提下，还要为教师搭建、提供一个自由、民主、宽松的制度环境，在教师考核时对教师不同资历、不同水平进行考核，将政治思想、工作能力、师德表现综合进行考核，让每一名教师都能从不同角度得到肯定，从而在内心产生积极自信的心态。

（来源：北京市延庆区第二幼儿园　宋金英）

(2)规范化、精细化

精细化管理有助于化繁为简，不断优化管理，是一个持续漫长的推进过程。幼儿园日常工作事项繁多，如果事先没有明确统一、精细具体的规划制度，很多工作无法成体系地完成。例如，幼儿园为了保证教研学习定期有序地展开，应该建立以园为本的教科研制度，明确教科研的理念、目标、内容形式、评价等方面，提升教师专业化水平。

(四)幼儿园的精神文化

精神文化是幼儿园在一定的社会文化背景之下，在长期办园实践过程中所形成的一种特有的、有别于其他园的价值观念，以及承载这些价值观念的行为模式。

有专家认为，幼儿园文化的核心是理念和愿景，不同的理念和愿景反映出不同的文化和追求，办学理念和愿景一旦确定，幼儿园的文化基调也就基本形成了。因此说，精神文化是幼儿园文化建设的关键，是幼儿园文化最核心、最深层、最隐蔽的表现形式，它是幼儿园在长期的发展过程中，大部分组织成员认同和内化的精神成果，精神文化隐含于文化中的物质、行为和制度层面。值得注意的是，幼儿幼儿园倡导的价值观、幼儿园精神并非就是幼儿园组织成员实际的精神文化。比如，新进的年轻教师，对幼儿园的精神文化有一个文化认同的过程，只有经过每位教师内化的价值观和幼儿园精神，才能真正转化为幼儿园的实实在在的精神文化。

【案例 3-8】

“和心合育，众爱致远”办园思想

北京市西城区三教寺幼儿园办园思想形成与文化建设是同生共长的过程。三教寺幼儿园于 1955 年建立，因坐落在宣南儒释道寺庙旧址而得名，到现在已有六十余年的办园历史。三教寺幼儿园文化深厚、教风淳朴，办园风格与中国传统文化中强调“和则群策群力、合则共生共进”的“和合”理念不谋而合。结合这一理念，从幼儿园的文化背景出发，幼儿园以“和合”文化为指引，将“和心合育，众爱致远”的办园思想融入课程建构、家园工作、团队管理等各个方面。幼儿园以“弘扬优秀传统文化，做有根有魂有韵的学前教育”为办学特色，开展以优秀传统文化为载体的四季课程探索，既有幼儿与自然的互动，顺应儿童自然发展，同时又有节日、节气社会文化的渗透，让孩子热爱祖国传统文化，建立民族自豪感。

幼儿园文化提出与沉淀的过程中，“和心合育，众爱致远”的办园思想也孕育成长。

“和心合育，众爱致远”办园思想有三大核心特征：

1. 和而不同以包容

子曰：“君子和而不同。”君子在人际交往中能够与他人保持一种和谐友善的关系，但在对具体问题的看法上却不必苟同于对方。它描述了一种非常重要的人际交往能力，即要以包容的眼光看问题，既善与人同，又能保持自己的独特性。在多元化已经成为生活现实而不仅仅是趋势的今天，三教寺幼儿园尤其注重培养师幼“和而不同”的包容胸怀，鼓励师幼之间要相互容纳，以

促进个人与社会的共同发展。

2. 合作共赢以成长

教育需要借助家长、社区和社会等多方面力量的共同支持，这就需要教育者充分发挥智慧和能力，汇聚各方力量，在民主、阳光、智慧的管理中，用开放、包容的心态，实现人心聚合，共同为幼儿教育的发展作出积极的努力。三教寺幼儿园重视寻求家长的参与，真正地将家长作为幼儿园的合作伙伴，共同促进幼儿园的办园质量。同时，幼儿园与社区建立起互惠互利、互促互补、共同发展的和谐关系，以和致合，合作共进，助力幼儿园的发展，为幼儿发展创造更加优质和宽广的平台。

3. 和谐共进以发展

和谐发展追求的是人与人、人与社会、人与自然的和谐。以人为本，促进人的全面发展，是和谐发展的出发点和归宿。三教寺幼儿园积极营造自然和谐的人文氛围，进行基于文化、源于自然的课程建设，突出师幼双主体地位，既关注幼儿的全面和谐发展，又关注教师自身价值的实现，使教育的过程成为教师生命体和幼儿生命体融合一体、和谐发展的过程。

“和心合育，众爱致远”办园思想是幼儿园的精神文化，引领着幼儿园环境建设、课程管理、教师成长、家园及社区工作等各方面的工作。

（来源：北京市西城区三教寺幼儿园　王岚）

三、物质文化、行为文化、制度文化、精神文化之间的关系

物质文化、行为文化、制度文化、精神文化从外到内的分布就形成了幼儿园文化的结构，它们密不可分、相互作用(如图 3-1 所示)。

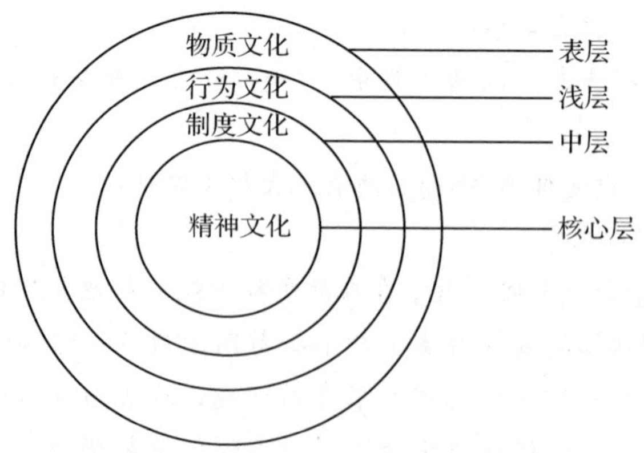

图 3-1　物质文化、行为文化、制度文化、精神文化之间的关系

物质文化、行为文化是幼儿园的“外表”，制度文化是“骨架”，精神文化是“灵魂”。①物质文化、行为文化、制度文化具有外显性、物化性、操作性等特点，建设速度比较快、成效明显。而精神文化具有人文性、内在性、积淀性等特性，建设需要的时间更长，不可能在短时间内形成稳定的、有特色的文化。物质文化和行为文化不同程度上受到制度文化的制约，制度文化又依附于幼儿园的物质文化和行为文化，精神文化则以物化事物、规章制度、习惯化行为等隐含于文化中的物质层、行为层、制度层。

目前，在我国普遍的幼儿园文化建设之中，存在结构失衡的现状。一般幼儿园的制度相对比较完善、物质环境宜人，但是人文内涵缺失。因此，在建设和优化幼儿园文化的时候我们不仅要关注物质层、行为层等显性的内容，而且要深入精神层面，并从幼儿园精神文化的核心组织成员的价值观抓起。

第二节　创建幼儿园文化的依据与步骤

建设幼儿园文化需要经历一个比较长的过程，首先，需要经过一段时间的酝酿，提出一个比较适切的幼儿园文化的文字表述，可能是一个简短的标语或者名称，也就是口头上的幼儿园文化；其次，需要分步骤进行扩展和落实，将幼儿园文化从一句简单的文字表述，变成真正在幼儿园中发挥作用、有影响力的一种氛围和气场，也就是形成真正的幼儿园文化；最后，幼儿园文化还需要随着幼儿园文化的发展不断调整和完善，成为幼儿园的代言和象征，成为流淌在幼儿园发展命脉中的一部分，也就真正实现了建立幼儿园文化的意义和价值。本节将从如何确定幼儿园文化和如何创建幼儿园文化两个方面，介绍建设幼儿园文化的依据与步骤。

一、如何确定幼儿园文化

幼儿园的文化研究最主要的是提炼幼儿园的灵魂，一般来说，可以遵循以下四条线索：

(1)从幼儿园的名称及发展历史入手。以三教寺幼儿园的“和合文化”为

① 王普华：《幼儿园管理》，北京：高等教育出版社，2009年版，第172页。

例，早在1955年，西城区三教寺幼儿园因坐落在宣南儒释道寺庙旧址而得名，幼儿园在思考幼儿园文化时，正是从“三教寺”这个名字入手，去寻找幼儿园文化灵感的来源。儒释道三教融合的寺庙中，三种不同的教义能够和谐共生，彼此促进，这其中离不开“和合”的智慧。这种“和则群策群力，合则共生共进”的文化氛围，正是我们当代发展幼儿园文化、促进幼儿成长中宝贵的精神财富。因此，幼儿园以此为切入点，提炼传统文化的内核中不断迸发出的符合时代脉搏的哲理与智慧，逐渐形成了“和合文化”的幼儿园名片。

(2)从某个人的精神、事迹、贡献等入手，这里包括某位教育家、英雄、当地历史名人，也可以是幼儿园某位有特殊贡献的园长、教师甚至幼儿或家长。

(3)从幼儿园的特色项目入手。许多幼儿园在发展之初，都是从形成某个领域特色开始的。随着《指南》《纲要》的颁布，幼儿园教育的思想理念开始革新，越来越注重幼儿发展的整体性，幼儿园课程倡导全面性之后，这些幼儿园在保留了原有的领域优势之后，逐步转向全面发展，走上了构建幼儿园园本课程的道路。如宁波市某幼儿园，就经历了“音乐特色幼儿园—示范性优质幼儿园—多元化集团园”这样的发展阶段。这种类型的幼儿园，在考虑幼儿园文化的过程中，可以从原有的领域特色出发，思考该领域最核心的发展价值和精神内涵，再从中生发出幼儿园幼儿园文化的源头。

(4)从幼儿幼儿园处环境周围的本土文化、物质环境、人文环境等入手。例如北京市三里屯幼儿园，因处在北京市朝阳区三里屯地区，兼具老北京的传统地域特色和城市发展中国际化交流的大背景，新旧文化的融合与交会是幼儿园周围最典型的文化特色，因此幼儿园的文化定位在“融”文化，培养“具有中国底蕴和世界眼光”的幼儿。

二、如何创建幼儿园文化

(一)对建构幼儿园文化的背景进行分析

首先，我们需要对幼儿园的整体现状进行分析，最主要的是对幼儿园突出的优势进行分析。这些背景包括幼儿园的地域资源、幼儿园环境、管理方式、家园共育等，从这些资源背景中，总结、分析出目前幼儿园中比较凸显的思想理念。以三教寺幼儿园为例，分析幼儿园自身现状与优势，具体内容如下。

【案例 3-9】

三教寺幼儿园文化建设背景分析

地域资源优势

三教寺幼儿园坐落在历史悠久、风景名胜众多、教育教学资源丰富的西城区。分园位于北京市大栅栏地区的胡同之中，周边环境中传统文化保存完整，京韵特色突出。为幼儿园开展传统文化系列活动提供了便利；此外，幼儿园还与宣师一附小形成合力，打通与小学的阻隔，借用小学的教室与场地，让大班孩子到小学去上幼儿园，实现了教育教学资源的共享。

幼儿园环境优势

幼儿园硬件设施完善，配备齐全的办公设备、教学设备和玩具教具，为教师工作和幼儿发展提供了物质保障；户外场地开阔，绿化布局合理，区域分工明确，为师幼发展营造了良好的环境氛围。

幼儿园管理优势

幼儿园结合幼儿园发展实际，实施原则性与人文性相结合的人文民主管理。管理制度细致具体、具有操作性，为提高幼儿园的保教质量、促进幼儿园发展、增强内部凝聚力发挥了重要作用；落实层级管理，注重过程管理，发挥民主管理，提升了规范办园的水平，提高了全体教职工的敬业精神和主人翁精神。

幼儿园特色优势

北京市西城区三教寺幼儿园因坐落在宣南儒释道寺庙旧址而得名，幼儿园文化深厚、教风淳朴，办园风格与中国传统文化中强调“和则群策群力、合则共生共进”的“和合”理念不谋而合，也与习近平总书记强调的“基础教育是全社会的事业，需要学校、家庭、社会密切配合”的主张相吻合，幼儿园从幼儿园的文化背景出发，提炼出“和合”文化，并将其深度融入到幼儿园生动的教育活动和办园实践之中。

家园共育优势

幼儿园家长教育教学水平普遍比较高，更能接受教师的思想。主动配合幼儿园的教育教学。幼儿园深入开展家园共育工作，保持家园联系，定期召开家长会，开展家长开放日。让家长共同配合做好幼儿教育；充分发挥家长委员会的桥梁作用，协助幼儿园做好节庆等活动，使家园形成合力，促进幼儿全面发展。

（来源：北京市西城区三教寺幼儿园）

(二)提炼幼儿园的核心办园理念

一般来说，幼儿园文化的内涵体现在教育理念、管理理念、育人目标、园本课程、园风、教风等多种文字表述中，但在幼儿园文化建设前期，重点在于提出最关键的幼儿园核心价值观，即办园理念。以三教寺幼儿园为例，“合心和育，众爱致远”的核心价值观，是“和合文化”的集中体现，也是一所幼儿园最突出的文化建设的外显化成果。也就是说，提出幼儿园文化，首先要“凝魂”。“魂”是幼儿园倡导并坚守的核心价值观与幼儿园文化精神，是师生内化于心、外化于行的教育理念和核心价值，是决定幼儿园一切教育活动的核心标准与指南。凝魂，即定位，这是幼儿园文化建构的第一步，是幼儿园文化诞生、存在与发展的前提，是十分重要而关键的第一步。①

在提出幼儿园文化的过程中，必须要考虑以下几个方面：

1. 国家方针政策

幼儿园建立幼儿园文化的目的在于提升幼儿园教育质量的发展，而教育发展的方向必须紧跟国家的方针政策，必须符合国家对于育人方向的要求。除了深入学习《指南》《纲要》《幼儿园工作规程》等学前教育领域的国家政策文件外，党和国家对于教育事业的整体规划和部署，也是重要的政策依据，是我们思考幼儿园文化的出发点和落脚点。例如，习近平总书记在全国教育大会上发表的重要讲话中，围绕培养什么人、怎样培养人、为谁培养人这一根本问题，提出工作要求、作出战略部署，为加快推动教育现代化、建设教育强国、办好人民满意的教育指明了方向。因此，要认真学习领会和贯彻落实习近平总书记重要讲话精神，准确把握教育事业发展面临的新形势新任务，落实教育立德树人的根本任务，为培养社会主义建设者和接班人奠基。党的教育方针明确指出，要培养德智体美劳全面发展的社会主义建设者和接班人。“五育”并举、全面育人关乎国家的教育战略，也关乎人的生命与灵魂。

2. 以中华优秀传统文化精神为基础

习近平总书记指出，中华优秀传统文化是中华民族的精神命脉，是涵养社会主义核心价值观的重要源泉，也是我们在世界文化激荡中站稳脚跟的坚

---

① 马春玉：《幼儿园和美文化魂与场的建构研究》，《宁波教育学院学报》，2015 年第 4 期，第 5 页。

实根基。

“中华优秀传统文化已经成为中华民族的基因。”一个人有自己的基因，一个家族有自己家族的基因，一个民族有本民族的基因。21 世纪的世界，科学技术日新月异，人类进步一日千里，各种思潮汹涌澎湃，各种学说潮起潮落。此时此刻，人们更需要自己的精神寄托和共同的“精神家园”。中华文化强调“民为邦本”“天人合一”“和而不同”；“天行健，君子以自强不息”“大道之行也，天下为公”；“天下兴亡，匹夫有责”，以德治国、以文化人；“君子喻于义”“君子坦荡荡”“君子义以为质”；“言必信，行必果”“人而无信，不知其可也”；“德不孤，必有邻”“仁者爱人”“与人为善”“己所不欲，勿施于人”“出入相友，守望相助”“老吾老以及人之老，幼吾幼以及人之幼”“不患寡而患不均”等。习近平认为：“像这样的思想和理念，不论过去还是现在，都有其鲜明的民族特色，都有其永不褪色的时代价值。这些思想和理念，既随着时间推移和时代变迁而不断与时俱进，又有其自身的连续性和稳定性。我们生为中国人，最根本的是我们有中国人的独特精神世界，有百姓日用而不觉的价值观。我们提倡的社会主义核心价值观，就充分体现了对中华优秀传统文化的传承和升华。”

因此，幼儿园文化的形成离不开幼儿幼儿园处的地理位置和文化氛围，离不开我们共同拥有的中华优秀传统文化的深厚根基。我们在思考幼儿园文化时，不妨对传统文化的典籍论著和思想理念进行梳理和总结，从中汲取祖先丰厚的智慧和精神财富。

【案例 3-10】

三教寺幼儿园“和合文化”的文化基础

“和合”观是中国传统文化的基本精神之一，也是一种具有普遍意义的哲学概念，对中国文化的发展具有广泛而久远的影响。

“和合”一以贯之于天人合一的宇宙观、协和万邦的天下观、和而不同的国家观、琴瑟和谐的家庭观、人心和善的道德观，在方方面面影响着每一个中国人，以及中国社会制度的建构及其社会治理。

“和合”一词最早见于《国语・郑语》：“商契能和合五教，以保于百姓者也。”意为商契能和合父义、母慈、兄友、弟恭、子孝“五教”，使百姓安定和谐地相处与生活。中国历史上有着非常丰富的关于和合的思想，儒家提倡“和为贵”“君子和而不同，小人同而不和”；孟子提出“天时不如地利，地利不如人和”；道家提倡“道法自然”，老子在《道德经》中提出“万物负阴而抱阳，冲气以为和”，庄子在《天道》中提出“与人和者，谓之人乐；与天和者，谓之天乐”的思想。

（来源：北京市西城区三教寺幼儿园　王岚）

3. 遵循幼儿教育的基本规律

幼儿园文化属于群体文化的一种，但又与普通的团体文化建设不同，它必须遵循幼儿成长的独特规律，符合教育的科学原理。

因此，要创建幼儿园文化，还需要对经典的教育原理、教育理念、教育家思想进行综述，从中择取适宜的切入点，作为指导幼儿园文化创建的重要理论基础。

陈鹤琴先生：培养人，培养现代人，培养现代中国人。

福禄贝尔：教育之道无他，唯爱与榜样而已。

杜威：教育即生活，教育即经验，学校即生活。

……

（三）在充实幼儿园文化内涵中，发挥教师的智慧

确定幼儿园的核心价值观之后，需要将这种价值观在全体教职工心中形成认同、内化，将幼儿园的理念变成每个人心中的文化认同，这需要很长的一段时间持续不懈地推动。在这个过程中，管理者需要多种形式的宣传、引领，在全园内“造势”。调动教职工积极性的方式有许多，比如讲座、问卷调查、访谈、辩论、SWOT 分析等，综合运用这些方法，让全体教职工都成为文化建设的参与者。

例如，在高度概括和重构幼儿园的文化体系后，将这种理念交给教职工全体辨析和讨论，做到集思广益，然后在此基础上进一步丰富和完善幼儿园文化的内涵和方向。此外，为实现协同一致，幼儿园可以运用“SWOT 自我诊断方法”，采用参与式讨论，将幼儿园的全体成员分成四个小组，从实力（S）、缺陷（W）、机遇（O）、威胁（T）四个方面入手，对幼儿园的历史文化传统、经济发展背景、教育资源配置、管理水平、师资水平等进行全方位的分析，集大家的智慧，确立幼儿园发展的特色项目，并以此作为创建幼儿园特色文化的基础。

(四)调动幼儿、家长的力量共同参与文化建设

幼儿园文化建设不是由口号、标语堆砌起来的，它应该融入幼儿园工作的方方面面，也融入每一位教职工的心中，体现在每一名幼儿的发展中，落实在每一位家长的感受中。随着经济的发展和教育民主化的推进，学校管理中的“第三种力量——家长”正在兴起。他们正在以极大的热情关注幼儿园的发展，并通过各种途径积极介入幼儿园管理。因此，在建设幼儿园文化过程中，发挥家长的力量也是一种重要的途径和方法。

一种文化需要深入人心，不仅要具备与理念识别系统相匹配的行为识别系统，也就是我们通常所说的精神文化、行为文化，还需要一个强有力的视觉识别系统，也就是外显的物质文化。也就是说，在精神内核确定的基础上，需要打造出符合幼儿园核心价值观的相关文化元素，以便于这种文化的交流、识别和推广。具体来说，这些元素可以包括园歌、园标、园服、幼儿园吉祥物、幼儿园口袋书等。

【案例 3-11】

园歌人人唱 文化记心中

三教寺幼儿园园歌《和合一家亲》的形成过程，经历了征集歌词，发动家长资源编写曲子，最后在60周年庆典上正式发布的过程。全园的征集过程调动了每一位家长和幼儿的参与感，人人都感受到幼儿园“和合一家亲”的氛围，纷纷为这个大家庭出谋划策，幼儿童真童趣的视角也更多得到尊重，提升了幼儿的自主性和对集体的归属感，增加了他们对幼儿园园歌发布的期待。最终园歌的歌词和作曲均来自家长的智慧，无疑为幼儿园文化创建注入了强大的力量，在这个过程中，幼儿园文化也在悄悄形成。

园歌创作完成后在幼儿园的多个场合使用，获得了孩子、老师和家长的喜爱。首先，在园级公众号上发布了园歌的完成版；其次，小班幼儿入园前，班级教师会先将园歌推送到班级群中，孩子可以先听先学，还未入园，就已经对幼儿园文化有了感知，增加了对幼儿园的亲切感；最后，在幼儿园每次的大型活动中，如每周的升旗仪式、“歌唱小明星”、“秋月节”开幕式等，在活动接近尾声，最后一个节目都是全园的孩子共同演唱园歌，增加了孩子们的参与感，同时每次来参加活动的其他人员，如参加活动的家长、参观学习

的老师、社区中的居民等，都将园歌的旋律印在了头脑中，也会简单哼唱几句。就这样，三教寺幼儿园“和合一家亲”的形象和文化符号，就会越来越深入人心。

除了园歌由几名家长联合创作外，幼儿园吉祥物“小飞”和“大凡”的名字也是从家长、老师中征集，最后由孩子们投票选出的。在这些幼儿园文化符号建构的过程中，群策群力、人人参与的思路，也印证了“和心合育”文化追求。

（来源：北京市西城区三教寺幼儿园　刘璐）

【案例 3-12】

我眼中的园标

图 3-2　三教寺幼儿园园标

园标不仅是幼儿园园长和教师思考的智慧结晶，也应该充分看到幼儿的视角，聆听幼儿的声音，让孩子们在解读中理解和丰富园标所蕴含的文化内涵，更加喜欢我们的园标，认同我们的幼儿园文化，从而加深对幼儿园的归属感。孩子们眼中，我们的园标是什么样的呢？

婉儿（大二班）：园标的上方像一块大石头，三个小人代表小朋友一起齐心协力地搬大石头。

沙金诺（中二班）：园标像是代表升旗仪式，因为是红色，咱们的国旗和园服也都是红色，上面像是一个眼睛，下面就像是小朋友，小朋友在看着国旗。

柏若朴（中五班）：看到园标，想到了豌豆射手。

鲍俊鸣（中五班）：仿佛一个勇士在保护我，扫黑除恶。

老师眼中的园标：

杨老师（小一班）：在我们看来是“眼睛”的那部分，也可以是屋顶，在我们看来像是“三个小人”的部分，则是孩子们心中支撑起房子的柱子，就这样，我看着你，与你在一起，才建起了这个属于我们共同的家——“三教寺幼儿园”，在这栋小小的“房子”里有我们共同成长的回忆，有我们一步步走来的点点滴滴。

爸爸妈妈眼中的园标：

夏朗熙妈妈(中四班)：新园标给我的感觉是有意义、有趣、有力量。首先是醒目的古体“众”字核心图案，“众妙毕备”，“众人拾柴火焰高”，众字和围绕着的回形图案一起体现了幼儿园领导教工齐心协力、师生团结融合、亲如一家的生动场景；二是图案形象可爱，生动活泼，仿佛三个小朋友合力举起一只眼睛，在高处观察新鲜的世界，具有童趣；三是鲜明的色彩为园标锦上添花，园标以大红色为主体颜色，红色代表着吉祥、喜庆、奔放，既可在静处给人以幸福感，又可在动处给人以激情，为园标增添了力量。

邢雨晗妈妈(小五班)：甲骨文作为中国最古老的文字，除了信息交流的工具以外，还承载了许多历史传承的意义。新园标可以让小朋友在认知世界的伊始即了解汉字的历史传承，对优秀传统文化的理解无疑是个好的启蒙过程。同时与简体字相比，古代文字更加形象，有利于培养小朋友对于汉字学习的兴趣。从“众”字的选择上，也体现了幼儿园希望小朋友在团结融合的氛围下健康成长，逐渐树立集体意识，受益终身，在这点上与家长们的期望也是高度一致的。

（来源：北京市西城区三教寺幼儿园）

此外，还要重视利用家长会、亲子活动等，小手拉大手，向家长积极宣传幼儿园文化，调动家长中积极分子的力量，对幼儿园文化进行阐释和解读，征集多种形式的家长反馈，如参与园级活动的摄影作品、抒发感悟的小诗、墨宝、散文杂记、教育心得等，在整个幼儿园中形成良好的互动氛围，也更加有利于幼儿园文化形成一种“引力场”，聚集越来越多正能量，发挥更大的凝聚力和影响力。

秋月节活动有感

【三】秋受邀游园中
【教】风淳朴学风浓
【寺】中建园底蕴雄
【幼】儿武术强筋骨
【儿】歌常常伴口中
【园】家共育理念融

2020年秋月节活动印象

秋月活动邀家长，汇报演出在操场。
功夫宝宝棒棒棒，一招一式有模样。
喜庆丰收蔬果粮，五谷丰登满粮仓。
大枣甜来瓜子香，各式坚果好想尝。
厚厚落叶柿子藏，金瓜硕大收运忙。
红火辣椒玉米黄，饱满麦穗进麦场。
一派丰收好景象，辛勤园丁是后方。
主编簸箕和箩筐，亲身体验见识长。
粒粒辛苦不能忘，顿顿吃饭盘光光。

(五)不断调整和丰富幼儿园文化的内涵和外延，逐渐形成幼儿园文化生态

需要特别明确的是，幼儿园文化的确立并非一日之功，是一个从确立到实践运用，再到调整、完善的过程。也就是说，幼儿园文化并不是静态不变的，而是随着幼儿园的发展不断发展、创新，是一个动态变化的过程。

以三教寺幼儿园“和合文化”的创建为例，核心价值观经历了从“和而不同，合作共赢”到“爱心育童心，同心润童年”，再到“合心和育，众爱致远”的变迁。过程中，是管理团队不断交流碰撞、广泛汇集资源、补充完善的过程。“和合文化”最初的解读中，“合作共赢”意味着家长和幼儿园是一种合作的关系，家园共同形成合力来促进幼儿的发展。然而，随着三教寺“和合文化”的不断发展，管理团队也越来越在其中感受到这种文化为幼儿园整体发展带来的助力。渐渐地，原来“和而不同”的解读，更加具体化为幼儿发展的目标，既发挥幼儿个性，同时又培养乐群友善、会与他人合作的幼儿。而“众爱致远”的解读更加符合幼儿园在发展中的理念，它使得“和合文化”的内涵不仅指汇集家长的爱，更包括汇集社区、社会更多人对于孩子们的关爱来办教育，让更多的爱伴随孩子们走得更远。

幼儿园文化的内涵在不断的解读中，越来越完善和自洽，也会逐渐摒弃在最初构想中不贴合实际的文字创作，从实践中检验出最贴切、最实用、最有效的内涵解读(见图 3-3)。

三教寺幼儿园的“和合文化”是以爱为源泉，以和于众、合乎道为动力机制，以景、情、人的和谐与融合为落点，最终达到共同促进、共同发展的目的的教育。

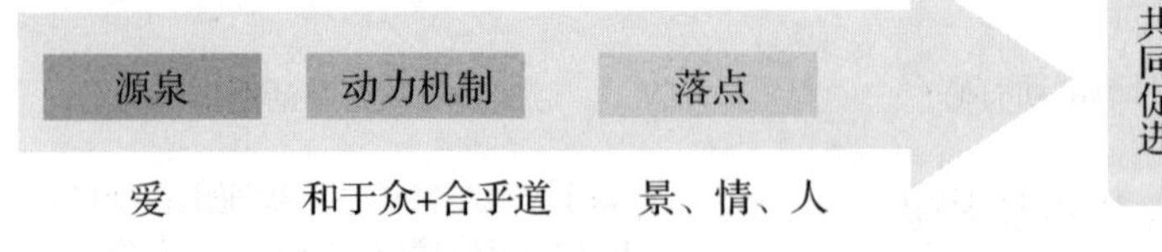

图 3-3　三教寺幼儿园“和合文化”的内涵及解读

再如，随着幼儿园与社区越来越密切的连接，以及幼儿园对传统文化课程研究的深入，幼儿园的管理者发现，幼儿园新址所坐落的“里仁街”也大有来头，街名就出自孔子的《论语·里仁篇》，意为“和有仁德的人住在一起”，这更加扩充了幼儿园文化中“仁德”“和谐共处”的内涵。

“和合文化”的内涵和外延也在不断扩充，形成了一种文化生态。在理解、

内化的基础上，幼儿园积极鼓励不同部门、不同班级的老师们在组织和开展幼儿园活动中创造性地运用幼儿园文化，形成幼儿园文化新的内涵，不断充实幼儿园文化的内容。

建构幼儿园文化的步骤并不是固定不变的，除了本节介绍的一般性方法外，不同的幼儿园还可以利用自身在园本课程、课题研究、物质条件资源等方面的优势，形成自己建设幼儿园文化的个性化思路。以下以北京市大兴区第一中学附属幼儿园形成幼儿园文化的过程进行举例说明。

【案例 3-13】

从“课程研究”到“文化建设”

——谈幼儿园“享趣”教育文化的确立

幼儿园文化是一所幼儿园的魂，是一所幼儿园最值得品味的内涵，引领着幼儿园各项工作的建设，推动幼儿园的可持续发展。在成长为一名园长后，我一直有一个想法，就是用幼儿园文化去引领幼儿园的管理，将幼儿园建设、队伍发展、幼儿园课程探索等融为一体，推动幼儿园的优质发展，助力幼儿的健康快乐成长。但是如何找寻到适合本园的文化呢？是借鉴他人的文化思想？还是找到教育的热点词汇？答案都是否定的。我园的文化形成是在课程建设中显现、凝结，形成了适合我园的“享趣”教育文化。

起初，我立项了“享趣运动区域游戏促进幼儿体能发展研究”的市级规划课题，题目的确定大致有两个思考：一是希望孩子享受运动游戏的快乐，以运动游戏更好地促进孩子的健康成长；二是借助“享趣”的谐音，激励孩子参与运动游戏的乐趣，“享趣”就像一个口号、一个密语，开启孩子们快乐的运动游戏。带着这样的初心和思考，2 年的课题实践让孩子们每周都盼望着玩“享趣运动区域游戏”，老师们也看到孩子体能变好了、出勤率提高了。随着时间的推移，“享趣”教育走进了幼儿及教师的心中，当与小朋友交流时，他们都会提出喜欢“享趣”运动区；当与教师沟通时，也高频提到在“享趣”运动区域游戏中看到了自己和孩子的成长，“享趣”二字已然沁入孩子和老师的心田。

“享，献也。”(《说文》)既有受用的意思，也有贡献的意思。趣，从走从取，快步趋之，积极向前，必有所取。趣有主动获得之意，体现了成长的积极性。“享趣”教育的确立正是教育者要运用教育的智慧，努力激发、培养幼儿的兴趣，使幼儿享受到生活和学习的乐趣，让幼儿在快乐中丰富知识、陶冶性情、提升能力，从而达到理想的教育教学效果。那么，何不将“享趣”教育的文化内涵进行深入的解读，将其形成为我园的文化呢？“享趣”教育文化油然而生！

“享趣”教育的核心理念——乐享·启趣

围绕“享趣”教育的内涵，我们提出了“乐享·启趣”的核心理念，以互动分享、合作共享达成和谐的氛围，凝聚师幼和家园共同的发展愿景，以趣激发师幼生命成长的内在力量，让每一个人都心有方向，行有力量！

乐享

人总是生活在一定的社会之中，一个人的成长离不开周围的人，离不开生活的环境。幸福的家庭、温馨的班级、美丽的幼儿园……都是师幼健康成长的重要因素。“享趣”教育关注生命个体由自然人成长和发展为社会人的过程，倡导在快乐的分享与共享之中，发展师幼的心理品质、健全人格以及行为方式。

1. 互动分享乐于群，凝聚共同的愿景

乐于群而群乐之，师幼真正融入群体，幼儿园这个群体才能和谐发展、其乐融融，倡导每个人都能凝聚共同的愿景，快乐地融入群体，在群体中不断地发展自我，实现自我成长。

2. 家园共享和于众，共建和谐的家园

《纲要》中明确指出：家庭是幼儿园重要的合作伙伴及重要的教育资源之一，幼儿园要本着尊重、平等、合作的原则，争取家长的理解、支持和参与，并积极支持、帮助家长提高教育能力，使幼儿园和家庭达成育人共识，共建和谐的家园。

启趣

乐趣是在做一件事时能产生快乐、喜悦、自豪感等情绪反馈；情趣是在乐趣的基础上投入情感，形成爱好；志趣是把乐趣和情趣联合起来，确定未来的发展方向，并为之努力和奋斗。一个人将这“三趣”投入到学习、生活和工作中会产生如下两种结果：一是可以发挥其80%以上的潜能；二是学习或工作不会感到疲劳。在“享趣”教育中注重发挥师幼自主性，通过有方法的启发引导，从启迪—启发—启导，从乐趣—情趣—志趣，循序渐进地贯穿到师幼学习与生活中去，以情促趣，以趣导行，激发每一个人成长的动力，让每一个人都行有力量！

1. 启迪心灵，以乐趣点燃师幼幸福力

乐趣是成长中的快乐体验和积极情绪，做一件事时能收获乐趣，就能够产生积极的情绪体验，感受到幸福与满足。“享趣”教育倡导尊重师幼成长规律，启迪师幼心灵，帮助师幼发现成长中的乐趣，点燃师幼幸福力。

2. 启发行为，以情趣激活师幼行动力

情趣是对乐趣的进一步升华，注入了感情的情趣比乐趣在程度上更为深刻，在时间上也更为持久。将乐趣升华为情趣，才能更好地投入其中，更加积极地将思想付诸行动。“享趣”教育倡导高雅的生活情趣，注重在生活中启发师幼行为。

3. 启导智慧，以志趣注入师幼发展力

志趣是结合乐趣和情趣而确立的志向和意趣，对师幼一生的健康成长具有重要意义。人只有志向高远，才会有高度的学习自觉性，才能锲而不舍地追求自己的人生目标，才能更有发展力。“享趣”教育关注树立师幼理想与信念，启导师幼智慧，萌生师幼志趣，为师幼的和谐成长注入源源不断的发展力。教师方面，幼儿园注重培育教师教育情怀，树立教师教育信念，鼓励教师不仅要对自己有担当，更要对幼儿、对家长、对教育有担当，在责任与担当中，葆有教师志趣，使教师乐于奉献付出、勤于钻研探索、善于博采众长、敢于创新突破，不断增强自身的发展力，为幼儿的一生发展奠定基础。

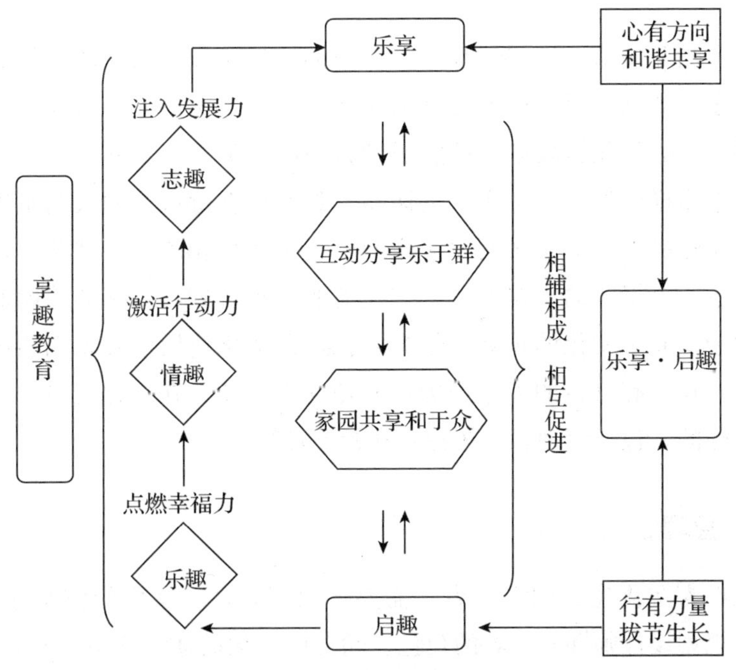

图 3-4　“享趣”教育理念图

“独乐乐不如众乐乐。”“享趣”教育旨在激发每个个体的生命活力，充分调动幼儿的主观能动性，让师幼以饱满的情绪投入工作、学习和生活之中，在自由、愉悦、温馨的环境中，涵养积极向上的阳光心态，形成独立自主、开拓创新等精神内涵，不断提升自我，完善自我，实现生命的和谐成长。

（来源：北京市大兴区第一中学附属幼儿园　王娜）

例如，幼儿园的班级主题活动、幼小衔接工作、集团校运动会、党建活动、工会活动、非凡成长秀、非凡足球队、非凡戏剧社。随着这些活动的举行，一方面，每次活动中我们都将幼儿园文化所倡导的理念，作为一个行动指南，使得“和合”的理念深入每个人的心里，逐渐变成一种自觉的规范和原则。另一方面，活动中所出现的新的情况、问题，也给我们思考幼儿园文化究竟“是什么”“为什么”“怎么样做”提供了一次次的实践机会，使得我们不断检验、修正、扩充幼儿园文化的内容与外延，一种文化就真正地形成了。

第三节　园长在幼儿园文化创建中的角色

每一所幼儿园给人的感觉都是不一样的，幼儿园的物品的选择和陈列不一样，孩子和老师们呈现的精神面貌也不一样。作为园长，可能会思考：怎么样让幼儿园的幼儿和教职工都感受到自身的价值？怎么样建设一支更向上的队伍？怎么样建设一支更主动的队伍？怎么样在健康、积极的氛围中提升幼儿园的文化品格？这与幼儿园文化的营造是密切相关的。文化可以自发形成，但对于一个正式的组织而言，文化需要主动规划，对于幼儿园而言亦是如此。对于幼儿园文化的规划，作为园长，在文化建设中要怎么明确自己的角色定位？是否有可行的策略助力更好地建设文化？在文化建设时，园长的角色是多样的，包括管理者、执行者和领导者等。

一、管理者

园长作为文化建设的管理者，需要代表团队，将文化的体系建立起来，同时兼顾规划设计师和监督者的角色。幼儿园文化的建设绝不是园长的“一言堂”，但是在文化创设的过程中，园长需要担当主要的规划设计师的角色，多方了解幼儿园的历史信息和周边资源等，把握教师特点，洞察教师之间的关系，以更好地规划设计出最适合自身幼儿园的文化，期间还可能面临调整，也是需要园长来主导的，而在提出文化、浸润文化的过程中有一些现象也是需要园长看在眼里、记在心里的，这些都是园长作为管理者的角色的体现，以便更好地探究适合幼儿园发展的文化。

(一)作为幼儿园文化建设的管理者，需要考虑“人”

一所幼儿园的文化反映出幼儿园建设的愿景是什么，也能折射出作为管理者的园长更重视什么。为什么创设幼儿园文化？幼儿园文化不是为了建设而建设，必然是和育人直接相关的，幼儿园的文化一定是以人为本、育人为本的。

幼儿园中涉及的“人”多是幼儿，卢梭提出要尊重儿童的天性，杜威提出要以儿童为中心。而在现实的幼儿园中，我们需要服务的主体也是幼儿，幼儿园文化不是园长一拍脑袋就决定怎么做，教师想怎么做就怎么做，园长和教师都需要参与进来，但是最为重要的主体一定是幼儿，在创设幼儿园文化时，要考虑到幼儿作为一般的儿童需要得到发展，同时也应该想到他们各自作为独特的个体应该如何更好地发展。

除幼儿之外，幼儿园中的教职工也是幼儿园中极为重要的“人”的构成。要想更好地实现幼儿的发展和幼儿园质量的提升，教职工发挥着举足轻重的作用，这里的教职工不仅包括一线带班的教师，还包括所有的中层干部、后勤人员乃至安保人员。在创设幼儿园文化时，不仅需要考虑到幼儿园中的孩子，还需要考虑到幼儿园中的其他人，乃至人与人之间的关系。

想要建设成什么样的幼儿园、想要怎么建设；想要培养什么样的孩子、想要怎么培养；想要发展什么样的老师、想要怎么发展……这些统统都能在幼儿园文化中得以传递。

(二)作为幼儿园文化建设的管理者，需要考虑“地域”

进行幼儿园文化建设，一定要在五千年民族文化积淀的基础上进行，不要认为是一次重新开始的旅程，也不要认为是建立在废墟上的。幼儿园的文化，一定是有传承和发展的，文化可能与幼儿园园址的选择和变更相关，也可能与幼儿园周围环境相关，也可能与教师们原有的状态和以往的文化基础相关……也就是说，文化并不是单方面的文化，它离不开历史与现实、教师与幼儿、幼儿与幼儿园多方面的相互影响，并在此基础上形成和发展起来。

从文化创设的内容上，一定要立足于自身的个性，在充分了解幼儿园历史及人文传统的基础上进行创设；从文化创设的方式上，要继承并兼容、包容“和合”文化的传统，接纳优秀文化，勇于创新，将传统与现代很好地结合，将人与事很好地融合，将“旧”与“新”很好地契合。

【案例 3-14】

基于地域特点 启航幼儿园新发展

新航城幼儿园是乘着大兴国际机场的建立、南城大发展的强劲势头应运而生的，面对新农村拆改与发展，立足民族与未来、机遇与挑战，幼儿园提出了“启航”幼儿园文化。

新航城幼儿园基于新机场附近——礼贤地区的新发展，依托大兴国际机场规划建设日新月异的现代化、城市化进程，秉承陈鹤琴老先生的“做人、做中国人、做世界人”的教育思想，落实大自然、大社会就是活教材的教育理念，确立了“启航”文化指引下的教育核心理念：启迪心灵，领航身心健康；启发兴趣，续航多元发展；启导行为，远航幸福人生。

（来源：北京市大兴区礼贤新航城幼儿园　姜娜）

二、执行者

园长作为文化建设的执行者，需要身体力行地贯通文化。幼儿园文化形成后，并不是马上能在老师们心中生根发芽的，作为园长，需要选择适合的场合与老师们传递文化，有时是全园大会上，有时是小范围讨论时，也有可能是对外宣传时，除了“说”，同时还得“做”，在提出幼儿园文化的同时，需要围绕文化进行具体的实践，这样一来才能更好地帮助教师、幼儿以及外来人员理解幼儿园文化的内涵。这就是园长作为执行者这一角色时可以实践的内容。

(一)执行者与“有形”和“无形”文化

作为幼儿园文化建设的执行者，需要打造好幼儿园文化。文化是一个庞大的体系，是一系列要素的集合，其中一部分是有形可见的，更多的是内在无形的。当了解和学习一所幼儿园的文化时，最好的方式就是通过那些有形的元素和形式来理解那些无形的理念和精神。

幼儿园里的教师和幼儿从入园的一刻起，便已置身于幼儿园的文化氛围中。教师在吉祥物等具体的文化的载体影响下，养成了行为习惯，形成了行为惯性。而幼儿受园里的一草一木、教师潜移默化的影响，也会呈现出一种状态。怎么界定幼儿园文化属于有形文化还是无形文化？文化的有形和无形并没有特别明确的界限，参照有关非物质文化遗产的界定，一般认为能直接看到的即为有形的文化，不能直接看到的即为无形的文化，考虑到无形的文化可以通过有形的事物得以体现，本书将有形文化界定为产品化的文化及明确提出的口号等，即幼儿园文化口号、幼儿园文化手册、幼儿园文化墙、园标、幼儿园文化吉祥物等。而非产品化的文化为无形文化，多数是通过人以及人与人之间的交往、互动传递出来的。比如，走进幼儿园，老师们都是热情向上的，孩子们都是积极阳光的，会给人温暖的感觉，这就属于幼儿园“无形”的文化的范畴，而我们能看得见的幼儿园理念的提出、幼儿园文化墙的打造、幼儿园吉祥物的呈现、幼儿园文化手册的打造等都属于幼儿园“有形”的文化的范畴。

（二）作为幼儿园文化建设的执行者，打造“有形”的文化

有形的文化是指在幼儿园文化中明确提出的口号及产品化的文化。比如：幼儿园文化的名称、幼儿园的教育愿景、幼儿园的办园理念……这些都属于明确提出的幼儿园文化的范畴，而产品化的文化则包括幼儿园吉祥物、园标、幼儿园文化手册、幼儿园吉祥物等。一般来说，有形的文化都是围绕幼儿园文化的核心衍生出来的，有形的文化是幼儿园文化的积淀，是幼儿园文化的物化体现，能让幼儿园的幼儿和老师们更好地理解幼儿园文化的内涵。

【案例 3-15】

北京市第四幼儿园文化的具体载体

北京市第四幼儿园自 1954 年建园以来一直秉承以爱育人的办园精神，在传承与发展中形成了“温馨挚爱，筑爱的鸟巢；精心养育，育未来雏鹰”的幼儿园理念以及深厚的文化底蕴与人文情怀。

园徽，呈现了“温馨与挚爱”的故事。园徽中，小鸟外形与数字“4”巧妙地同构在一起，既能直观感受到幼儿园的名称又很符合幼儿的审美。在温暖多彩的鸟巢里，小鸟站立其中向上仰望蓝天，眼中充满着对未来的希望，期待

有朝一日和同伴一飞冲天尽情地在蓝天展翅翱翔。张着的可爱小嘴巴仿佛在歌唱、在诉说，也在期待着鸟妈妈的回应，对着家人与老师表达自己期待长大的想法。半个小鸟巢形似小鸟破壳而出，小鸟在鸟巢中感受到温暖与爱，小鸟在关心、哺育中逐渐成长、学习本领、解决问题、获得自信，一步步挥动翅膀，离自己搏击蓝天的梦想更近。

幼儿园吉祥物与园徽对应，可爱的小鸟表面用柔软、毛绒的面料制作而成，红红的小嘴，大大的眼睛，心形的小翅膀，站立在柔软的彩色鸟巢上，仿佛在和小朋友招手问好"欢迎四幼的小朋友们"。小鸟巢上的粉色就像老师和幼儿间的爱心，小鸟们在老师爱心的守护下幸福成长。也在引导幼儿与同伴、教师与教师、教师与幼儿之间社会交往中能有爱、合作与互助，体现着语言表达中的彬彬有礼和以礼待人的温润魅力。蓝色代表着科学、严谨、理性、有序，蓝色将启迪幼儿数学思维与科学探究的智慧相统一。绿色体现了自然、生机，在大自然的活教材中感知美、欣赏美、表达美，同时寓意着幼儿园追求卓越与进步的良性发展。黄色代表了阳光、温暖、活泼，就像可爱的幼儿沐浴阳光、运动游戏，增强体魄。四种色彩体现着五育并举，彰显着幼儿园注重素质教育的人文教育精神。

（来源：北京市第四幼儿园　陈冠楠）

(三)作为幼儿园文化建设的执行者，打造"无形"的文化

如果说通过园标、吉祥物等有形的文化能知道一所幼儿园是什么文化——在传递什么观念、有什么愿景的话，那走进幼儿园，感受真真切切的幼儿园的人，感受人与人之间的关系，便能更深刻地感受到这所幼儿园的文化建设得怎么样。

就像前文中提及的，有的幼儿园，看到老师和孩子状态便知道他们是积极向上的，具体怎么感受呢？可能是因为看到有人经过会报以微笑、礼貌问好；可能是因为老师在工作时眼中是有"光"的；可能是因为孩子在游戏时是自信且勇于探究的……而这些，都不是用制度、用"规定"就可以达成的。幼儿园是从事教育活动的场所，教育的对象是人，注定不能用一把尺子来制定标准，在遇事时，无形的文化的渲染就显得尤其重要。这也是能点亮老师和孩子心中光亮的关键所在。

1. 有温度的执行者

比如，在遇事时，是光凭制度说事，还是有温度地执行制度呢？幼儿园

有的制度在执行时是有着一定的宽泛度的，作为园长，是选择“就高”还是“就低”呢？这是管理智慧的体现，也是文化营造的关键。

幼儿园的工作性质特殊，基本上“一个萝卜一个坑”，为了幼儿园各项工作能很好地运行，一般来说，应该保持老师们尽量在岗。但当老师们家中遇到至亲需要照顾、实在有难以调解的困难的时候，我们也应该在制度允许的范围内给予尽可能多的人文关怀，人与人之间的相处是相互的，在幼儿园里，也是将心比心，当老师实际遇到困难时，园里表示一定的理解，并且还给予了“情”上的关怀，如此一来，当老师再次投入工作时，可能会抱着阳光、热情的心投入工作，久而久之，和谐的氛围就形成了——这就是“无形”的文化氛围。

面对老师，如果完全依靠制度来管理，不考虑“情”，那老师们呈现的状态一定也是对应的——遇事老师也会与幼儿园谈制度，甚至变得计较，如果遇事能多一些温度，在确保不影响应有的制度执行的情况下，适当地考虑具体的人、关注内在的感受，那么，老师们肯定会更多地传递出“正能量”，整个幼儿园都会呈现“正能量”的文化氛围。

当然，在制度与温度间“度”的把握也很重要。有的事情是有一定的尺度、可以适当给予温度的，比如，婚丧假、病假。而有的事情是没有可以商量的余地的，比如违反师德。作为园长，应该在对不同的事务有所把握的基础上进行具体的管理、渗透文化，管理可能是硬性的，也可能是“软性”甚至“隐性”的。在管理的过程中，通过文化的引领，凝聚力量。老师们是“不得不干”还是“高兴着干”，从老师们的一言一行、表情状态中能体现出来，而这些，都与幼儿园的引领有关，这些也都将成为幼儿园文化的一部分。

【案例 3-16】

雪中送炭的关怀

当老师家中有至亲生病、需要照顾时怎么办呢？在北京市西城区三教寺幼儿园，也会有这样的情况，幼儿园是怎么应对的呢？

有一次班级某老师需要请假，照顾病重的妈妈，三教寺幼儿园的领导批了一个月假，期间，为了保障工作的运行，给班级单配了其他教师进行了一个月的长期顶岗，叮嘱老师安心照顾妈妈，并且多次主动联系，主动询问病情、给予鼓励和安慰，并提出遇到困难可以向幼儿园寻求帮助，一定要坚强面对，等等。这样一来，在时间、事务和精神上，幼儿园成了教师坚强的后盾。

除此之外，还在经济上给予了一定的援助。为包括某老师在内几位家庭实有困难的老师向上级申请了困难职工补助，为教师提供了多一分的关怀。

（来源：北京市西城区三教寺幼儿园　魏灿星）

2. 有智慧的执行者

在执行幼儿园文化时，除了注意有温度地执行，还可以尝试巧妙地运用自身智慧执行。前面举的例子多数是针对老师的，面对孩子同样也是如此。想让孩子浸润幼儿园文化，可以充分利用现有的空间、情境，需要给孩子们创造出浸润文化的条件，让他们能在真实的环境中感受文化、体验文化。

【案例 3-17】

互助互爱的协同

为了更好地贯彻“和合”文化，在北京市西城区三教寺幼儿园，把小班和大班的班址设在同一楼层的两间对着的教室里，比如大一班的对面是小一班，大二班的对面是小二班，大三班的对面是小三班……

这样的设置，能够让小班的孩子更多地看到大班孩子的日常活动、更好地向哥哥姐姐们学习，也能够让大班的孩子们更好地成为榜样，体会更多的责任与担当，更进一步，相应班级的孩子也可以“结对子”，进行大带小的活动，这便是“和合”文化在孩子们中的一种体现。幼儿园创设了一定的条件，给了孩子们相互合作、和谐相处的空间和时间，孩子们便能在真实的环境中践行“和合”，在实际行动中体会到“和合”的内涵。

（来源：北京市西城区三教寺幼儿园　魏灿星）

三、领导者

在幼儿园文化建设时，园长作为领导者，不仅需要“管”，更需要凝聚人心；不仅需要“理”，更需要团结力量。在进行文化建设时，如何通过营造氛围来团结团队、激励教师？是否有营造氛围的方法？如何让教师和幼儿更好地感受到温暖的幼儿园文化氛围？工会的力量、大型活动的开展、适当的“借力”和对个体的支持都是发挥领导力的“好帮手”。

(一)幼儿园工会是幼儿园文化建设的重要纽带

要想建设好幼儿园的文化，工会是重要的纽带，工会活动是建设幼儿园文化的舞台，也是传递情感的桥梁。

大型的工会活动能够促进教师之间相互了解，也是凝聚情感的好时机。具体的形式有：集体游戏、团队比赛、互送祝福等。

【案例 3-18】

来自同事的“礼物”

为了更好地促进教师间的交流，北京市西城区三教寺幼儿园围绕“礼物”展开了活动。

教师的活动在工会活动时进行，请每位教职工提前准备一份礼物，并附上一张卡片，卡片上写上一段与礼物相关的文字和祝福，并在活动当天通过抽签选择一份对应编号的礼物，并当场念出卡片上的文字。活动进行时，能满满感受到在场的人沉浸在每一个礼物的独特和温暖当中。

在这个活动中，每一名教师需要独自准备礼物，礼物并不需要有多贵重，但是选择什么礼物却能体现出独特的用心——准备礼物时需要思考什么样的礼物是他人需要的，同时又与自己有一些联系、有着独特的寓意。而每个老师都能传递出去一份礼物，同时也能收到一份别人准备的礼物，与此同时，还能作为参与式的观众，全程见证活动的过程，每一份礼物都会被所有人期待，每一份温暖也都会被所有人感受到。

在这样的氛围中，老师们之间有了更多的情感的交流，也传递出了除了工作琐事之外的情谊，而这份情谊也能成为以后工作的基础。

（来源：北京市西城区三教寺幼儿园　魏灿星）

(二)幼儿园大型活动是幼儿园文化建设的重要场域

面向幼儿的文化浸染、幼儿之间的情感交流可以在教育教学活动中进行，更多的是在日常一言一行中渗透，而幼儿园组织的大型活动也是践行幼儿园文化的重要场域。

幼儿园可以通过大型活动传递教育理念，幼儿可以通过体验具体的事情更好地理解幼儿园的文化，幼儿园则可以借助大型活动为不同班级的不同幼儿进行沟通和交流搭建平台。

【案例 3-19】

来自伙伴的“礼物”

在老师们准备、传递礼物的同一时期，小朋友之间也在进行“礼物”的传递。借助迎接新年的契机，北京市西城区三教寺幼儿园在幼儿园例行的“冬雪季”的活动中，加入了“抽红包”环节，红包里是来自其他伙伴最简单的祝福，毕竟，红包诞生的初衷是传递祝福。

在活动准备时，为了让孩子更好地体会祝福的传递，幼儿园中每一位孩子都在家长的协助下在自己的红包中放进了自己的画、制作的作品和相应的祝福语，并留下自己的姓名和班级。之后，全幼儿园有的红包被汇集在幼儿园门口的红包箱中，在幼儿离园时可以随机抽取任意红包带回家中，在看到红包中另一个小朋友的祝福后，可以选择回信，回信的方式可以是请家长帮忙用设备记录孩子说的话、孩子表演的节目等，并用二维码的方式呈现在红包中，也可以同样用写、制作的方式来回应祝福，准备好之后，可以在下次来幼儿园时将红包放到“来信”孩子班级门口的信箱中，而收到信的孩子的班级教师可以选择一个时间请其在全班小朋友面前展示收到的信，通过这样的方式，所有参与其中的孩子都能感受到祝福的传递，也有可能通过这样的方式结交到其他年级、其他班级的好朋友。

（来源：北京市西城区三教寺幼儿园　魏灿星）

（三）善于“借力”是幼儿园文化建设的重要做法

作为园长，绝不是独立的个体，在幼儿园文化建设中怎么更好地把文化浸润到每一名师生心中、怎么把幼儿园文化更好地体现和宣扬呢？“借力”是在幼儿园文化建设的过程中很重要的做法。“借力”的“力”可以是社区之力、家长之力，也可以是搭建园内平台，借所有能聚集的力量。

比如，借社区之力。一般来说，幼儿园是与周边社区相伴相生的，在世界社区教育发展的推动下，社区学前教育成为其发展的一个重要内容，近年来，随着人们对早期教育重要性的认识深入而日益被重视。借力社区资源将大大丰富和优化幼儿园的物质文化环境，打破幼儿园的诸多局限。

三教寺幼儿园就很善于借力，在王岚园长的领导下，把“借力”的方式内化成了建设文化的重要策略。比如，社区资源部分，会在“冬雪季”的活动中应活动需要，引进大观园的花灯等资源来丰富幼儿活动；三教寺幼儿园还创立了“成长秀”环节，以集全园之力，给每一个需要的孩子提供展示的平台——每周升国旗的固定时间，幼儿可以自愿报名上台表演节目，而后，为了让老师也有更好的平台展示风采，还加入了老师的成长秀，通过这样的方式，给师幼展示自身特长提供了平台，同时也传递了幼儿园“和合一家亲”的文化。

(四)针对个体的支持是幼儿园文化建设的重要一环

文化的呈现绝不只是看园标、口号、吉祥物，很多时候也不只是统观整个幼儿园，更多的时候是从细节中品读，从小事中感悟。建设一所幼儿园的文化，需要统管大局，做好宏观调控，同时也需要注重细节，在小事件、小事务中贯彻幼儿园文化，这就离不开对幼儿园每一个个体的关注和支持。

就如前面阐述“无形”的文化中在举例中呈现的，当老师有特殊困难时，幼儿园层面可以尽可能地进行人文关怀。而除了这样特殊的情况外，其他的一些情况也应该关注到。这样的关怀同样也体现在教师对孩子的支持上。

【案例 3-20】

小苏的故事

小苏小朋友，几乎全园的老师都不陌生，每一天爷爷领着他走进幼儿园，他的小眼神总是看向自己的小肚皮方向，不和别人打招呼。每一天的游戏区时间，他总是一个人在图书区的小角落，很少与小朋友们交流。每一天的户外活动时间，他总是那个一眼就会被别人看到的小朋友。

有一天，在小朋友分享“十一”假期活动中，我看到了一个完全不同的小苏，只见他俯下身来蹲在地上，小心翼翼地翻开书，为了让小伙伴们看着方便，他特意把书放到了他们方便看的位置，班上别的小朋友在分享时都把书放到自己的腿上，其他小伙伴凑过来看，只有他，愿意俯下身来，把书放到别人方便看的位置，自始至终他都是侧着分享自己的故事书，一边翻一边讲他“十一”的有趣假期。他一边用手指着，一边说“秋天，我发现树上的叶子都变黄了”。此时，我的目光完全被他吸引了过去，他说的和他小手指的文字一模一样，我静静地站在后面，发现小书上的每一句话他都能够清晰、准确地说出来，但是语气却不生硬，就像是在讲故事。通过这一件小事，感觉一个崭新的儿童形象展现在我的面前，可见他是一个心中有他人，会为他人着想，并且善良、细心、善解人意的孩子。并且，通过问爷爷我才知道，原来他已经认识 600 多个字，并且没有人教过他，说明他对文字很敏感，是一个有心并且善于学习的小朋友。

于是，欣喜之余我为他撰写了一篇观察记录并且分享给了班上的小朋友们，我一边读着，一边观察到了小苏的眼睛瞪得圆圆的，听得格外认真，其他的小朋友也悄悄地为他竖起了大拇指。读完故事后，我问了小朋友们这样一个问题：听了这个故事，你觉得小苏是一个什么样的小朋友？

沫沫：我觉得他很厉害，认识那么多字，我要向他学习！

洋洋：我觉得他是一个善良并且很有爱的小朋友！

晨晨：让我觉得很温暖。

雨彤：我觉得他是一个爱学习，并且很细心的小朋友，我愿意和他做朋友！

我能够感受到，这一天的小苏格外地开心，话也变多了起来，只见晚离园前，小苏笑眯眯地凑过来，我问他：“你怎么啦？”只见他试探性地问了一句：“我可以把您读的这个故事带回家吗？”我意外地回答道：“当然可以啦！你能这样把你的想法告诉我，真的太棒了！池老师希望你能做勇敢的小朋友！”

就这样，几天后的一个晚上，我接到了小苏妈妈打来的电话，电话中小苏妈妈说：“以前说起孩子上幼儿园时带着一种复杂情绪，他胆子小，内向，不爱表达，这些问题一直困扰着我，我很焦虑，以至于每天早上的时候我都没有勇气去送他。但他最近变化真的很大，今天早上他有点流鼻涕，我说给他请天假吧，他还不高兴了，自己嘟囔又不能上幼儿园了，这三年我从来没有看到过他这样，感谢您的细致的观察以及温暖的教育方式，让孩子收获自信与善良！”接到家长这通电话，身为教师的我那种温暖与幸福感又怎么能用言语来形容呢！

园长看到了我为小苏写的这篇观察记录，给了我这样的回复：今天，读到了这篇关于小苏的故事，我迫不及待地想要说，我真的好感动，以至于在敲这些字的过程中有些热泪盈眶。因为这样的观察让我真正感受到了相信的力量！小苏的力量！老师的力量！看到了故事中小苏小朋友真正的形象。这个形象和我们所看到的形象那么的不同。我常常想：什么才是教育的真谛？

什么才是人成长中最宝贵的东西？什么才是我们追求的文化？我们都是普通的人，我们每个人身上都有缺点和不足，就像丑小鸭——当它以灰色的羽毛置身于嫩黄颜色的小鸭子中间时，它是多么的“卑微”与“丑陋”啊，大家都视它为另类。但是，所有看见它的人都没有真正地走近它、读懂它，它们嘲笑它、嫌弃它，如果丑小鸭身边有你这样的人，能够贴近它、观察它、发现它、了解它，就会知道它不是“丑小鸭”，而是鸟中贵族——“天鹅”。这样的理解、支持激发出小苏内心更大的力量；这样的记录、分享让小苏的美好的儿童形象得以呈现和保存下来，也许这个形象会一直陪伴着他，有一天他的妻子、孩子、孙子……会读到他的这篇记录，我觉得这太神奇也太美好了，大家是以这样的形象记住他并和他相处，接下来一切都会向着更好的方向发展。再次感谢池老师，给我留下了内心美好、充满阳光的感受。

当我在看到园长的这一段呼应时，感觉自己也像一个被看到、被关注、被表扬的孩子一样，温暖、幸福、内心充满力量……

我想这可能就是我们三义里一幼的文化吧！是相信让我们看到了儿童的力量，是信任连接了我们彼此的心灵，是文化感染了身边的每一个人，从而形成一种积极向上的力量，牵动着集体中的每一个人。

（来源：北京市三义里第一幼儿园　池雨蒙）

【案例 3-21】

由一次绘本教学引发的对青年教师专业成长引领的思考

绘本教学是幼儿园教师非常喜爱又百上不厌的活动，当然在每名教师的组织过程中也会慢慢地形成一些组织的固化模式，如：导入环节，集体共读一部分，然后再让幼儿自主阅读一部分，等等。随着对《纲要》与《指南》的理解和深入，在我们看来，自主阅读的环节，就是结合不同的幼儿的阅读经验、阅读速度与阅读感受等，从而给他们提供的可以因个体而施教的一个环节设置。但在幼儿园一次常态教学活动观摩中幼儿的表现和后续教研活动中教师的质疑却引发了我作为管理者在常态教学模式的框架下的深度思考，让我有机会重新思考与审视，我们如何引导青年教师在专业成长的道路上进行有效的成长与发展，以及如何引导教师在自主阅读环节尊重每个不同个性特点的幼儿，以提供有效的支持。

在前几天，幼儿园组织的有关绘本集体教学活动观摩展示后，执教老师在反思环节总结说，自己今天课程的优势就是在活动中安排了自主阅读环节，这个环节的设置既尊重了不同个体幼儿的需要，也能让孩子们根据自己的兴趣及需要自然地进行。反思过后，我们开始了针对如何上好一节绘本阅读活动的教研，其中很多老师都是常态地提出了自己应学习的优势及调整建议，而有一名新教师倩倩却针对执教老师的活动提出了自己的困惑。她说，在自主阅读环节，她明明观察到一个小朋友在自己阅读的过程中感兴趣的点是小白兔为什么哭了，而教师在自主阅读后却提问，让幼儿说出小兔子是用什么方法取到的宝藏。与其这样，我们不如直接让小朋友按照教师的提问去寻找问题就可以了，为什么还要安排自主阅读环节呢？孩子们在经过自主阅读后到底有哪些问题和思考呢？教师是应按照幼儿的问题开展讨论，还是按照自己既定的问题去集体引发呢？这个教师的一连串的质疑，引发了我们全体教师的深入思考……

并且这个教师的连环质疑瞬间点破了我，是啊，这么长时间了，我们从来没有认真思考过这样的问题，我们安排自主阅读环节看似自主，实际上却在阅读前已预设好了想提问的内容，孩子阅读后也没有按照孩子们的意愿和兴趣去引导，还是集体按教师预设的思路去引导幼儿，这是真自主还是伪自主？我觉得这是一个很有价值的点，于是便顺着这个教师的质疑与教师们做起了辩论……

“老师们，倩倩老师提的疑问很有价值，你们怎么看呢？”在我的一句提问后，教师们开始发表自己的见解。有的教师认为：我们一直是这么做的，这个环节就是体现了自主。还有的教师说：“原来一直没有认真地思考过这个问题，这样看来，好像还真有点不自主了。”

“如果大家认为不自主了，你们认为哪些地方孩子受到了约束呢？”我又继续追问下去。“我认为应该是我们既然给孩子们提供了自主阅读的空间和机会，是不是就应该尊重孩子们的兴趣与想法去进行有效的引导呢？”在我们一次次对立的辩论中，我们逐渐得出了一个共同的结论：那就是在我们设置的自主阅读环节后，如果要实现对不同个体幼儿的尊重，我们就应该给孩子们提供机会，让孩子们说一说，在自主阅读的环节，你最喜欢书中的哪一部分？在这个环节中都读到了什么？你想到了什么？你有什么需要提问的问题吗？等等，然后教师再结合孩子们的已有经验与兴趣点包括依据自己的既定目标进行有效引导，可能就能实现更好的效果了。

通过这一次的教研活动中青年教师的积极碰撞，通过观摩、质疑、争论、反思、梳理的这个过程之后，我看到了每一位青年教师表现出的一种抑制不住的喜悦，因为我们探寻出了在绘本自主阅读环节安排的新路径，我们知道了在走寻常路的过程中要不断地观察幼儿的现有经验与兴趣，不断地调整我们的课程模式与方法，才能最终实现我们想最大限度地让孩子自主和对不同个体幼儿实现最大限度的尊重的初心。

也正是因为这一次小小的教研活动，让我看到了青年教师身上的可贵品质，她们积极、阳光、向上，她们敢想、爱质疑、有思考，她们不习惯按管理者的“常态引导”而行走，也正是因为有了这一次激烈的质疑与思辨，引发了我作为管理者应该以什么样的方式来引领青年教师在专业道路上成长的思考……我们作为管理者，应学习这位倩倩老师，学会不断地打破自己认为的“优秀引导方式”的固定模式，不断地给她们质疑、思辨、参与、学习、实践与反思的机会，相信长久这样下去，青年教师们也会成长得更好更快！

（来源：北京市清华附小成志幼儿园　刘建伟）

第四章　建设教师队伍

【本章要点】

- 了解幼儿园教师队伍建设的现状；
- 明确教师队伍建设的主要任务；
- 明确着手进行教师队伍建设的方法；
- 明确幼儿园教师队伍建设的原则、结构和方式；
- 掌握以幼儿园统筹发展为导向的教师队伍建设策略；
- 探索作为一名园长，如何在实践中根据自身幼儿园的教师特点实行教师队伍建设。

【本章关键词】

教师队伍；分层培养；建设教师队伍

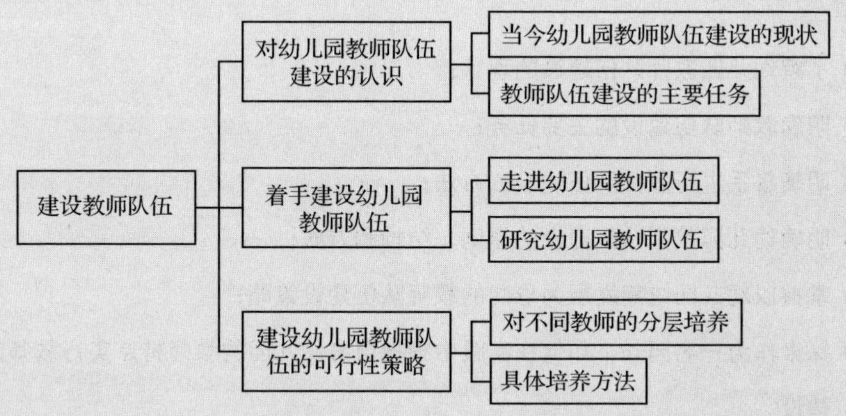
建设教师队伍
对幼儿园教师队伍建设的认识
当今幼儿园教师队伍建设的现状
教师队伍建设的主要任务
着手建设幼儿园教师队伍
走进幼儿园教师队伍
研究幼儿园教师队伍
建设幼儿园教师队伍的可行性策略
对不同教师的分层培养
具体培养方法

教师队伍是幼儿园发展中极其重要的一环，建设一支高素质、向上的教师队伍，是扎实推进学前教育、建设好幼儿园的关键。面对当前幼儿园教师素质良莠不齐的现有状况，如何促进教师成长，建设一支高水平、高素质的幼儿园教师队伍，愈发显得迫切与重要。作为幼儿园园长，应该特别注重教师队伍的建设，在对全园教师有一个全面了解的基础上，统筹全局，接纳每一个不一样的教师，为其搭建不一样的舞台。对不同发展阶段和水平的教师进行不同的定位与培养，要加强新教师的锻炼和培养，帮助其尽快适应工作，找到自身价值和职业自信；充实骨干教师的力量，为不同教师搭建不一样的平台。同时，统筹整个幼儿园教师团队的联结与发展。与此同时，作为园长，应该善于发现教师的长处，在“和而不同”中寻求整体发展。

本章从认识幼儿园教师队伍建设切入，在认识到教师队伍建设的普遍问题、明确教师队伍建设的价值的基础上，提供了进行教师队伍建设的方法、教师队伍分层培养的具体结构和方法；提供了以幼儿园统筹发展为导向的教师队伍建设策略。

第一节　对幼儿园教师队伍建设的认识

教师队伍是幼儿园发展中极其重要的一环，建设一支高素质的教师队伍是扎实推进学前教育的关键。作为园长，在管理中注重教师队伍的良性管理，能够凝心聚力，激发出教师的内在动力和潜能，打造出充满力量的团队，帮助教师获得专业和身心的修养，从而形成内在的力量，激发教师学习、实践的潜能。然而，在现实生活中，幼儿园教师队伍的建设往往存在诸多普遍的问题，在接手新园时，怎么为教师队伍的建设打基础呢？

一、当今幼儿园教师队伍建设的现状

随着国家对学前教育的重视力度加大和三孩政策的施行，当前学前教育的就业形势向好，应聘教师岗位的人数逐年上升，学历层次也越来越高，男教师数量也逐渐增多。与学前教育需求相对应的是越来越多的新园和越来越多的岗位。然而，与机遇同行的，也有挑战，现今幼儿园教师队伍建设普遍存在一些值得引起关注的问题。下面就从关注这些现状入手，了解幼儿园教师队伍的结构和相关的基本概念，以便为建设幼儿园教师队伍奠定更好的基础。

(一)幼儿园教师队伍的年龄结构

在几年前的研究中，有人得出在幼儿园师资队伍中，中年教师是主力军，但在这部分人中，大部分是将近退休的教师。① 而就在近两年，由于学前教育的需求越来越大，需要的教师人数越来越多，各地幼儿园近年来招收了一批又一批的新教师，教师队伍进一步重组，很多成熟幼儿园的骨干教师稀释到新园担任中层管理岗位，不管是什么类型的幼儿园，普遍呈现新教师居多的情况。

新教师代表活力，同时也存在诸多挑战。要怎么样在这样的现状下撬动幼儿园发展成为诸多园长需要思考的问题。

---

① 徐倩：《幼儿园师资队伍建设的问题及对策研究》，济南：山东师范大学，2017 年。

(二)幼儿园教师队伍的学历结构

随着国家对学前教育的重视，一些有条件的幼儿园能招收到一批高学历层次的新教师。本科学历的教师越来越多，也有越来越多的研究生教师加入幼儿园教师的队伍。但是专科教师依然是幼儿园教师队伍的主力军。

也正因如此，如何在入职后更好地帮助教师在职接受更好的教育，为不同学历层次的教师搭建平台，就显得尤其重要。

(三)幼儿园教师队伍中的男教师比例

现今部分幼儿园已有了男教师的加入，但是大部分幼儿园依然以女教师为主。而男教师在幼儿园的生存现状也很特别，有一部分作为专职教师活跃在幼儿园里，还有一些直接脱离教师岗位，从事电脑维修、内务工作等一些非教育性质的工作。

作为园长，如何调整现有结构，“用”好男教师，成就男教师的同时助力其专业发展，为孩子的童年增添一分不一样的色彩也成为一个重要的命题。

【案例 4-1】

一位入职一年男教师的自述

静下心来，回溯入职以来的点滴，于自己、于他人都难以想象我现如今的转变与成长。

一年前，当我还是个大学生的时候，身边的老师、同学都觉得我大学这四年没什么存在感。不夸张地说，我到大学毕业的那一天还和很多同班同学一句话都没说过。在其他人眼中，大学的我真的在实践着“非必要不沟通”原则。除此之外，我对自己的职业前景也是一片茫然。当时我并不知道一个男的在幼儿园应该如何自洽。那段时间，我对幼儿园男教师的认知基本集中在“转后勤”“体育专职”“社会认同感低”这些词汇之间。直到进入了三教寺幼儿园……

我一直认为“知人善任”是对领导者最好的溢美之词。在我都不“知”自己时，园长却能给予我需要的一切帮助。

因为男教师做保育工作确实有诸多不便之处，园长就安排我从助教做起，不仅能够更全面地成长，也能增加更多与孩子接触的机会。为了支持男教师的体育特长以及对运动的兴趣，园长还特意请教练来让我们观摩学习，并且支持我们去学习足球裁判证，丰富自身的专业知识。在学生时期，我连在班级中讲话都会非常紧张，我做梦都不会想到自己能有机会承担园里的多项主持工作。也是在这样一次次的锻炼中，我的自信心和表达能力有了飞速的成长。教育教学方面，这是学生时期的我最自卑的一点，我清楚地记得在某个课的期末考试中，我连一个热身活动都没有带好，当时我能清晰地感受到身边人对我的轻蔑。在这里，园长给了我很多次展现自己的机会，每次课后都会有成熟教师带着我进行深入的研讨，最让我震惊的就是在2020—2021年度第二学期的督导工作中，园长竟然让我承担了其中的一节教学活动，我很钦佩园长的气魄，也很感谢园长对于我这个初出茅庐的男教师的信任。经历了一年的助教生活，第二年我很惊喜地担任了班员，角色的转换让我和孩子们接触的机会更多了，视角与责任也产生了转变。当我的大学老师再来到园里听闻我的现状时，也不禁问了一句："这真的是杨磊吗?"

我自认不是一个容易被触动的人，发生这翻天覆地的变化，说到底也只因一个"情"字。教师之间有情，是王岚园长让我明白了幼儿教师行业存在真正意义上的男女平等，在幼儿园里我感受到了充分的尊重，不只是对于男教师的尊重，而且是对于一位爱孩子、爱教育的幼儿教师的尊重。师生之间有情。都说中国人羞于说爱，我曾经又何尝不是呢？从入职到现在，身边的每一件事，孩子们带给我的一切都让我永远在期待明天，我带给孩子们的一切让他们感受到幼儿园生活中不一样的色彩。谁说男教师不能在一线呢？感谢园长让我爱上"和合文化"下的这片净土，感谢孩子们让我永远热泪盈眶！

（来源：北京市西城区三教寺幼儿园　杨磊）

二、教师队伍建设的主要任务

(一)指导性文件的专业要求

《纲要》《幼儿园教师专业标准》的颁布，为园长为教师队伍建设定位时提供了方向性指引。

例如，《纲要》的颁布实施，为幼儿园老师的素养和能力提出了更高标准的要求，教师必须是幼儿园学习和发展的支持者、合作者和引领者，看似简单的几个"角色"，真正能做到的教师却不多，一开始就能做到的老师更是少之又少。而这样的角色要求，就是我们进行教师队伍建设的任务导向。

再如，我国《幼儿园教师专业标准》制定的首要核心理念是“专业导向”，即强化幼儿园教师的专业性。从准入机制看，凸显专业准入的强迫性；从过程机制看，体现专业化程序（培养培训）的规范性、严密性；从发展机制看，彰显专业发展的自主性、终身性，专业社群的自律性。这也是专业标准的基本功能定位。基于这些，园长需要明确，我们需要培养的是专业的教师，而不是“阿姨”或者“谁都可以替代的角色”。

(二)幼儿园发展的重要推力

一所幼儿园的建设，最终是为了孩子的发展，而孩子的发展需要通过幼儿园的课程和活动来实现，而这些最终都需要通过教师来执行，教师是幼儿园发展的关键一环，教师的专业发展是幼儿园诸多事务的助推力，作为园长，必须明确熟知这一点。

习近平总书记指出，要拓宽用人视野，把方方面面优秀人才集中到干事业的队伍中来，发挥各自的优势，“努力造就一支忠诚干净担当的高素质干部队伍”。在日常管理中，我们努力发现不同教师的性格特点和优势领域，大胆启用各方面人才使他们有机会在幼儿园这个大花园里竞相开放，只有识人、用人、育人才能成就人，成就教师的过程就是幼儿园不断发展壮大的过程。

【案例 4-2】

让每位教师在专业发展中都有获得感

怎么让每位教师在专业发展中都有获得感且成就幼儿园的发展呢？在教师队伍培养方面，我们有以下做法：

1.“开发式”教师培养方式发现有优势的教师

每位教师都是宝藏，管理者就是发掘宝藏的人，欣赏宝藏的人，在管理中我们借鉴马斯洛的人本管理学，充分尊重教师，挖潜教师优势，支持教师发挥长处，先后成立环创小组、课程实施指导小组、园报创作小组等一系列平台，这些平台为不同优势的教师提供了展示的机会和舞台。我园小韩老师在美工制作方面很有优势，她带的孩子喜欢手工制作，孩子们的作品也栩栩如生。看到她在这方面有优势后，幼儿园为她提供机会，她指导的幼儿作品在一些期刊的封面刊登，她很有成就感。后来，她带领的环创小组，结合我园课程理念创设的楼道环境，受到了多方好评，她在课程理念、观察幼儿等专业能力上也有明显的提升。可谓是“以点带面”，不仅使小韩老师实现了自我价值，同时也为幼儿园发展作出了贡献。

2.“骨干无界限”的骨干评选方式成就教师

首先是年龄无界限。8 年工作经历直接被评为区学科带头人的侯老师、51 岁成为区级骨干教师的后勤主任，这既是我区人才培养政策的优势，也是老师们追求卓越、持续奋斗的结果。这样使不同层次教师充满干劲儿。

其次是岗位无界限。在管理中，幼儿园为承担起教辅岗或后勤岗工作有教师职称的人员搭建管理和教学的“双重平台”，例如安全保卫干部承担班级安全活动的组织、保健员承担某一班级健康领域活动的设计与实施等。这样不仅激发了他们的工作热情，感受自身价值和成功，也为他们评选骨干、评定职称奠定基础。

3. 设立“二员”在新教师、新班长培养中激励教师

近两年面对一园三址的发展现状，我园加大对新教师、新班长的培养力度。通过设置园本化的新教师培训课程，使他们在入职第一年进行规范的学习，聘请园内有经验的教师担任授课教师。

设立师徒联络员，将日常的师徒指导工作、初师课、观摩做细做实，保证师带徒工作的过程性质量并且指导留痕。很多徒弟在新入职便取得了成绩。设立班长辅导员，为大批肯挑战和担重任的竞聘班长的新教师提供机会。去年，结合班长竞聘情况，我们大胆起用年轻教师担任班长，除 4 名年级组长外，其余 5 位当过班长的人员一律“退居二线”，成为班长辅导员，新的职责，新的担当。尽管有的辅导员只有一年的班长经验，但每当班里有工作任务时，他们是新班长的参谋、助手。班长辅导员的设置，为即将开园、增班的分址人员管理提供了保障，进而保证分址办园质量。

立足新时代，面对新发展，教师队伍培养要与时俱进，要不断开拓创新。教育大计，教师为本，只有不断创新人才培养方式，使教师们有获得感，才能激励教师自主提升专业素养和专业能力，进而对幼儿实施科学保教，促进幼儿健康快乐发展，只有这样，办人民满意教育的目标才能得以实现。

（来源：北京市西城区洁民幼儿园　魏芳）

第二节　着手建设幼儿园教师队伍

作为园长，要想建设好一支高质量的教师队伍，必须先了解、研究自己所带领队伍的基本状况。可以使用不同的方法进行教师队伍情况的调查研究，也就是知人善用中的“知人”，在了解不同个体的基础上，对幼儿园整体的教师队伍做到“心中有数”，才能在具体对不同的人、事、物、情进行管理时更加合理、科学。

一、走进幼儿园教师队伍

(一)分析幼儿园每名教师的状况

作为园长，要对每个教职工的基本情况进行认真细致的了解，时间、精力不能保证的情况下，也可在领导班子成员的帮助下进行全面深入的了解，这是有计划地培养和合理地把不同的人安排在不同的岗位上的依据。

比如，可以从基本信息入手，从年龄、文化层次、思想状况、性格特点、兴趣特点、业务能力、家庭状况等方面，了解情况。用心的园长，可以尝试把这些都列在表里，在观察中进行记录和分析。如此，既对教师的基本状况作了分析、评价和激励，也能依据分析，在个人特色和长处的基础上，为个人发展搭建平台，提供个性化的建议。

过程中，有几点很重要：一是要给个体充分授权和赋能，针对不同教师的情况授不同的权、赋不同的能。二是要注意对中层的引导，每一名中层，乃至年级组长、班组长，都有责任为其下属创造条件。

(二)掌握全园教师的整体情况

对每一名教师的了解，最终指向的是整个幼儿园的教师队伍建设。对全园教师整体状况的了解可以帮助管理者作出一些评价，比如年龄、学历、能力等的比例，教师队伍的老中青的比例是否合适，教师队伍稳定性如何，等等。

这些都有利于园长根据幼儿园的规划和目标，对幼儿园的人员需求情况作出判断，为下一步教师队伍建设和长远规划奠定基础。

而在对全园有一个整体的了解后，才能更有针对性地对全体教师、个别教师或某个群体的教师进行支持。比如，案例4-3就是对新教师进行支持的思考和具体做法。

【案例4-3】

支持职初期教师适应与成长的策略探索

根据中共中央、国务院《关于学前教育深化改革规范发展的若干意见》，为了解决学前教育发展的不平衡不充分十分突出的问题，迫切需要推进学前教育普及普惠安全优质发展。由此产生的一个必然结果，就是大量的新教师入园工作。因此，如何既保护、鼓励和调动新教师的积极因素，又妥善解决新教师中存在的问题，促进新教师的发展，这是对幼儿园管理者的一种新的挑战和考验。因此，依托科研课题"支持职初期教师适应与成长的策略探索"，我园开始了对幼儿园职初期教师具有可持续发展的赋能培养研究。

一、分析

1. 基于教师专业发展阶段理论，分析职初期新教师的专业发展

教师发展阶段理论研究者凯兹（Katz）、冯克（Vonk）等人，把教师入职1～2年这个早期阶段，称为"求生存期"，或"前专业期"，或"职前期"。因此，作为业务管理者在给职初期教师提供适宜的比较细化和具体的支持与帮助时，必须切实了解职初期教师专业发展的阶段性特点，掌握他们此时的心理状态和专业需求。

2. 基于复杂性理论，分析职初期新教师的专业发展

一所幼儿园，就是一个由多方面因素组成的复杂整体。每一个新入职的老师，就是这个复杂整体中的一分子。因此，作为业务管理者必须遵循复杂性科学理论去支持和帮助职初期教师的发展。譬如，任何时候都要珍惜、保护和进一步调动老师们的自主性和能动性，启发和培养教师自我适应、自我调节、自我生成、自我发展的能力。仅靠外部的压力或督促，绝不可能使老师们持久地发展。

3. 基于社会性理论，分析职初期新教师的专业发展

每一个人不仅具有自然属性，更重要的是还具有社会属性。这就提示我们，作为业务管理者必须按照社会性理论去支持和帮助职初期教师发展，引导他们尽快实现从学生角色向教师角色的转变；从家庭场景中的角色向社会集体场景中的角色的转变；启发他们学会关注幼儿、关注同伴、关注集体，

学会妥善处理各种社会关系。

二、策略

职初期虽然在教师职业生涯中只是短暂的几年，但是职初期这个阶段对于教师整个职业生涯的发展具有至关重要的奠基意义。为此，就需要在上述分析基础上，制定相应的新教师的支持策略，帮助他们顺利度过职初期的困境，引领他们走上一条快乐、幸福的教育生涯。这里简要介绍我们的一些主要策略：

(一)策略一：认同

所谓认同，就是要以新教师为主体，引领新教师去认可、赞同、接受本园的办园理念、思想观念、行为方式、精神状态等。这比首先抓“业务”“技巧”等，要有更重要的作用。

1. 新教师对幼教工作的认同——热爱

新教师职业生涯良好的开端，首先应该是引导他们形成对工作的认同。只有真正认同了，才能无怨无悔地热爱自己从事的工作。我们可以采取“新教师入职宣誓”等多种多样的方式，来帮助新教师们形成对幼教工作的认同。

2. 新教师对幼儿园的认同——自豪

一名新教师如果希望自己能够在这个园所里持续地工作并充分发挥出自己的主动性和积极性，那么形成对本园历史传统和文化内涵的认同是一个基本前提。我们可以通过开展“解读园标”“佩戴园徽”“宣讲园史”等多种多样活动，来帮助新教师们形成对幼儿园的认同。

3. 新教师对同伴的认同——欣赏

获得同伴对自己的认同和形成自己对同伴的认同，是职初期教师开辟职业生涯顺利发展道路的关键。我们可以通过开展“笔记交流与学习”等多种多样活动，来帮助新教师们欣赏同伴，形成对园内同伴的认同。

4. 新教师对自我的认同——自信

作为一名新教师，初入职时的压力和困境，会使得他们逐渐失去对自我的信心和自我角色的认同。因此，帮助他们形成对自我的认同，也十分重要。开展在岗培训、选派指导老师给予具体帮助、及时给予表扬、鼓励积极承担新任务等，就是可以帮助新教师树立信心、形成自我认同的重要途径。

(二)策略二：顺应

所谓顺应，就是要在深入了解新教师、找到他们主要发展需求的基础上，顺势而为，因势利导，采取符合新教师特点的，让他们感到有用、解渴的，非常乐于接受的支持策略，帮助他们有效成长与发展。

1. 对新教师心理特征的顺应

(1)职初期教师往往会感受到理想与现实间出现了较大差距，我们需要顺应这种客观状况，采取多种方法开展有效的帮助，使他们能够逐步缩小这种差距。

(2)职初期教师往往会呈现出独有的特点，一方面自我中心感比较强，但另一方面又迫切需要别人认可、实际抗挫折能力比较弱，我们需要顺应这种特点，采取多种方法开展有效的帮助，使他们增强信心和提高抗挫折能力。

2. 对新教师成长需求的顺应

在新教师入职初期，也存在着入职焦虑期。帮助他们减轻入职焦虑，是职初期教师的一种成长需求。为了顺应此种成长需求，我们可以采取以下主要措施：

(1)师徒结对，满足新教师入职"哺育"需求；

(2)实施菜单式培训，支持新教师获得特定问题上的协助；

(3)成立特色性教研组，支持新教师个性化发展。

(三)策略三：提升

所谓提升，就是指必须采取各种措施，使职初期教师必须具备的专业素质和专业能力获得提高。在这方面，我们可以采取以下一些主要方法。

1. 构建板块式职初期培训体系

针对职初期教师三年内呈现出的成长变化，我园将三年的板块式培训细化到每一年。

在新教师入职第一年，主要从"师德是一种道德责任""幼儿园规章与制度""如何做好班级保育工作""怎样写教学笔记、怎样写教学计划、怎样写观察记录"等多个方面开展培训，帮助新教师打好未来发展的基础。

在入职第二年，主要从"做一个合格的幼儿园教师""如何提高班级教育教学质量""在玩中学习""家园共育——沟通与合作"等多个方面开展培训，帮助新教师实现专业素质的提升。

在入职第三年，主要从"区域游戏研究""解读幼儿行为""主题活动的开展"等方面进行培训，帮助新教师从关注自我教学设计逐渐转变为以学定教。

2. 专题式职初期培训体系

这种专题培训可以依据教师的发展需求和现状具体设置。在培训中可以设置的专题主要有：常规交流专题、教师基本功专题、玩教具制作与展示专题、读书分享会专题、家园共育专题、区域游戏研究专题等。

在对新教师进行培训时，应该特别注意把培训中的五个要素，即理论学习、技能示范、实践练习、交流互动、反思提炼，有机统一起来。

三、探索研究中的思考

（一）把握四个原则

幼儿教师培训是幼儿教师队伍建设的重要组成部分，其核心精神就是要既能够满足幼儿园当前发展需要，同时又能够为幼儿园全面和长远的发展不断创造良好的条件。为此，我们就需要把握以下四点基本原则：

1. 以人为本

坚持以人为本原则，也就是坚持以教师为本的原则。所谓坚持以教师为本，就是指教师培训和教师队伍建设的根本目的必须着眼于教师的当前以及长远的发展；教师培训和教师队伍建设的主要内容必须以教师实际存在的问题为依据，从教师在教育教学中的实际需求出发进行恰当选择；教师培训和教师队伍建设的主要形式、方法必须根据不同教师的特点而作出有区别的安排。

2. 全面发展

教师是幼儿全面发展的启蒙者、奠基者、引导者。为了能够促进幼儿全面发展，教师自身就必须首先全面发展。

3. 协调发展

在开展教师培训和教师队伍建设过程中，我们既要重视团队发展也要重视个体发展；既要充实知识又要提升能力；既要重视继承也要重视创新；既要强调掌握理论又要强调实践操作，实现团队与个体、知识与能力、继承与创新、理论与实践等多方面之间的协调发展。

4. 共同发展

每一所幼儿园都是由老、中、青不同年龄教师组成的一个系统整体。每一园的发展不是仅靠少数教师的努力就能实现。所以，在教师培训和教师队伍建设中，就需要十分注意教师队伍的共同发展。

（二）明确四个关系

在促进职初期教师可持续发展的研究与探索过程中，也有四个关系的问题需要管理者处理好，才能起到事半功倍的作用：

(1)明确教师个体心理需求和职业需求的关系；

(2)明确教师当前需求和发展需求的关系；

(3)明确教师心理认知和实际行为之间的关系；

(4)明确教师实践困惑和教师职业幸福之间的关系。

在新教师入职初期，让我们用专业的支持伴随新教师的成长，让我们引领着新教师在快乐中体验职业的幸福感。

（来源：北京市西城区教育研修学院附属幼儿园　汪京莉）

二、研究幼儿园教师队伍

在对幼儿园教师队伍有一个大致了解以后，作为园长，应该对自己的团队有一个更专业的、深入的研究。具体包括，关注教师的职业感受、了解优秀幼儿园教师的特征以确立教师队伍的发展方向，以及了解幼儿园教师面临的困惑和问题。

(一)关注教师的职业感受

良好的职业感受非常重要，能促使教师奋发向上。反之，不良的职业感受会让教师带有负面情绪，缺乏信心和活力。

而教师的职业感受不是纯粹从教师内心生发的，还受到周边环境的影响。教师在幼儿园并不从事同一件工作，可能在班级，可能在后勤。在班级也会是不同的年龄班，同一个班级还会有不同的岗位区别，关注每一个岗位上的教师的职业感受重要且艰难。

多数时候，对教师职业感受的关注不是在教师工作开展顺利、“事业巅峰”时期体现的，更多的是“雪中送炭”式的，在教师遇到挫折、不那么“顺利”时，甚至在“犯错误”时表示理解和关心。如此，一方面能帮助教师往好的方面发展，另一方面，也能促进干群更加紧密交流，有利于以后的工作开展。

【案例 4-4】

一篇“借鉴”来的教案

“90 后”，这样一个具有时代意义的称呼，代表着一个群体和一个时代的力量。“90 后”教师自信有活力、兴趣爱好广泛、乐于接受新鲜事物，优势满满，已经成为一线教师的主力军。但由于刚入职经验不足，自信心往往会受到“打击”，于是也会降低对工作的期待和自我的认同。于是，工作中也总是会出现这样那样的问题……

在一次观摩活动中，有一位青年教师交给我一篇教案，我的第一感觉就是这篇教案一定不是这位老师根据自己班幼儿的水平设计的，很有可能是从哪个地方“借鉴”来的。为了证实我的想法，我用百度进行了搜索，果然不出所料，整篇教案原封不动照搬自网络。

（分析：这位教师较年轻，刚从助教岗转到教师岗，分析原因有三。一是，书写教案的经验不太多，怕自己写不好。二是，没有接受过观摩任务，怕自己设计的教案不够好，影响观摩效果。三是，这位教师本身的积极性和上进心不足，对此次观摩研究活动不太重视。）

经过了初步的分析，我决定先不揭穿这件事，而是侧面提示这位教师。我找到这位教师，跟她说请她将教案根据班里孩子的学情进行修改，如果有困难可以找我，我会给她建议。这位教师爽快地答应了，并把教案拿了回去。当天晚上，这位教师把“修改”过的教案发到了我的邮箱中，我打开后发现除了把格式改成幼儿园标准教案的格式外，内容没有任何的改动。

（分析：鉴于这位教师的行为，我简单分析了原因。一是，这位教师没有意识到自己的“错误”。二是，这位教师觉得能够驾驭这节活动。三是，这位教师认为自己来不及改，因此只能将错就错。）

经过分析，我觉得如果强行让这位教师去修改或者重写教案，她一定不会有深刻的感受。于是，我决定让这位教师自己去体验，在实践中理解学情分析的重要性。

第二天，观摩活动如期而至，观摩的教师都拿到了那篇“借鉴”来的教案。活动按计划进行，但是活动只完成了前半部分，过程中教师的提问不明确，幼儿对活动的意图也很模糊，活动效果不佳。

接下来是研讨环节，观摩的教师对这位教师的活动提出了很多疑问，如活动为什么要做这样的设计、老师的提问是如何设计的等。很多问题都把这位教师问住了，她也意识到了问题所在。

（分析：活动是别人的思路，并不是这位教师班级幼儿的需求，不符合幼儿的学情。因此导致活动组织不顺畅，甚至进行不下去，活动效果不佳。通过这位教师自己做课，切身体会到了照搬他人的活动是不现实的，不能够解决班级幼儿的实际问题。当大家提出很多疑问的时候，这位教师常常无言以对，也从中感受到了分析学情的重要性。此外，这次活动的效果并不好，也并没有让这位教师得到大家的赞许。）

活动过后，我找到这位教师，询问她关于选择这个活动的思考，以及活动后的想法。因为是单独谈话，我询问她这节活动是不是“借鉴”来的。她说是，但是表示已经感受到了照搬别人的教案是不合适的，因为不符合班级幼儿的学情，活动效果也会不好。于是我跟她商量下一步的对策，建议她根据班级幼儿的实际情况修改教案，并把后半部分完成。隔了两天，这位教师把修改过的两篇教案发给了我。因为结合了学情分析重新修改，进步还是很大的。于是我鼓励她把教案中的活动付诸实践。

（分析：通过谈话，我发现这位教师通过亲身体验，知道了照搬他人活动是不可取的。在随后给她布置的任务中，她还是认真地去对待了，也对她设计教案有一些启发和改变。在之后的工作中，这位教师也变得更加积极主动起来。）

这样的事件在经验不太多的青年教师身上偶有发生，但是青年教师要面子，又不太能够接受言语说教，于是“亲身体验”就变成了一个很好的方式。通过这样的一次经历，教师能够转变态度，改变方法，更好地开展工作，也算是一次很好的教育。

这也让我再次明确，在教师的培养中，针对不同教师的具体情况，我们首先得分析了解，不能直接下结论、给教师定性。在分析过后，对于不同的情况应当作不同的处理、引导、帮助。我想，每位教师的初衷都是好的，都是想把工作做好、做得更加完美，只是缺少工作的方式方法和技能。

（来源：北京市西城区棉花胡同幼儿园　蒋小燕）

【案例 4-5】

男教师不再“难”

随着幼儿园教育的全面发展，近几年幼儿园入职的男教师也越来越多，男教师进班也是深受孩子与其他教师的欢迎与喜爱的。他们的加入在为幼儿园增添了男孩子的阳刚之气的同时，也让我思考如何将男教师自身大胆、思维活跃、运动能力强的优势特长发挥到岗位工作中。

在协调班级岗位的人员的时候，一方面我会先想到男教师与女教师性别不同存在的诸多差异，从关注职初期男教师心理变化、需求出发，在交流中去了解男教师在开展工作中有哪些工作是得心应手的，哪些工作在干起来的时候不顺利、有困难的。得心应手的工作给予鼓励与肯定；面对不顺利又困难的工作，在倾听诉说之后帮助他疏解压力，同时还要帮助男教师“指路”。另一方面在协调岗位时也要根据男孩子的自身优势与特点，在权衡各岗位的工作后，找到更适宜男教师发展与成长的空间(岗位)，让他们在这个岗位也可以发光发热，有自信地成长起来。

区别于温柔细致的女老师，男教师的思维更加大胆，奔跑、踢足球、打篮球等运动方面更加擅长，比较适合弹性空间比较大的助教岗位，男教师可以有充分的时间与精力，投身到擅长的运动中去开展相关活动的研究，在边研边做的过程中积累丰富的教育经验，增加自身开展教育活动的信心。让男教师可以在班级工作中有力可使，不再为带班而难。

（来源：北京市西城区三教寺幼儿园　华冬梅）

（二）了解优秀的幼儿园教师的特征

从一些优秀的幼儿园教师的身上，我们可以看到幼儿园需要培养的教师应该是什么标准。大体来说主要有以下几点：一是良好的态度和情绪。保持情绪稳定、向上是一个优秀教师的基本素养。二是专业能力和素养、创新整合能力等，这是作为一名幼儿园教师履行教育者的角色的关键。三是向上的心和发展的眼光，这是决定教师能走多远的关键。除此之外，在见证诸多优秀教师一路成长起来时，我们会发现，所有从职初期成长起来的优秀教师，大都是带着“爱孩子”的心、“爱教育”的心，逐步把“爱”化作行动，在成长过程中越来越强大，也越来越自信。

【案例 4-6】

携手高效引领　助力新教师起航

事件聚焦

刘老师是我园今年刚招聘的一名特岗教师，她是今年刚刚从学校毕业的一名学生，从学生到老师的转变已经一个月。就在一个月后刘老师接连发烧生病，在和刘老师的交流中得知，她自己在带班的过程中出现了很多无奈的问题，这些问题让她很难解决，更让她无比沮丧。和她同班张老师比，每每自己带班时孩子们总是不听话，半日活动组织效果不佳，各环节场面混乱，孩子们还总是会提出一些奇奇怪怪的问题，弄得自己不知道如何作答。为了让孩子听话，在带班过程中总是大喊着，力求每个孩子都能听到自己说的话，而张老师(同是特岗教师，且工作 3 年)带班时，孩子总是那么配合，张老师也从不大声说话，刘老师以她自己的方式带了一个月的班，除了每天手忙脚乱地要做很多的事情，还要和孩子们斗智斗勇，不仅自己很累，而且一点效果也没有，现在的自己很是沮丧。接着我找到了和她同年来的谭老师，在交流中谭老师也有同感，根据刘老师的案例，我们不难看出对于新入职的老师来说，他们有着共同的困惑。于是我便带领幼儿园的业务干部认真分析新入职教师产生困惑的原因。主要表现为以下几点：其一，角色转换难入位，缺少心理准备。其二，对幼儿园工作程序、规章制度不了解。其三，难以将教育理论和专业技能实践相结合。其四，教育经验、方法不足，常常感到力不从心。

当今是个知识爆炸时代，知识更新的速度越来越快。孩子接触的新鲜事物越来越多，知识面越来越广，经常会问一些这样那样的问题，老师不知怎样去解决。自己原有的知识不能满足孩子的渴求。还有一部分非专业出身的新教师，专业理论知识和技能匮乏，更是不能从容地应对工作。如何帮助初入职的幼儿教师顺利度过职初阶段，更快地进入工作状态呢？我们积极地进行研究与实践，并取得了良好的效果。

管理实践

一、价值观训练营，激发新任教师对事业的憧憬

青年教师是幼儿园的未来与希望，是幼儿园可持续发展的力量与源泉，加强青年教师队伍建设，是幼儿园师资队伍建设的重要内容，是幼儿园工作的重要任务，也是青年教师自身发展的内在需求。我们先从管理层提高认识，把幼儿园新入职青年教师的培养当做一项重要的战略任务来抓好。每学期的新教师成长价值观训练营，都是我们引导新教师了解幼儿园文化，进行价值观凝练的一次重要大课，作为职初期教师进园第一课便是园长“教师工作价值观”的讲座，和连续三天进行的价值观训练营活动。目的是帮助青年教师在步入人生工作旅程的第一站，能够指导自己未来成为敬业、博爱、儒雅的成志教师，要把助力儿童成长当做自己的最高荣誉。

二、真实的自我认识，科学制定个人发展规划

职初期教师没有任何工作经验也没有任何工作负担，因此制定出的个人发展规划也是五花八门，我们充分肯定他们的大胆与独创，但离奇的方面也比比皆是。于是我采取一对一指导的面谈方式。针对计划中“大话”“套话”问题，提出具体修改意见，为达到有指导意义，针对性、操作性强，能鞭策实际工作的目的，最终帮每一位教师找到自己的发展位置，制订出适宜自己发展的可行性计划。园里也专门为他们制订出职初期教师培养计划。引导新入职的青年教师确定科学实际的教师专业发展规划，找到自己发展的位置。

三、提供多种平台，促进新任教师专业成长

我们针对青年教师的现状采取不同培养策略，采用理论学、专家带、同伴助、比赛展等方式，促进各岗齐发展；采用奠基式培训、师徒结对、捆绑式互助等方式促进青年教师建立专业自信并快速成长，采用名师引领、重点培养、搭班子、搭台子等方式促进青年教师向高素质、专业化、创新型的目标前进。这种多样方式的教师队伍培养也为儿童的发展提供了坚实而有力的保障。

管理思考

教师入职初期，酷似一张带坐标的白纸，好的团队将在坐标中标下正确的方向标，引领新教师起航，我愿我的团队永远在起跑线上做好充分的准备，迎接他们的新航线，使他们能够成为助力儿童成长的敬业、博爱、儒雅的那块优秀的青砖！

（来源：北京市清华附小成志幼儿园　刘建伟）

（三）了解幼儿园教师面临的困惑和问题

幼儿园教师在工作中可能会遇到什么困惑和问题，这可能会成为支持其发展的关键。与上文说到的“关注教师的职业感受”对应，作为幼儿园的管理者，需要更多地发扬教师队伍的优势，同时也要了解幼儿园教师面临的困惑和问题，在了解的基础上支持其发展。而这些看似不起眼的举动，往往体现了管理的智慧所在。

【案例 4-7】

管理的秘诀——常怀好奇之心

在日复一日的生活中，我们常常习惯遵循多年形成的一些经验和做法，

看待和处理实践中的问题。作为管理者，我们更是容易习惯性地站在过来人的角度，运用自身积累的经验对老师们的实践找问题、提建议。虽然，我们最初的想法是要倾囊而出地帮助教师解决实践中的问题，但我们逐渐发现不仅问题解决不尽，事与愿违，而且我们越是喋喋不休地指点江山，老师们越是在实践中瞻前顾后，不得要领。

这样的现象不得不引发我们进行反思，当管理者想要倡导教师放手、退后、看见、激发儿童学习的主动性和创造性的时候，管理者又是以何种视角、何种身份、何种方式去看、去听、去激发和支持老师们的呢？我们要求老师们要通过观察、识别儿童的兴趣、经验，与儿童的想法意图相呼应，而我们所做的一切与教师的实践经验、具体困惑以及教师的期待是否相互关联和呼应呢？难道作为管理者，我们就一定比身处在教育一线中的老师们对实践看得更清晰，想得更全面，招数更高明吗？

如何能激发教师们工作和研究的主动性与创造力，培养教师提升举一反三解决实践问题的能力呢？通过讨论，我们认识到管理者要想激发教师的主动性、创造力，就必须要放下头脑中不时冒出的“我觉得”“我认为”这样的执念，清空自己，用空杯心态、好奇之心，走到实践中，走到老师和孩子们的身边，去倾听和发现老师、孩子们的所思所想。在实践中与老师、孩子们共同探索发现，共同行动、研究与成长。

带着这样的想法，我们走进班级，寻找和倾听老师和孩子们的声音，希望能收获奇妙的发现。

园长手记：为什么

一天，我走进中一班，听到一个孩子急切地在问老师：“老师，为什么周末不算(时间)？”“为什么呀？”原来，为了迎接孩子们期盼的“六一”活动，老师和孩子们一起做了一个倒计时牌，用便笺纸写上倒计时天数贴在上面。过完一天孩子们就可以撕掉一张，用来感受离期盼中的“六一”庆祝活动越来越近的时间。当老师请这个孩子帮忙在周一这天撕下倒计时牌上的数字时，孩子一共撕下了三张纸。

老师说：“孩子，你多撕了两张，这两张要贴回去。”

孩子问：“为什么呀？”

老师说：“因为周六、周日我们休息，不算。”

孩子瞪着大大的眼睛，急切地追问：“老师，为什么周末不算？”“为什么？”“为什么不算呀？”孩子一连串的“为什么”，引发了我的好奇。我找到了倒计时牌，看到上面写的并不是具体日期，而是表示倒计时天数的数字，我也赶紧问：“对呀，为什么周末不算呢？”“老师说因为周六、日两天我们不上幼儿园，所以就不用算这两天呀。”怪不得孩子会不停地追问，原本老师是按照工作日的累加计算并制作倒计时牌上的日期。可是，在孩子的眼中周末这两天确确实实是经历过的日子，怎能被抹掉不计呢？孩子们的眼睛最明亮，孩子们的心思最直接，关于“倒计时牌为什么不记录周六、周日”的追问让我们看到，我们不能用自己的想法替代孩子们的想法，用自己的视角替代孩子们发现世界的眼睛。我们要向孩子们学习，经常对习以为常的事提出质疑，问一问“为什么”，在“为什么”的问询中追根溯源，还原事物的真实样貌，探寻事物的本质与意义。

这次意外的收获，让我对“为什么”的求索欲罢不能，我乘胜追击，向班上的老师们发起了邀请：“你们有什么问题要问我吗？有没有想知道的‘为什么’？”老师们也不客气，一位老师说：“还真有个问题，您不是说进班不看墙吗？为什么今天中午教研进班要看墙？”原来，今天中午保教主任刘老师要组织环境评价的进班教研，这让老师们对以往我常常挂在嘴边的主张产生了怀疑。我说：“这个问题问得太棒了，太需要了。中午教研时我会向刘老师发问的。”

中午的教研活动如期举行了，保教主任刘老师介绍了我们园对环境支持幼儿主动学习的教研历程，又对这次环境评价的意图、参考指标进行了分析，当她说到墙饰这部分内容时，我提出了老师们的“为什么”。刘老师问：“这个问题哪位老师能回答？”一位年轻教师回答说：“我认为我们现在讨论的环境并不是仅指班级中的墙饰、材料，而是指能激励、支持幼儿主动学习、形成品质的，班级中一切软环境和硬环境。进班不看墙不等于不看孩子的发展以及教师所应做的支持。”听了这位青年教师的话，我和刘老师频频点头，老师们心中会有“为什么”的疑问太正常了，正因为一个个“为什么”被看到、听到，被孩子和老师们勇敢地提出来，我们才有了厘清思路的机会。“为什么进班不看墙，教研要看墙？”这个问题，来自于教师自己，引发了教师间思想的共鸣与共振，解决的路径是放在教师之间每个人的认识与理解，而不是园长、主任权威的、看似滴水不漏的解释与定性。

在一个学习与发展的共同体中，每个人都是学习者和贡献者，每个人都要不断审视自己，慎用自己的权力与力量。同时，要抛开“我以为就是我以为的”这种僵化固执的思维，以“存在即为合理”“事出有因”的角度，好奇地去发现和探索问题，而不是拒绝面对问题。当我们每天都尝试着像孩子那样，用好奇的心去面对各种问题时，我们就会发现这种探索的过程会把我们与我们所生活的整个环境更加紧密地联结在一起，探索实践中的问题与寻找解决办法的过程正是我们学习和成长的最佳路径。道家说：一生二、二生三、三生万物。好奇心能帮助我们拥有改造生活、创造世界的无穷力量。

（来源：北京市西城区长椿街幼儿园　刘晓颖）

【案例 4-8】

从“心”开始　关注教师成长

一、注重尊师爱师——让教师这一职业成为人人向往的职业

问题：“当教师接到家长的投诉时……”

一天早上，我刚刚走进园长办公室，就发现我园的保教主任已经在等待我了。稍微了解情况后得知，原来是小班的一名家长拨打了教委的投诉热线，对小班某班级中的某位老师进行了投诉。

因此，在了解了事情的具体原因后，为避免老师的心理负担，我先请负责此年级管理的中层干部，与投诉的家长进行沟通，稳定家长情绪，了解家长的需求，并心平气和地与被投诉的老师进行沟通。

园长：“早上听说了发生在你们班上的事情；目前，保教主任也在积极地和家长沟通。我们也看了监控录像，老师们没有出现任何违反师德的问题，因此你不要怕，园里会积极地帮助你解决问题，维护我们老师的合法利益。”

老师：“谢谢园长，在今后的工作中我也会更加关注家长工作，细化常规内容，希望通过我们的努力，得到更多家长的满意，请您放心！”

通过我们之间的谈话，这位老师感受到园长、幼儿园是她的依靠，会与她共同面对，直至解决问题。

我们都说：“让教师成为让人羡慕的一种职业。”但现在社会的舆论、媒体往往会抓住个别教师的问题，不断放大、炒作、声讨，在北京将近 2000 多所幼儿园中，大多数老师都是爱岗敬业的，这些问题也造成老师们思想和精神上的压力。因此，作为幼儿园的园长，首先要弘扬尊师、敬师、爱师的良好社会风尚及正能量，多多宣传教师的爱岗敬业。特别是要用法律来保护教师

的合法权益，让广大教师安心从教、热心从教、终身从教。

二、改善教师生活质量——提升教师的归属感与幸福感

问题："当家住远郊区的老师面临租房时……"

园长："你家离单位这么远，怎么来上班呢?"

A老师："我们几个准备一起在单位旁边租房。"

B老师："我家在远郊区，离单位太远了，这个学期结束后，我可能就要回到我家那边的幼儿园了。"

园长："幼儿园工会为了改善年轻单身老师的生活质量，为大家提供了宿舍，希望你们能够更加安心地工作。"

老师："谢谢园长。"

在老师们住进宿舍后，我园工会干部为年轻的老师们带来了慰问品，仔细查看教师宿舍的生活设施、清洁卫生以及用电安全等方面的情况，反复叮嘱教师增强安全防范意识，保持通风，营造积极健康的宿舍文化。

园领导们与老师促膝谈心，倾听和询问教师们在工作和生活上的情况。同时对身在外地的教师送上诚挚的问候和关心。

园长："在这边自己烧饭吗?天气渐冷要注意保暖……一个人在外面，有什么困难或问题，都可以和我们说……"宿舍里洋溢着融融情谊。

从幼儿教师的整体发展来看，目前幼儿园中有很多来自远郊区县的老师。包括现在幼儿园中有很多男幼师，这些老师们真的非常稀缺、非常可贵，他们很喜欢幼儿教师这份工作。但是，他们选择在城区里工作就会面临租房，许多年轻教师选择了合租。并且，这部分老师会把工资的很大一部分，投入到租房的费用中，因此，近几年有很多优秀的年轻教师，因为成家、租房等原因离职，造成了幼儿园的人才流失。

因此，幼儿园为年轻老师提供宿舍，让老师们得到保障。这样就可以吸纳更多的优秀人才争相从教，那么教师队伍的稳定性与优质性也得到了保证。

三、促进教师专业成长——建构高质量的幼儿教师师资培养体系

问题："当教师面对专业困惑时……"

本学期，园里起用了12位新教师担任班长工作，虽然老师们有愿望把工作做好，但是面临着各种各样的问题，如班级管理、家长工作、带班经验及观察幼儿等。

园长："俗话说，扶上马还要送一程。因此，请各位年级主任结合新教师

的困惑展开调查，并有针对性地开展年级教研，从中提升老师们的专业成长。”

A主任：“我们可以开展沙龙活动请新老师对话，帮助老师们在轻松的氛围中解决班级常规中出现的困惑，提升日常带班能力。”

B主任：“我们将结合本年级教师的问题与困惑，有计划地开展年级组教研活动。以集体为导向，群策群力，共同助力教师的成长。”

园长：“除了引导我园教师以德立身、以德立学、以德施教外，在教师培养方面要多一些研究实践，让研究成为提升教育事业质量的重要抓手。”

四、为年轻教师搭建平台——提升教师的职业认同感

问题：“让年轻教师找到职业中的自身价值。”

老师：“园长，我不想做保育员了，和我一年来的老师都当班长了，为什么您还让我做保育员呢？”

园长：“本学期因为班级人员的变动，你还要继续承担保育工作。但无论是班长、班员还是保育员都是教育者的身份，都能在工作中凸显自己的价值。从晨间接待、盥洗、进餐、午睡、户外活动甚至劳动教育方面，保育教师都要在日常生活中，细心观察，耐心指导；在家长工作中要善于沟通，让家长感受到保育老师对孩子的关爱；在生活管理的过程中，要有措施有方法，实现在照顾中育人的要求。无论做哪份工作，都要用自己的爱心与责任心包容和尊重孩子，为幼儿的成长作出自己的贡献。”

随着三年行动计划的实施，幼儿园发展迅速，大批毕业生进入幼儿园。但是由于只有干部编制，年轻教师常常需要两教甚至三教轮岗，会在保教、保育岗位中不停地转换角色。这样，肯定会使老师们对自己的专业成长、规划及期待有很大的降低与失落。因此，作为幼儿园管理者，需要帮助老师找到自身的职业价值，搭建平台。让老师发现，无论从事哪份工作，都要做一行、爱一行、精一行！

（来源：北京市西城区三教寺幼儿园　魏天骄）

第三节　建设幼儿园教师队伍的可行性策略

一、对不同教师的分层培养

(一)分层的结构

统观当今幼儿园教师队伍，不难发现，现在的教师队伍中存在几类不一样的教师群体：

一部分教师对新事物有较强的接受能力，但多为从学校走入工作岗位的新教师，缺乏教育教学经验，他们需要具体的指导与帮助，以积累经验，在日常工作中练就基本功。

一部分教师积累了较为丰富的教学经验，但习惯于按部就班地开展工作，在工作中缺乏反思、总结的能力，他们需要更多的汲取与更新，促使其教育行为与新思想、新观念的融合。

一部分教师既具有较丰富的教学经验，又对新事物有较强的接受能力，勤于反思，乐于创新，有较强的研究意识和能力，他们需要更大的发展空间，以利于创造性地开展工作。

可见，教师队伍层次差异较大，统一的目标要求难以满足每个教师自身发展的真实需求。为了促进每位教师在原有水平上的提高，管理者还需对不同层次的教师提供不同层次的培养策略。分层培养是管理者对教师现状进行分析评估后提出不同层次的发展目标，而不主观地对号入座，同时教师根据自身情况进行自我评估、选择发展目标和方式，使之在原有水平上都能获得发展。

【案例 4-9】

三级联动，互学互助，同想同做同发展

一支高素质的教师队伍是办好幼儿园的基本保证。在队伍建设方面，幼儿园始终坚持党的全面领导，坚持社会主义办学方向，认真落实立德树人的根本任务，凝心聚力，和心合育，将“和合”文化落实在工作中。

幼儿园教师的平均年龄二十多岁，且每年都有大批新入职人员。对于这样一支年轻的队伍，我园充分尊重青年教师的成长过程和发展要求，提出了“三步走”的教师培养策略(见表4-1)。

表4-1 “三步走”的教师培养策略

工作年限	特点	培养目标	培养策略
1—2年	职初期	全面了解工作，学会处理班级事务	岗前培训、班长引领，帮助教师在实践中熟悉工作内容、把握工作节奏、了解班级管理的实质
3—5年	成长期	提升专业技能、班级管理有法得法	合作学习、加强研讨，借助骨干、专家等资源，为青年教师的进一步发展提供保障
5年以上	成熟期	开展专题研究、保教工作凸显特色	科研引领，梳理反思，总结提升，逐渐形成自己的教育风格

学习是教师专业发展的重要途径，幼儿园为每一位教师提供适宜的学习平台与机会，且活动内容丰富，形式灵活。

1. 榜样导学

幼儿园通过组织开展多种形式的政治理论学习和师德教育活动，不断提高教职工的个人素养，引导教师争做“四有教师”和“四个引路人”。如：“开学第一课”“党史宣讲”“讲述我的教育故事”“师德演讲”等活动，以典型事迹促爱岗敬业。

2. 个体悟学

每位教师在个性、特长、能力等方面都存有显著差异，对于教育亦有自身的理解和擅长之处。据此，幼儿园给予教师充分的自主权，从欣赏、包容的视角看待教师，鼓励教师发现自己的闪光点。期末总结，让每位教师梳理自己最突出、最值得骄傲的工作亮点，帮助教师建立政治自信和专业自信。

3. 群体互学

幼儿园充分发挥党小组的作用，建立党团群三级联合小组，落实把支部建立联系，以三级联动的形式实现党的领导和价值观的引领。

在教师专业发展方面坚持教研为“幼儿发展、教师发展、幼儿园发展”的基本思想，不断改善教研条件、优化教研管理制度，采取全园性教研与小组式研讨相结合，使研讨活动更具灵活性与操作性。小组式教研内容丰富，根据孩子年龄特点，建立大中小班教研组；基于教师领域发展的需求，建立数学、美术、体育等学科教研组，不同的教研组有着不同的研究主题。在小组研讨中，大家自主命题、专题研讨、群策群力、总结提炼、共同寻找解决问题的办法。

4. 专家辅学

在教师自学、互学的基础上，有效引进专家资源，营造浓厚的研究氛围，帮助教师形成主动参与研究的意识。及时了解教师个人课题实践研究意向，给予适时的支持，例如，针对不同教龄的教师，开展科研报告材料撰写的培训；建立伙伴研究团队，以骨干教师的示范作用为引领，形成初步的研究共同体。

教师们在各种形式的学习中开阔了专业视野，解决了工作中的困惑，体验到学习带来的乐趣，逐渐养成好学、善思、重积累、勤反思、互讨论的好习惯，从而达到促进教师队伍专业发展的主旨。

此外，我园牢固树立全员育人的理念，注重打造有服务意识和全局观念的后勤队伍，树立后勤不“后”的理念，提高各岗位员工工作的科学性、专业性和有效性。

正是在不断完善与创新的培养途径与评价机制下，我园培养出一大批优秀的业务骨干：区教委为我园 4 名教师举办优秀教师成长之路研讨会，2 名教师在“北京市幼儿教师基本功展评”活动中获全能特等奖和 2 个单项一等奖；1 名教师在“北京市幼儿园教师半日评优”活动中获一等奖；1 名教师在区教学评优活动中获特等奖、3 名教师获一等奖。他们在各自的岗位上发挥着辐射和引领作用，为我园、我区教育事业的发展作出了突出的贡献。我园另有 2 名优秀干部已被组织提拔任用，分别担任本区其他两所市级示范园的园长。

（来源：北京市西城区三教寺幼儿园　朱燕莉）

(二)不同类型教师的发展关键词

在尊重每一名教师的个性、关注他们原有能力和水平的差异的基础上，对初职教师、发展中教师和骨干教师进行认真分析，找出这三个层级教师的共性特点和需要，进行有针对性的培养。

其中，新教师的发展重点是“复制”。可以为他们推荐带教的师傅和有益的图书，通过多种方式去解读《指南》精神和幼儿园办园理念体系，选派他们参加名师教育活动观摩或是本园骨干教师活动观摩，尝试在自己的实践中模仿名师的组织活动方式。

成熟教师的发展重点是“插入”，不再简单地模仿名师的教育活动，而是加入自己的思考，形成自己的教学特长，彰显自己的能力与个性。

骨干教师的发展重点是“新建”，要有自己独特的教学观念和教学思路，形成经验性、实效性的教学策略，并在市、区形成一定影响。

【案例 4-10】

“和的氛围，合的方法”对我的改变

三教寺幼儿园的“和合”文化理念，是在几代幼教人的不懈努力与探索下，王岚园长带领下大家在日常工作中不断尝试、实践、调整、创新而来，用“和的氛围，合的方法”使每一位教师都有所收获。这使得“和合”文化理念，从传统文化的内核中更是不断迸发出符合时代脉搏的哲理与智慧，“和合”二字的内涵不断丰富。“和则群策群力，合则共生共进”的文化氛围日益浓厚，倡导幼儿园以其广阔博大的视野，开放包容的胸襟，兼济天下的教育情怀，举办具有格局的教育。在这样的幼儿园“文化”背景下，新教师、成熟教师，以及骨干教师又是怎样合作发展的呢？以下是在王岚园长“和合文化”理念下，我们的具体做法案例。

我是位有 11 年教龄、在三教寺幼儿园中担任年级组长的骨干教师。“和的氛围”带给我的改变是，面对很多不确定因素时，可以发挥自身优势，很快融入并用欣赏的眼光与同伴相处。例如：在新学年、新环境、新伙伴、新职责的情况下，可以坦诚相待，认识到有新的活力、性格、工作方式的注入，是正常的更是必然的，我们要去调试自身的心态，同时我们要做的是确立共同的新目标和树立班级新的文化。“合的方法”带给我的改变又是什么呢？我开始渐渐用“文化”的视角思考问题，分析自身的优势：有过往的积累和不断更新创造的意识，这使我对幼儿园中的人、事、物具有了敏感性和转化关系的能力，无论在班级还是年级中都能够尽快地适应并利用现有的资源。为此我在新的班级中把自己的亲身经历和感受总结出了三个优势方法，各举例简单说明幼儿园“文化”带给我们的转变与突破：

优势组合法：新教师在班级工作中的实践

在班级中，新教师会初体验担任的岗位和职责，可通过相互依存合作、欣赏与互助的方式提高教师工作能力。

举例：在楼道布展时，班中两名青年教师，对于美术手工制作非常擅长，这时他们的优势是与孩子们在美工区共同制作和实践。但对于材料的层次性和楼道布展的整体性经验就会有所不足，班中教师通过交流讨论，分析原因。决定由班中相对经验丰富的成熟老师开展与楼道布展相融合的教育教学活动，并负责收集资料与设计。就这样，班级通过发挥每名教师的优势，相互合作，群策群力共同完成。

优势拓展法：成熟教师在班级工作中的定位

在班级工作中，成熟教师要善于总结现有经验与资源，反思与拓展，成为班级中的纽带，贡献自身力量的同时可以献计献策。

举例：在过去的三年里，我们一直潜心了解传统文化和理解课程研究新的模式，在一步一个脚印的过程中我们也积累了很多的经验。作为成熟教师，对教育教学有一定的认识。可以把自己的想法与班级的成员进行交流，尝试设计新颖或生成的活动，借鉴以往的亮点活动形式和课程思维流程来创建新的班级主题，成熟教师在班级中今后还可能会把过往的案例收集整合，把我们的优势形成风格，把我们的探究变为课程。不断反思活动，不断联系自身，不断把经验和认识分享。在梳理和总结的过程中突破自己。

优势互补法：骨干教师在年级工作中的作用

在年级中，发挥骨干教师作用，以不同的风格和管理内容相互搭台，提供多种视角，助力年级中的教师们成长。

举例：我和郭老师在年级中担任年级组长的工作。虽根据不同风格和擅长的领域各有分工，但在年级负责人魏老师的带领下，形成了合力。在年级观摩半日的活动中，郭老师善于用概括总结的方法为班级教师提供清晰的说明，把活动中班级教师的半日活动从优势与不足两方面进行分析。而我总是把老师们在过程中的行为与语言记录下来，从观察者的视角剖析教育意图与老师们进行分享。就这样，作为骨干教师的我们从摸索到认识职责，从熟悉各自风格到相互表达不同视角，再到年级半期观摩活动，说想法和建议。从教研到日常工作分工，不断优化工作效率和方法，我想这是求同存异的组合与见证，同一个目标不同的视角也可以相互补充。

以上三个小案例分别对新教师、成熟教师、骨干教师的发展进行了诠释。在三教寺幼儿园的幼儿园文化引领下，在王岚园长双向的倾听与革新中，我想“和的氛围”就是我们在不同阶段、不同领域、不同风格下各美其美，人人精彩。运用“合的方法”把爱与教育，融入生活中，成为修身的一种思考与认识。当然在这个不断解读与融合的过程中，我的改变在于形成了态度并愿意主动地传递给我们最可爱的孩子们。

（来源：北京市西城区三教寺幼儿园　杨丽）

(三)分层培养的一般性方式

1. 教研引领成长

教研是教师专业成长的重要场域，是教师团队合作共研的关键环节。在园本教研活动中，可以基于幼儿园现状，着力于教师发展和课程建设，选择合适的内容作为全园教研的主要内容，从明确层级教研的职责和功能入手，在层级教研中实现深度研讨，切实推动园本研究。也在过程中真切地助力教师思考，作用于教师的成长。

在教研活动开展的过程中，要注意问题引领、引导教师主动探究，在幼儿园中，可能会结合幼儿园的具体情况，设置全园性的大教研，以助力全园教师凝聚共识，也可能根据不同幼儿园的需要设置中心组教研、骨干教师现行教研、年级组教研、项目组教研等。同时，不要以某一次教研的空间、时间上的“句号”宣告教研的“结束”，在教研组织的过程中，要注意多场域的支持，引导教师进行思行结合。

教研中最重要的是思想的碰撞，一定要注重过程中教师的思考和表达，同时，注意方法，比如在分组上，可以按照年龄班分组，也可以按照入职年限分组，或是按照岗位分组……不同的分组形式可能对应不同的内容和目的，便于组内更好地研讨，也是给所有人提供更多的表达的机会。

近两年，受疫情的影响，越来越多的幼儿园选择用线上教研的方式进行教研的推进，案例 4-11，就是疫情期间教研工作推进的实际做法，可供参考。

【案例 4-11】

特殊时期，稳步推进教研

2020 年 2—8 月一定是所有人最难忘记的一段时光。因为新冠疫情教师们都居家办公。也正是这样一段时间让我们都能够静下来，潜下心去钻研教育教学中的问题与话题。我园的传统文化融入幼儿园课程的研究也正是因为有这样一段时间的积淀，教师们的专业成长颇多。在园级传统文化教研大主题的基调下，幼儿园开展了一系列的教研与学习活动。

借助学习平台以学促专。在疫情期间各种线上平台为广大学前教育者提供了优秀学习资源。在学习提升中我园建构提升幼儿园教师学习力的工作系统，发挥学习组优势，保证学习效果，开启以个性资源与平台资源相结合，园本课程需要与教研组研究方向相结合，自主学习与年级读书会相结合的方式，助力教师成长，做好园级教师学习力管理，以保证和有效支持教师在这段空档期提升传统文化素养及专业能力。

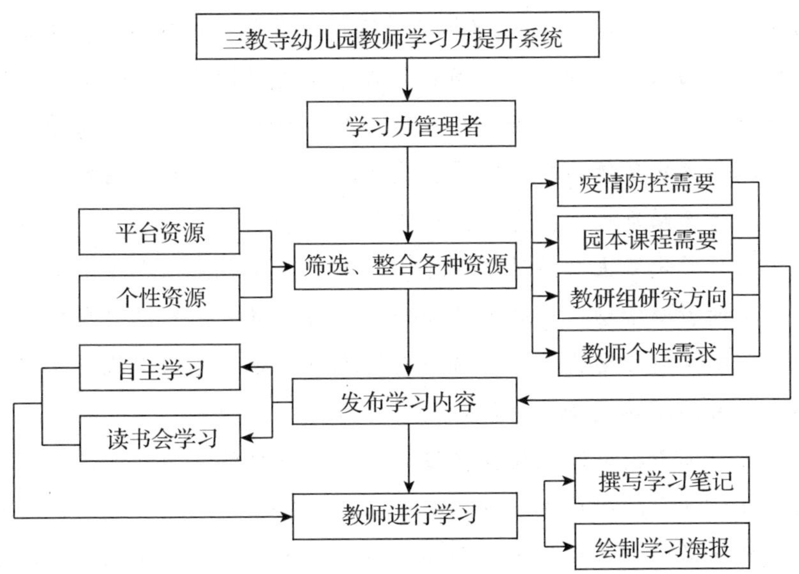

图 4-1　三教寺幼儿园教师学习力提升系统

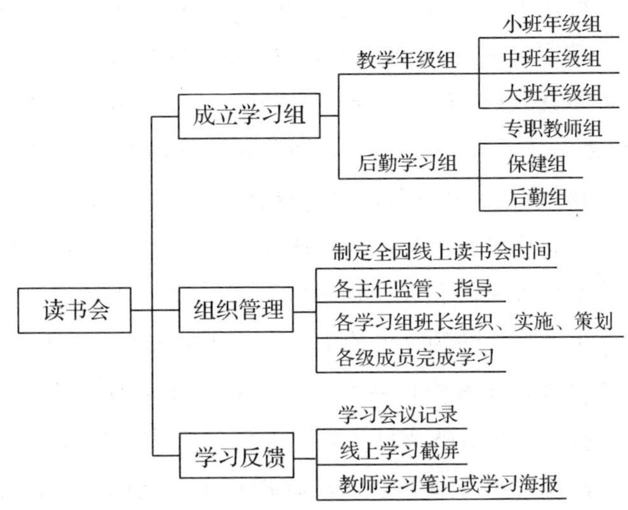

图 4-2　三教寺幼儿园读书会结构流程

借助教研平台以思促研。针对我园在传统文化主题活动中教师开展活动时的儿童视角推进班级活动、传统文化资源开发与利用等问题，幼儿园加强了教研组建设，开展教科研管理组教研、全园性教研与小组式研讨相结合的教研方式，边学边研。

基于2020年1月9日第一学期园级教研“传统文化资源下班级主题的建构”开展后，在2020年2月21日第二学期线上开学前，教科研管理组进行了有关开学3月的园级教研、学习内容工作会。围绕传统文化线上主题活动的形态与推进方式进行了研究与讨论。讨论核心结果为：以儿童的学习方式为依托，融入优秀中华传统文化资源的班级线上阶段探究性主题活动。基于这样的一个主题活动基调，在上学期园级教研活动之下，收集了各班假期围绕春季元素设计的班级主题活动框架导图。各年级保教主任在了解情况后分别参与了班级的教研活动，与班级教师们一起围绕班级主题活动预设进行了讨论。以中一班主题活动为例：在第一次的班级主题阶段图中能看出班级活动线索清晰，教师思路明确，对幼儿的学习方式把握准确，预设的活动中操作性强。但也可以看出班级教师在预设时还是以教师的视角在开展活动，没有更好地从儿童学习的视角去思考，因此保教主任在介入班级的研讨时肯定了他们的班级活动的优势也提出了研讨问题：在这个阶段孩子们会怎样？他们会怎么想？他们是如何学习的？他们会有什么新奇的认知与关注？生命教育的意义与价值在哪里？经过对每一阶段的思辨，班级主题活动作了调整，从五阶段调整为四阶段。第一阶段：这是什么？（感知与发现——兴趣阶段）；第二阶段：怎么养蚕？（探索与思考——计划阶段）；第三阶段：我来照顾蚕宝宝！（探索与实践——实施阶段）；第四阶段：蚕的本领大（拓展与表达——拓展阶段）。前面的调整可以看到，经过保教主任介入的讨论更好地推动了教师对儿童视角学习的理解与认知，从而更好地把控教育活动的方向。

之后，基于不同班级的预设主题活动，进行了以年级组为单位的年级教研，围绕班级春季主题活动预设进行了再次分享与讨论。以中班组为例：

中班组本次教研的最主要目标为：交流各班级新调整的“春花节”思维导图，相互启发与借鉴；研讨各班级主题框架的可实施性及儿童视角预设思考。在上周班级讨论后能看出各班在活动阶段图中都有新的思考，并且尽量将其具体化和实践化，资源图各班也都根据新的思考重新进行了丰富和扩充，同时建立了班级资源包。有的班级能够从主动学习者的儿童视角思考活动推进

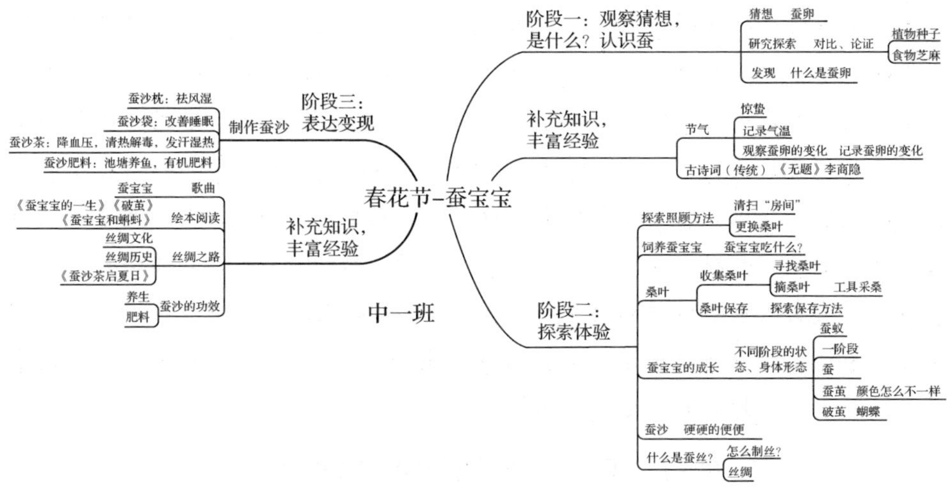

图 4-3　中一班第一次预设主题活动导图

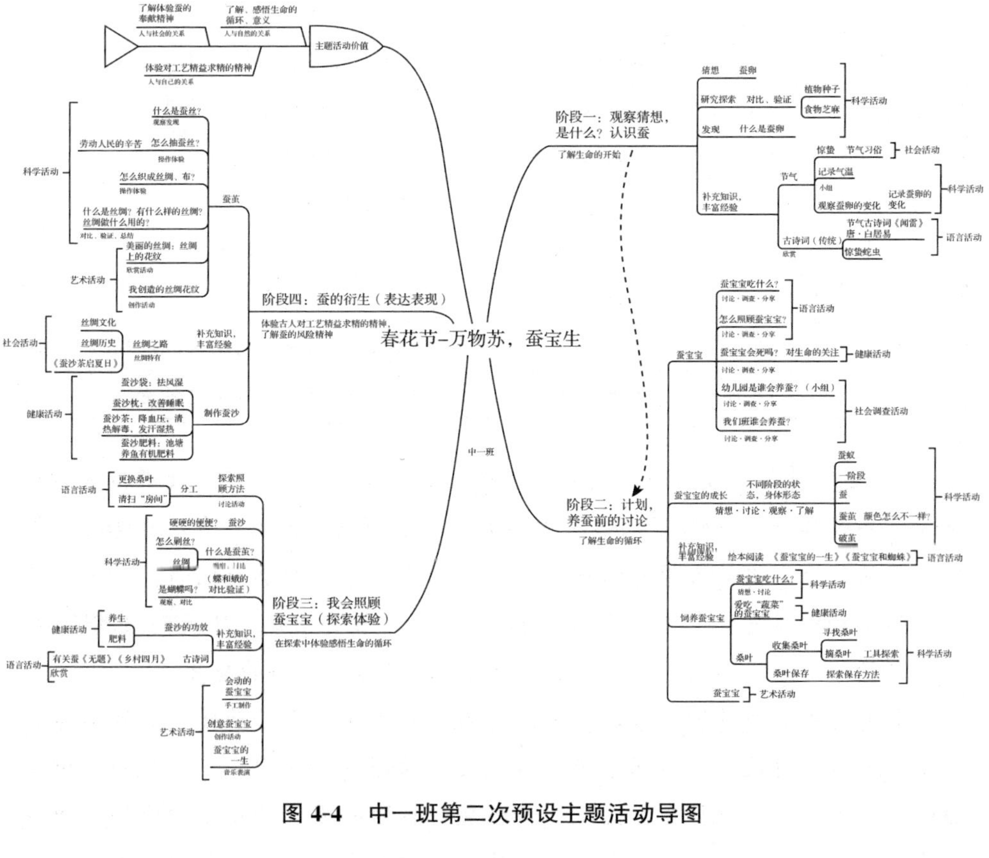

春花节–万物苏，蚕宝生

中一班

主题活动价值
了解体验蚕的奉献精神
人与社会的关系
了解、感悟生命的循环、意义
人与自然的关系
体验对工艺精益求精的精神
人与自己的关系

阶段一：观察猜想，是什么？认识蚕
了解生命的开始
猜想　蚕卵
研究探索　对比、验证
植物种子
食物芝麻
发现　什么是蚕卵
科学活动
补充知识，丰富经验
节气
惊蛰　节气习俗 ｝社会活动
记录气温
小组
观察蚕卵的变化　记录蚕卵的变化
科学活动
古诗词（传统）
欣赏
节气古诗词《闻雷》唐·白居易
惊蛰蛇虫
语言活动

阶段二：计划，养蚕前的讨论
了解生命的循环
蚕宝宝
蚕宝宝吃什么？
讨论·调查·分享
怎么照顾蚕宝宝？
讨论·调查·分享
语言活动
蚕宝宝会死吗？　对生命的关注 ｝健康活动
讨论·调查·分享
幼儿园是谁会养蚕？（小组）
讨论·调查·分享
我们班谁会养蚕？
讨论·调查·分享
社会调查活动
蚕宝宝的成长
不同阶段的状态，身体形态
猜想·讨论·观察·了解
蚕蚁
一阶段
蚕
蚕茧　颜色怎么不一样？
破茧
科学活动
补充知识，丰富经验　绘本阅读　《蚕宝宝的一生》《蚕宝宝和蜘蛛》｝语言活动
饲养蚕宝宝
蚕宝宝吃什么？
猜想·讨论
科学活动
爱吃“蔬菜”的蚕宝宝 ｝健康活动
桑叶
收集桑叶
寻找桑叶
摘桑叶　工具探索
桑叶保存　探索保存方法
科学活动
蚕宝宝 ｝艺术活动

阶段三：我会照顾蚕宝宝（探索体验）
在探索中体验感悟生命的循环
探索照顾方法
讨论活动
分工
更换桑叶
清扫“房间”
语言活动
硬硬的便便？　蚕沙
怎么剿丝？
丝绸
什么是蚕茧？
猜想、日志
是蝴蝶吗？
（蝶和蛾的对比验证）
观察、对比
科学活动
补充知识，丰富经验
蚕沙的功效
养生
肥料
健康活动
古诗词
有关蚕《无题》《乡村四月》
欣赏
语言活动
会动的蚕宝宝
手工制作
创意蚕宝宝
创作活动
蚕宝宝的一生
音乐表演
艺术活动

阶段四：蚕的衍生（表达表现）
体验古人对工艺精益求精的精神，了解蚕的风险精神
蚕茧
什么是蚕丝？
观察发现
劳动人民的辛苦　怎么抽蚕丝？
操作体验
怎么织成丝绸、布？
操作体验
什么是丝绸？有什么样的丝绸？丝绸做什么用的？
对比、验证、总结
科学活动
美丽的丝绸：丝绸上的花纹
欣赏活动
我创造的丝绸花纹
创作活动
艺术活动
补充知识，丰富经验
丝绸之路
丝绸特有
丝绸文化
丝绸历史
《蚕沙茶启夏日》
社会活动
制作蚕沙
蚕沙袋：祛风湿
蚕沙枕：改善睡眠
蚕沙茶：降血压，清热解毒，发汗湿热
蚕沙肥料：池塘养鱼有机肥料
健康活动

图 4-4　中一班第二次预设主题活动导图

线索、实践路径从而促进主题活动不断深入。保教主任围绕以下研讨问题组织各班级分享后进行了认真剖析与研讨：活动阶段划分是否适宜？每个阶段的各活动线索是否清晰？活动线索间的逻辑关系是否递进？探究问题导向是否适宜及具有儿童视角？教育实践路径是否清晰和适宜？有哪些内容拓展或教育实践策略建议？经过讨论教师更加清楚了主题活动的脉络与以儿童视角推进活动的方式，并在以儿童视角推进班级主题活动中，使用了哪些教育实践策略？这些实践策略适用的教育场景是什么？这些实践策略对于活动推进起到的作用是什么？在研讨中总结和提炼出教师在不同阶段支持幼儿活动的适宜策略，促进了教师的教育专业能力提升。

表 4-2　2020 年 1—5 月部分教研活动内容汇总

教研时间	教研范围	教研内容
2020 年 1 月 9 日	园级教研	传统文化资源下班级主题的建构
2020 年 2 月 21 日	教科研管理组	新学期传统文化教研核心内容讨论
2020 年 3 月 1—10 日	班级教研	“春花节”班级主题设计研讨
2020 年 3 月 11 日	年级组教研	“春花节”班级主题研讨
2020 年 4 月 13 日	园级教研	“春花节”班级主题价值分析
2020 年 4 月 17 日	教科研管理组	“夏日季”班级主题园级研讨
2020 年 4 月 20 日	年级组教研	“夏日季”班级主题研讨
2020 年 4 月 23 日	班级教研	“夏日季”主题活动架构（第四次）研讨
2020 年 5 月 18 日	年级组教研	“夏日季”班级主题推进讨论

在“园级教研突破问题—教科研管理组教研把控方向—班级教研具体落实研究—年级教研分享研讨”的过程中形成了有效的教研模式。有效地解决了教师在开展传统文化融入教育活动和课程过程中遇到的困惑与问题。在多样态的教研活动中引发教师思考问题原因，共同研讨教育策略，从而提高教师思、辨、行的能力，促进教育工作的有效开展和教师专业能力的提升。

教育是最有力量的武器，我们面向幼儿开展的教育活动传达着活动背后所蕴含的精神价值。在不断对优秀传统文化的课程研究中，我们深深认识到这一点，因此，结合社会主义核心价值观，我园将教育活动精神价值分为关爱自己、关爱他人、关爱社会三大板块。每次线上推送活动都坚持先挖掘它背后呈现的精神价值，再结合开发可利用资源和实现五大领域发展方面进行梳理。

（来源：北京市西城区三教寺幼儿园　韩鸫）

2. 科研引领培养

近年来，幼儿园科研工作在提高幼儿园办园水平、提升教师专业能力等方面上发挥了积极作用，但仍存在问题，尤其在“科研引领”的愿景下，如何具体落实“引领”、如何找到适宜幼儿园的“引领”方式，成为当下幼儿园管理工作中的普遍问题。作为幼儿园的管理者，需要思考：幼儿园科研工作该如何定位？科研管理应如何推进？科研引领下明晰思路的幼儿园教育教学管理应该如何进行？有哪些可行的管理策略？

在长期的幼儿园教育教学实践和管理中，不得不承认，很大一部分一线教师对于科研的认识是有局限的，甚至用“高深”“难”等词汇来形容科研，他们多数选择对科研“避而远之”。而究其原因，一方面是自身不具备较为深厚的科研基础，能力上难以完成工作；另一方面，科研工作，比如常见的课题推进，是需要花功夫的，尤其在日常工作已经较为繁杂的现状下，在“任务清单”中需要再加一项，会让人倍感压力。基于这样的现状，怎样找好管理工作的关键点，找到适宜幼儿园推进“科研引领”的管理策略，成为幼儿园管理的关键一环，也是在幼儿园管理中切实落实“科研引领”的过程中需要攻克的难关。

幼儿园里的科研，可以是“做课题”“写论文”，还可以是其他更广泛的内容。作为管理者，应该综合教师的角度和管理的角度考虑，本着幼儿园科研工作“攻坚克难”的原则，制定和实施适宜的管理策略。分析目前“科研引领”的现状、教师层面，需要明确科研工作的定位，尤其要将科研与自己每天都在做的教育教学工作进行很好的联结；而管理层面，在有了相对健全的机制保障后，最终的落点应该是怎么解决教师的“痛点”，在管理上实现科研与教育教学的“并驾齐驱”，并切实通过直接作用于老师的方式推动科研引领下的教育教学的发展。比如，可以课题引领——这是大部分幼儿园在尝试的做法；比如，可以链接教研——在教研引领中把握教育教学方式；还比如，可以更多地重视“对话”，在对话引领中激发教育研究的兴趣。

二、具体培养方法

怎么进行教师队伍的建设和培养呢？有什么具体的培养办法呢？

(一)"扬长"管理

木桶原理是补短板，而在幼儿园的管理中，在每天面临紧凑的工作节奏的前提下，补短板未必是帮助教师成长的最佳方法，相对于补短板，"扬长"能够更好地帮助教师。

当一个人的想法被尊重并得以实现的时候，这个人就会感受到一种价值感和成就感。而这种价值感和成就感能够激发其更多的想法和实践。做一个用心的倾听者，倾听教师的教育实践，接纳教师在实践中的所有思想，帮助教师实现他们可行的教育思想。

【案例 4-12】

长处经营，促师幼园和谐的发展

我们园是教育部足球特色幼儿园，园中有良好的体育氛围，经常会开展一些幼儿喜欢的足球体育游戏，以此来促进幼儿身心、社会性的全面发展。随着幼儿园发展，有很多男教师加入了我们的队伍，为了能够发扬教师的优势，帮助教师寻找最适合自己的位置，幼儿园组建了体育组，通过研修提升教师体育游戏的组织与开展的能力。

闪电是我们幼儿园的一位男教师，他在自我介绍的时候，就提到了自己喜欢足球运动，经常会去踢球并且关注所有足球赛事，当来到幼儿园后看到绿草坪的足球场时，大大地激发了他想与孩子玩足球的兴致。他喜欢足球，但对于幼儿足球游戏来说他还是比较生疏的，对此针对他的兴趣及优势，幼儿园提供平台，并组织他去学习并考取了三级足球裁判证，通过足球理论专业知识与学前教育相结合的方式来提高他的理论与实践相结合的能力。

在星计划的比赛中，支持他任比赛教练，给予他充分锻炼的机会，通过"走出去"来提升自己的专业水平。他常常说，他是幸运的，能够来到三教寺幼儿园，自己的长处能被看到，并能够支持他在长处上发展。

（来源：北京市西城区三教寺幼儿园　刘婷）

【案例 4-13】

识别长处，支持长处

每个人的长处才是他们自己真正的发展机会，我园一直在力寻教师长处来经营，通过经营他们的长处，来发展教师，以推动幼儿园的发展。

茜楠，是一位语言表达以及写作方面较突出的教师，平时喜欢看书，也常常会写一些富有文艺范的生活感悟，情感较为丰富。针对她的长处幼儿园提供平台，支持她先后参加了周菁老师的北京市学习故事组，顾春晖老师的西城区学习故事组，白戈老师的西城区语言组。说起学习故事，它是一种以叙事形式对儿童学习和发展进行评价的方式，提倡每个孩子都是有能力、有自信的学习者和沟通者，需要教师深入了解和倾听儿童的心声，促进每一位儿童的真学习，真发展。

在茜楠老师正式工作第二年，就给予了她接触学习故事的机会，支持她加入了周菁老师的北京市学习故事组，那时候的她在组里是年纪最小的，工作经验最少，对于每月进行的教研活动，起初她都是一个旁听和跟随的状态，倾听组内各园中的课程故事，了解运用学习故事的方式关注幼儿学习背后的意图，来支持幼儿游戏和活动，几次活动下来，她开始从跟随慢慢变得积极、主动，通过主题式的分享，亲身与孩子互动，结合真实的观察，来撰写故事。写并不是她的难处，而通过深入的学习，帮助她能够在原有水平上基于正确的儿童观的视角去写，以此提升她自身的认识。

如今她在这个组里已经有五年的时间了，她不但能够将学习故事的理念融入实践并运用到自己的班级中，记录故事并与家长分享，她还能够将自己的认识与教研相结合，通过教研的途径，将理念与方法传递、渗透给身边的老师们，她也充实了自己经验的背囊。

（来源：北京市西城区三教寺幼儿园　刘婷）

(二)“活”用资源

幼儿园的教育，从来都不应该是关起门来独自做教育的。因为我们培养的幼儿，将来一定是要走向社会、融入社会的。《纲要》中指出：“幼儿园应与家庭、社会密切合作，综合利用各种教育资源，共同为幼儿的发展创造条件。”

“生活即教育”是我们利用社区资源开展教育活动的出发点。社区中多种多样的生活情境，正是幼儿主动学习与探索的天然场所，是他们认识环境、学会交往、融入社会的有效路径。《纲要》中指出，幼儿园教育活动内容应“既符合幼儿的现实需要，又有利于其长远发展；既贴近幼儿的生活来选择幼儿感兴趣的事物和问题，又有助于拓展幼儿的经验和视野”。为了更好地为孩子们提供丰富多样的课程活动，获得不同的活动体验，我们尽可能地利用社区的学校、公园、博物馆、剧院等方方面面的资源，为孩子们打开了一扇感受和接触生活和世界的大门，孩子们学习的眼界不断打开，能力发展更加全面。

充分挖掘幼儿园周边一公里以内的社区资源，使之成为幼儿园有力的教育实施场所。与幼儿园周边社区建立起互惠互利、互促互补、共同发展的和谐关系，助力幼儿园的发展，为幼儿发展创造更加优质和宽广的平台。

【案例 4-14】

“活”用资源

我园周边社区临近有一家邮局、一家养老院、一个街心公园、小学和中学各一所，并且距幼儿园不足一公里的位置还有一个园艺驿站。幼儿园先后在这些社区场所都开展过不同形式的教育活动。

1. 与社区牵手，走进养老院

幼儿园附近的养老院，是大班小朋友每月都会去的地方。幼儿园与养老院达成共识，每次都会组织大班的小朋友走进养老院开展爱老、敬老、关爱老人的活动。在这里，有孩子们对社区老人们的一丝牵挂，同样也有老人们对孩子们到来的一分期盼。大班的小朋友喜爱走进养老院，他们为爷爷、奶奶们表演精心排练的节目，教老人们做利于身心的手指操。和爷爷、奶奶在一起活动，养老院里充满了欢声笑语。每一次去养老院，孩子们还不忘带去一些自己亲手制作的小礼物送给老人们。像春日里的桃花手链、夏日的纳凉小凉扇、秋日的“柿事如意”画、冬日的暖心围脖等。每一个小作品都承载着孩子们对老人们的一分关爱，每当老人收到孩子们带去的小礼物，脸上都会洋溢起满足的笑容。幼儿园与养老院的情谊，也随着孩子们不断的到来变得越来越深厚。走进养老院活动，让孩子们学会关爱身边的老人，理解并且懂得爱老、敬老的中华美德，用自己的行动去践行它。

2. 感受自然之美，学做小小园艺师

幼儿园附近的“佑安驿站”是一家园艺花卉店，不仅有各种花卉销售，还会有映衬不同季节的花卉展示平台。幼儿园与驿站沟通，以班级为单位，在此开展了花卉观察与欣赏，驿站中的园艺师还为小朋友进行专业花卉方面的讲解。春季我们邀请驿站的老师入园和孩子们一起种植花草，探索春耕播种的秘密；夏天在园艺师的带领下，孩子们学习观察植物，一起记录“自然笔记”；秋天幼儿园开展传统四季课程“秋月节”活动，孩子们和驿站的老师们一起搭设布置幼儿园里的“赏菊小园”。每一次活动，孩子们与老师们都是收获满满，这不仅增进了孩子们对植物花卉方面的认知，从中还体验感受到大自然的四季变化与探索发展。

3. 给妈妈的爱，一封信的美好传递

结合不同节日的到来，幼儿园和各班级的教师都会组织幼儿开展一些相应的教育活动。恰逢“三八妇女节”，大二班的小朋友通过全班的商讨决定给妈妈一份特别的礼物，他们要与妈妈来一次不太一样的沟通，向家里的妈妈、奶奶、姥姥等表达自己的爱意，那就是通过寄信的方式。为了送出这个特殊的祝福，班级老师与社区的邮局协商，组织孩子们走进邮局了解关于“一封信”背后的故事。来到邮局，在工作人员的带领下，孩子们学习了寄信的方法，还了解到“信”背后的秘密，知道“一封信”是如何被送到它将要去的地方。

4. 挖掘地域文化，打造幼儿园文化根基

利用所在地区的文化来形成和推进地域文化教育发展，抓住区域特色开展相互的教育活动。我园幼儿园名称“三教寺幼儿园”就是因幼儿园原址坐落在宣南文化一座寺院“三教寺”的旧址上而得名。后幼儿园迁址于里仁街，孔子曰：“里仁为美，择不出仁，焉得知。”地域的文化促使我们打造了幼儿园的“和合”文化。

通过挖掘幼儿园周边资源，形成和转化为利于幼儿园发展的教育资源，不但能够进一步拉近幼儿园与社会之间的关系，还能促进幼儿园全面多元地发展，让我们真正地感受到社会与幼儿园发展之间的相互联系与相互的促进作用。

（来源：北京市西城区三教寺幼儿园 齐彤）

（三）“巧”搭平台

幼儿园教师队伍的建设，是一所幼儿园发展的源泉。打造好教师梯队，形成不同阶段教师发展，充分运用教师资源来带动幼儿园发展。教师的发展需要幼儿园提供机会搭建平台，更需要我们学会放权，尊重教师的意愿与差异，给教师成长以充分的自主权，用欣赏、包容的视角看待每一位教师。教师们有了自主空间，感受到被信任，积极性就会被调动起来，就能更好地实现个人发展。鼓励教师们发挥自己的优势，展示出最亮的一面，不能用一把尺子来衡量所有老师。

1. 教师优势，构建学习共同体

与“扬长”管理对应，在幼儿园内，应该多多发挥教师的优势。在优势的引领下，构建学习共同体，辐射其他团体的发展，是其中的一种做法。

【案例 4-15】

结合幼儿园内成熟期的骨干教师，发挥其自身的优势，按照学科领域打造“伙伴研究小组”。由各级骨干教师作为小组导师，引领自下而上地形成学习共同体，带领青年教师针对不同的学科领域的话题，开展小组伙伴式研究。这样的方式打破了教师原有班级的界限，以五大领域学科为划分，让有共同教育喜好和发展特长的教师们汇聚在一起，确定共同的发展愿景与研究方向，共同研究自己喜爱的教育话题。以“强者”带动“优势”发展，促使青年教师都有一个特长领域，为其后的特色发展奠定基础。目前，幼儿园已打造了 4 个特色项目小组，有研究生科研课题小组，对幼儿园有个人课题申报的教师给予课题研究方面的有力支持，幼儿园有教师个人申报的课题 8 个；健康足球小组，由体育领域的骨干教师带领幼儿园男教师一起开展研究幼儿园足球游戏活动的组织与实施；数学自主游戏小组，由数学领域骨干教师引领喜爱研究数学教育的青年教师一起研究数学区域游戏中的幼儿自主游戏；传统文化美术小组，由美术领域骨干教师带领喜爱美术教育的青年教师共同围绕传统美术活动的开展进行研究。

（来源：北京市西城区三教寺幼儿园　齐彤）

2. 展现平台，创设发展空间

除了幼儿园成熟期的骨干教师发挥其优势，带动辐射开展活动，对于青年教师还要为他们的发展搭建更多展现自我的平台，帮助青年教师建立自信，获得成就感，发展更快。

【案例 4-16】

幼儿园每周一升旗仪式中进行“非凡小舞台”展现活动。在这里，不仅有小朋友们登台表演的机会，全体教职工都可以通过这个舞台，展现自己的一技之长。在舞台上，有年轻女教师轻盈美妙的舞姿；有青年男教师动感十足的街舞表演；还有保安师傅的军体拳展示和大厨师们的才艺拉面表演。小小的舞台，却是大大的展示空间，更多的青年教师从这里提升自信，从这里展现自我，登上舞台亮出自己。

在幼儿园中，发展的空间和机会不仅仅是舞台的架设，无论是教育教学中的评优、观摩、评选、交流等工作，还是幼儿园大型活动中的策划、展示、主持、组织等都可以让教师们自主报名和承担。教师们在一次次的历练中把握机会，成就自己的成长，同时在幼儿园中形成人人自觉、人人进取、人人发展的良好氛围。

（来源：北京市西城区三教寺幼儿园 齐彤）

搭建平台的一个重要作用在于，通过搭建平台、提供机会，激发教师的内在动力，给教师搭建平台的同时也是在给自己“减压”，把作为管理者的责任巧妙地分散到愿意的、合适的教师身上，实现“双赢”。比如，很多幼儿园，会根据岗位设置安排“竞聘”，愿意的教师、能干的教师能借助这样的平台涌现出来，走上合适的岗位。

【案例 4-17】

在管理中放手赋能 让人人拥有领导力

领导力是一种能够影响别人的力量，人与人“在一起”，每个人都希望自己拥有影响他人的力量。当管理者大胆地放手赋能，为每个人不断地提供机会、搭建平台，无论是儿童、教师还是家长，每个人都可能会迸发出无限潜力和惊奇。

如何让团队中平凡的个人获得领导力？如何让幼儿园和团队因为每个人的成长而获得了蓬勃向上生长的动力？我园实施的带班主任制度让园长得以退后，让教师们纷纷走到前台，不仅教师们个个都成为幼儿园文化和课程的宣传者，一个个鲜活的课程案例也在班级中如雨后春笋般涌现。比如，下面这个带班主任制度形成的故事。

设置带班主任制度的初衷是因为2015年被评为示范园之后，我们幼儿园剧增的参观交流任务。一方面因为我们受到了同行们的关注，大家纷纷想要来园参观和交流，一方面是作为示范园我们也必须要发挥示范引领和帮扶作用，承担和姐妹幼儿园共研共学共进步的任务。如此一来，接待入园参观、跟岗学习的任务一下子变得繁重起来。面对充满期待和诚意来交流学习的同行们，园长和干部们感到责任重大同时又疲于应付。于是，我们想到了是否可以由我们培训教师，由教师轮流承担每次参观接待任务，把接待活动当做是锻炼队伍、提升教师专业能力的机会。因此，我们设立了代班主任制度。每当有外来人员来幼儿园参观，需要了解幼儿园文化、课程设置或是教研方式等内容时，我们就会请老师们自己报名担任代班主任，负责设计流程、组织参观等工作，代班主任的“代”意为“代替”“代理”，重要的讲解、教研展示环节还是由园长和干部负责。渐渐地，我们对代班主任的工作进行了更多的放权，通过向老师们提供交流稿件、PPT、录像，帮助老师们做足接待的准备。

于是，代班主任制度变成了带班主任制度，承担任务的老师不再是代替园长、主任，而是要带领大家完成任务，园内的人员无论园长、干部还是后勤人员都可以被这个主任调遣，带班主任从了解交流需求开始，到设计活动安排，主持研讨交流流程全部自主设计。园长和管理干部也从一开始倾囊相授，一点点的指导，慢慢退到后面默默支持。随着时间的推移，越来越多的老师主动承担带班主任的工作，令我们意想不到的是，这个过程促使我们的老师们迅速成长起来了，每个人都能从整体发展的角度去理解和掌握幼儿园文化、理念、课程、管理中最核心的东西，全园形成了“共下一盘棋”的局面。

拥有一定的权力对于每个人来说都是重要的，当一个人能拥有权力并能充分地运用权力实现自己的想法时，他就能够真真切切地感受到自身的力量和价值，进而能发挥主观能动性地去思考、去行动，从而找到作为一个学习者、作为一名教育者最为适宜的位置和状态。

（来源：北京市西城区长椿街幼儿园　刘晓颖）

【案例 4-18】

我也能当“优雁之星”

在一次评优活动评比颁奖后，我听到了这样的声音：“总是那么几个人得奖，他们太优秀，我们根本追不上。”听到教师这样的话，作为园长，面对幼儿园教师年轻化的现状，如何让每个人都体验成长呢？于是，我发起了在常态工作中寻找教师亮点的活动，开展不同团队的“优雁之星”评选，在总结会上分享经验，让教师感受成功与职业幸福！

带着这样的思考，寻星活动开始啦，共评选出快速适应新岗位、勤于付出的中层干部 2 人；立足本职想新招、常规工作巧创新，食谱翻新美味不断的“护雁队”教师 3 人；勇于承担、善于思考，在常规工作中落实、巧创新，出色完成各项任务，“头雁”团队优雁之星5人；默默跟随头雁的脚步，彰显自己的教育智慧，成为“壮雁”团队的优雁之星4人；年轻有朝气，在平凡的保育工作中，从一个生活环节的优化中展现自己智慧的“雏雁”优雁之星4人！

在总结会上，每位优雁之星分享了自己平凡的工作故事。“护雁队”白老师说：“新学期让‘试一试’成为工作的主旋律，主要体现在花样美食创新上。通过试做美食，收获更多的职业快乐。”“头雁”王老师说：“家长不能入园接送幼儿，对班级教师又不太了解，需要彼此建立良好的信任关系。第一个做到每周制作幼儿在园活动微信短片，让家长了解幼儿在园生活状态，对幼儿园放心满意。第二个做到关注每名幼儿，与家长、幼儿共情，让幼儿开心、家长放心。”“壮雁”张老师说：“如何调动小班幼儿做操积极性，分享技巧一，心中有数，了解每个幼儿；技巧二，语言带动，做好操前准备；技巧三，表情到位，动作夸张，爱上了做操。”“雏雁”李老师说：“我本月的经验就是收集清洁小神器，提高工作效率。”优雁之星们神采飞扬幸福讲述，倾听教师投入专注引发共鸣，精彩纷呈掌声不断！

这次总结会结束后，教师们纷纷表达自己的想法：“宋老师，在全体教师面前介绍我的小经验，我特别自豪。”“宋老师，发现小神器提高工作效率也能成为优雁之星，我也要努力，把卫生做好，分享小窍门。”还有的教师说：“我把日常备课坚持写好，就是我的成长！”

评析：

这是我从延庆五幼调回延庆二幼做园长开展的一项激励教职工发挥内驱力的举措——评选“优雁之星”活动。延庆二幼是一所1981年建园的老牌幼儿园，多年打造“雁文化”，以雁阵分层培养为途径打造雁阵之师，培养出延庆学前的三分之一园长、副园长、书记和市区级骨干教师。随着学前教育的快速发展，延庆学前教育的优质均衡发展，二幼派出大批优秀干部和成熟教师支持姐妹园建设，为此二幼新职教师居多，队伍整体年轻化。传承、发展、培养教师队伍，激发内驱力是关键。

人本化管理的关键因素是尊重，尊重才能生成亲和力，才能促进教师队伍的全面发展。而人本化管理的另一个重要体现是信任、激励和支持，才能为教师营造一个平等、和谐的评价发展平台。因此开展了“优雁之星”评选活动。让更多的教师立足本职，扎实工作，勤于思考。通过这件事，我有了更多的思考。开展多元评价，让更多教师体验成功，实现了三个转变，由“要我做”变为“我要做”、由“要我学”变为“我要学”、由“要我发展”变为“我要发展”；关注细微成长，在重复的工作中思考新的成长点；讲述自我成长，在日常工作中自我肯定。总之，在“雁文化”管理引领下，激发全体教师内驱力，体验职业幸福。注重在常规工作落实中寻找新的生长点，增强了自信，树立了身边的学习榜样，呈现出积极向上、不断进取、超越自我的良好态势！

（来源：北京市延庆区第二幼儿园　宋金英）

第五章　助推家园共育

【本章要点】

- 认识家园共育的价值；
- 清晰家园共育的原则；
- 分享家园共育的内容和形式；
- 分析家园共育的策略与方法。

【本章关键词】

家园共育；沟通；合作

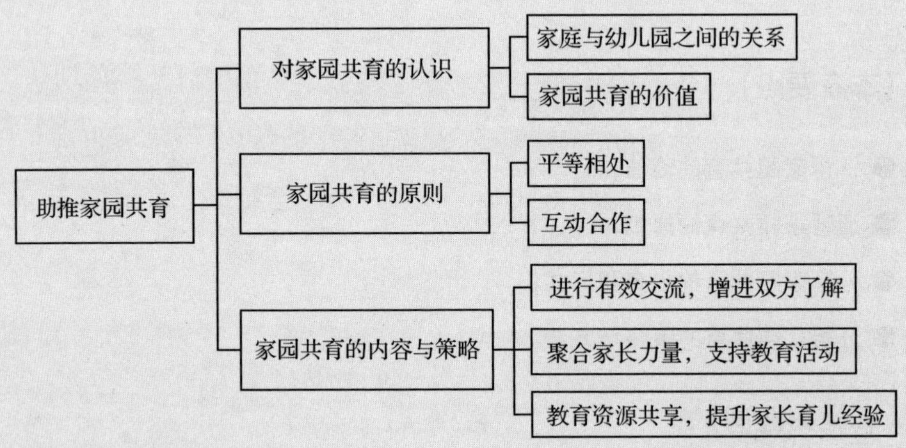
助推家园共育
对家园共育的认识
家庭与幼儿园之间的关系
家园共育的价值
家园共育的原则
平等相处
互动合作
家园共育的内容与策略
进行有效交流，增进双方了解
聚合家长力量，支持教育活动
教育资源共享，提升家长育儿经验

幼儿园争取家长的理解、支持和主动参与，建立家庭和幼儿园之间的友好合作关系，对于提升幼儿教育的质量尤为重要。

家园共育工作是幼儿园非常重要的内容，作为园长一定要高度重视，加强教师家园共育的意识，通过家园共育，教师的专业能力不断提升，家长的育儿理念和育儿方法不断增强，教师与家长形成合力，更有效地促进幼儿的成长。成就幼儿、成就教师和成就家长，实现“三赢”。

第一节　对家园共育的认识

一、家庭与幼儿园之间的关系

家庭是幼儿园重要的合作伙伴，良好的家园关系是幼儿园和家庭协调一致地对幼儿进行教育的基础与保障。家长作为幼儿教育的参与者和合作者，其重要性已经在世界范围内引起关注，在我国的政策文件中也能得到充分的体现。

《纲要》也提到家庭是幼儿园重要的合作伙伴。应本着尊重、平等、合作的原则，争取家长的理解、支持和主动参与，并积极支持、帮助家长提高教育能力。

每个孩子的教育和发展都基于幼儿园、家长的共同努力，家园共育是幼教工作中一个必不可少的关键环节，我国著名教育家陈鹤琴说过：幼儿园教育是一件很复杂的事情，不是家庭一方面可以单独胜任的，也不是幼儿园一方面能单独胜任的，必定要两方面共同合作方能得到充分的功效。在幼儿教育的过程中，家庭、幼儿园分别具有不同的教育特点和职责。家园共育就是把双方的职责结合起来，使两者的教育相互配合、相互统一、协调发展，形成一体化的教育方式，形成合力。家庭和幼儿园就像车子并行的两个轮子，一定得协调同步才能确保车子平稳运行。有效的家园合作才更能培养出积极乐观、自信自主、身心和谐的健康儿童。

二、家园共育的价值

(一)从家长角度出发

1. 能感受幼儿教育的专业性，对幼儿教师和幼儿园教育形成正确的认识，从而积极配合教师和幼儿园的各项工作，实现合作双赢。

2. 通过与教师的交往，能更全面、更深刻地理解孩子的成长。

3. 向幼儿教师学习正确的教育观点和方式，树立正确的教育观念，增强教育幼儿的自信心，丰富育儿经验。

(二)从教师角度出发

1. 通过与家长的有效沟通，促进彼此的情感沟通，取得家长的信任和理解，建立合作的基础。

2. 更加全面了解家庭教育的面貌，调整与家长的交流策略。

3. 从家长处获取儿童的发展信息，更加准确地理解和分析儿童的学习和发展情况，给予适宜的教学策略和方法。

4. 采纳家长提出的意见和建议，促进专业成长与发展。

第二节　家园共育的原则

一、平等相处

对来自不同社会背景、生活经验和文化的家庭，教师应一视同仁。教师不能因为家庭的经济收入、职业特点而给予不同的对待。教师对处于较低社会经济地位家庭的消极态度会阻碍家长参与交往。

同时，教师也不能因为自己教育经验丰富，接受过专业训练，而对家长的做法进行直接批评或指责，表现出让家长不适的专业优越感。的确，幼儿教师在教育孩子方面，比家长有着更多的知识和方法。但一般来说，教师比较了解群体儿童特征，而家长更了解自己家孩子的个体特征。对于个别化儿童，必须借助家长的力量，全方面进行了解。教师与家长之间只有建立信任、平等的交流，才能为家园共育与合作奠定坚实的基础。

(一)增进理解，换位思考

了解家长的需要，充分体谅家长。教师应能够理解家长爱子心切的心情。对家长对自己教育工作所提出的意见与建议，正确的意见应虚心地听取，存在分歧的应通过沟通尽量达成共识。只有做到了换位思考，教师才会理解家长，拉近与家长的心理距离，家长感受到教师的理解，才会更乐意与幼儿园合作，才能够以更加认真、负责的态度对待幼儿园的事务，建立相互信任、尊重、支持的情感桥梁，从而提高参与的质量。

增进教师与家长的相互理解，教师要向家长展示工作，让家长了解教师的工作内容、工作方法和工作能力等，家长才能多站在教师的角度考虑问题，由此带来的对教师工作的肯定也会使教师感受到成就感，从而利于形成良性互动。教师也要尽可能了解家长，在各种活动中观察家长的言行，了解性格、教育观念和方法，家长感受到被理解被重视，同样利于密切相互关系，增进沟通。

【案例 5-1】

断发风波

每所幼儿园在办园的过程中都不可避免地遇到一些突发事件，如果处理不当，就可能会对幼儿园的声誉造成不良影响。让我记忆犹新的是一起由家长投诉引发的事件。

事件起因：

一天晚上，小班班长忽然接到如意妈妈的语音微信，说孩子的头发被班上一个叫“二宝”的小朋友抓掉了一撮，并附上断发处的照片。家长情绪十分激动，认定二宝这个孩子有这种攻击性行为不止一次，还提出要与二宝家长见面的想法。

班长先安抚家长情绪，表示由于当时自己并不在场，需要跟班里其他老师了解情况，明天再给家长回复。

解决的经过：

当天晚上以及第二天，班长都反复找班里老师们进行核实，大家的印象都非常一致：一是没有看到二宝有此行为，二是也没有发现如意的头发受损。

老师们也就家长反映的问题做了分析和推测：

➢ 如意为什么会执意说是二宝抓了自己的头发。

➢ 二宝这个孩子虽然平时比较活泼好动，但是没发现有攻击他人的行为；如意是班里非常内向的孩子，不爱说话，可能会有受了委屈不跟老师说的情况。

➢ 二人在当天都没有发生近距离接触，擦肩而过的机会几乎都没有。

➢ 但是所有的老师都不敢排除自己确实没看到的环节。

1. 第一次调看监控

为了更客观地给家长反馈，班长决定在跟家长反馈之前，自己调看一下监控，了解一下事实。按照幼儿园内部申请调看监控的流程，班长与安全保卫干部共同调看了监控，一起看了三个老师们认为容易出现问题的环节，餐前、户外活动、离园等环节，可是得到的结果还是一样：没有发现二宝抓如意头发，也没有发现其他孩子抓她头发，如意头发到底怎么断的？会不会是在幼儿园以外的地方呢？

2. 第一次反馈

到了与家长约定的反馈时间，班长把与班级老师了解的情况如实向家长说明：

➢ 如实反馈调查的结果，也介绍了两个孩子平时的表现以及小班孩子的年龄特点(班里如意能叫出名字的孩子不多，二宝是其中之一)。

➢ 与家长共同分析、推测其他受伤的可能(如：幼儿园以外的地方)。

➢ 表示对两个孩子都会进一步关注，尽量避免人为伤害的发生。

➢ 建议家长不要给孩子梳这么紧的小辫，容易发生剐蹭。

然而，家长面对这些反馈并不认可，情绪仍然很激动，推翻了我们所有的推测，执意认为就是二宝干的，并提出要调看监控。面对家长执意要看监控，教学主任出面向家长耐心解释申请看监控的制度和程序，并跟家长协商："如果您信任幼儿园，我们先来自查，我们也非常想知道如意的头发是怎么断的，然后我们再给您反馈，如果您还不满意，那您再按照正常程序申请调看监控，您看如何?"家长表示同意。同时我们也严正地提出，事情在没有结果之前，家长不能私自去跟二宝家长交涉，也不能用不实的结果到处宣传。

值得我们反思的是，第一次的反馈是无效的，家长为什么会有这样的反应？是她想要的答案吗？能够缓解她的焦虑吗？从家长的角度去想，调看监控的诉求是否合理？

3. 第二次调看监控

如果如意的头发不是二宝抓掉的，那又是怎么掉的呢？为了还二宝"清白"，为了缓解家长的焦虑，班长和教学主任又第二次调看了监控……

这次看监控可谓从时间、空间上做到了无缝衔接，如意从这个镜头出现到下一个镜头都无一遗漏，老师们的眼睛也睁得大大的，格外细心，不放过每一个细节……终于，班长发现：在楼道处的同一个镜头里，如意的头发在户外活动前还是平整的，从户外回来后就明显地凸起一块儿……顺着这个思路，我们推测，头发应该是在户外活动时发生的损害。

4. 第三次调看监控

因幼儿园户外活动与中学共用操场，我们园的安全保卫干部带着班长在十五中安全保卫干部的陪同下调看了监控。好不容易定位到了如意，依稀看到她有反复掷物的动作，没有看到她与其他小朋友有接触或碰撞。当天的带班教师回忆如意一直在玩飞盘。当我们把飞盘拿到手里仔细端详的时候，发现飞盘与丝带的连接处有一个细细的小铁环，所以我们推测它有可能是断发的罪魁祸首(如意在投掷时铁环剐蹭到头发)！

推测只是推测，难以作为事实结果向家长反馈，干部教师都犯了难，担心还是不能说服家长，家长还是会要求看监控。最终我们相信大家这么用心努力地去找寻孩子受伤的事实，通过真诚的沟通，家长是能够理解和接受的。大不了家长走程序自己看一遍，结果跟我们看到的也是一样的。

5. 第二次反馈

反馈当天，我们提前确定了反馈的内容，确定了在场人员，预设了反馈后可能会发生的情况，由保教主任、安全保卫干部、班长、当天带班教师四人共同接待家长。由保教主任进行反馈：

➢ 首先介绍大家身份，表明这些人都是此次事件的知情人和参与调查的人，方便家长随时询问事件的相关细节。

➢ 如实陈述几次调看监控的艰难过程和结果，排除他伤的可能。

➢ 呈上飞盘，说明我们的推测和判断。

➢ 承担责任，真心致歉，没有看护好孩子，导致孩子受伤。

➢ 最后强调，如果家长对结果不相信、不满意，可以按照流程亲自申请调看监控！

家长特别认真地听了保教主任的反馈后，非常感动幼儿幼儿园做的一切，对幼儿园规范严谨的管理也非常满意，接受了我们的推测，同时也庆幸自己没有那么冲动地去找二宝家长理论。

经验和收获：

“断发”事件比较圆满地解决了。我们从中汲取的经验和收获：

➢ 树立危机意识，逐渐形成应对和处理危机的经验和预案。

➢ 面对家长的诉求，要用善意去包容，要换位思考，才是解决好问题的前提。

➢ 要坚信真诚的沟通可以解决绝大多数纠纷与危机。沟通中做到以情动人、以爱感人、以理服人。

➢ 自查幼儿园内设施设备、玩具材料，消除安全隐患。

➢ 相信“危机”并不可怕，解决好了就能转“危”为“机”。

将“危险、危难”转化为“机会、机遇”。一次家长投诉，换来了家长对幼儿园的信任。同时也锻炼了干部教师团队。干部教师在解决事件的全过程中践行了幼儿园管理文化中尊重关爱、民主公开、严谨规范的内涵，家长在事件解决的过程中能够真切感受幼儿园的文化，我们收获了干部教师的成长，收获了家长的尊重和信任，收获了解决危机事件的宝贵经验。

（来源：北京市第十五中学附属陶然亭幼儿园　谢鸥）

（二）满足不同家长的需求

我们说要尊重幼儿的个体差异，其实对于不同的家长，也应该是这样，要照顾不同家长的需求。家园共育有面向全体家长的交往方式，也有面向部分家长的交往方式，还有针对个别家长的交往方式；有共性的问题，更有个性的问题，孩子的个性不同，家长所面对的情况各不相同，也就是说，要尽可能为家长量身定做适宜的教育方案，这样更能提高家长的认可度。

（三）积极看待幼儿，谨慎谈论不足

当幼儿教师发现幼儿存在某些能力方面的欠缺时，就应该及时让家长知道，防患于未然，在最佳时期解决孩子的某些问题。跟家长谈论孩子的某些不足，家长肯定是不会愉悦的，但是为了孩子得到有利的引导，教师需要真实地向家长交流孩子的学习和发展近况，不可避而不谈。但是在跟家长沟通时，教师需要掌握一定的技巧，这样可以有效缓解家长的不愉快情绪，比如：

（1）先谈论幼儿的进步，再委婉地提出幼儿的不足。

（2）在表述时情绪要平稳，不带个人主观感受。

（3）谈论完孩子的不足之后，能向家长提出中肯、可实施的建议与策略。

（4）通过有技巧的表达，让家长感受到教师发自内心地关心孩子，并且欣然接受，愿意与教师一起帮助孩子成长。

二、互动合作

“互动”不是单向地发生，而是教师与家长之间双向的充分的交流与合作。双方既是信息的发送者，也是信息的接收者。

“合作”指的是双方以幼儿的利益和发展为共同出发点，互相坦诚与信任地进行和谐、合作的交往。

(一)避免消极应对，形成正确认知

随着这几年来家园合作的不断开展，家园合作的价值被不断地认识。现如今，每个幼儿园都不同程度地开展着家园合作。但也有忽视家园工作的家长和教师。教师认为家园合作增加了自己的工作量，为了应付领导不得不开展。一些家长以工作忙为由，不配合家园合作工作。2021 年 8 月新颁布的《中华人民共和国家庭教育促进法》第十九条提到：未成年人的父母或者其他监护人应当与中小学校、幼儿园、婴幼儿照护服务机构、社区密切配合，积极参加其提供的公益性家庭教育指导和实践活动，共同促进未成年人健康成长。这代表着家园共育从此有法可依，家园合育不再是选择题，而是必选题。家长和教师应该建立对家园共育的正确认识，理解和认同家园共育的价值。

在家园合作过程中，如果只是一头热，另一方不配合，那么合作的效果就大打折扣。家长和教师都是家园合作中的主体，任何一方都不是引导者，也不是被牵引者。

(二)目标一致，合力合作

教师与家长要一致行动，向儿童提出同样的要求，在教育目的、过程和手段上，都不要产生分歧。目标明确一致是家园合力不可或缺的要素。希望孩子得到什么样的成长与发展，不是教师单方面的目标，这种目标要得到家长的认可和支持。家长与教师应该形成一个联合体，向同一个方向努力。因此，只有建立在共同目标指引下的合作，才能取得事半功倍的效果。

(三)学会沟通，提升技能

沟通是一门艺术，也是一项技能。沟通技巧对家园交往起着重要的作用。幼儿教师在工作过程中应该有意识地学习沟通的本领，可以向经验丰富的同事学习。沟通技能是一项基础能力，与家长交往、与同事交往以及与幼儿互动，都需要一定的沟通技能。马卡连柯就曾主张在各类师范院校里，进行谈话技巧的训练。他认为，学生不仅应当练习怎样和学生谈话，同时还要练习怎么和家长进行谈话。教师的沟通技能可以从积极倾听、适时反馈、控制情绪表达等方面进行提升。

第三节　家园共育的内容与策略

《幼儿园工作规程》指出幼儿园应当主动与幼儿家庭沟通合作，为家长提供科学育儿宣传指导，帮助家长创设良好的家庭教育环境，共同担负教育幼儿的任务。家园共育的内容可拆解为家园有效沟通、合作共赢、提供育儿指导、提升家庭教育环境几个方面。

一、进行有效交流，增进双方了解

彼此了解与沟通，实现信息交流，是家园共育的第一步，只有老师更好地了解孩子，家长更好地了解幼儿园，家园共育的桥梁才可以搭建。在实际工作中，家园进行信息沟通的方式与内容有：

(一)接送时面对面交流

在教师和家长间各种交往方式中，接送交流具备的优点是：①教师主要面对个别家长，直接且针对性强；②每天都可以进行，交流频率高；③言语交流，省时省力；④面对面交流，多感官接触，是一种使用频率最高、最直接、最普遍、最有针对性、最有个性化的交流方式。但也有缺点，就是时间紧，顾不及全体幼儿。

教师决定进行接送交流之前，须做足准备：

(1) 教师在接送交流时要明确分工，保证班里有教师关注幼儿的行为，开展适宜的游戏活动。

(2) 要确定交谈的主要内容，一般是最想解决的核心问题。

(3) 主动与家长交流前要尽可能地了解家长的情况，包括家长的学历、职业、性格、育儿水平等，可谓知己知彼，百战不殆。

【案例 5-2】

教育隔代不隔心

俗话说：家有二老，如获至宝，如今对幼儿的照顾不少来自于祖辈，祖辈就成了照顾孩子时间最多的人。由于老年人格外疼爱孩子，对隔辈的孙儿女容易溺爱和迁就。

小宝是班中一个很可爱的男孩子，通过一段时间的接触，发现小宝动手能力弱，比如，不能用正确的方式拿勺；不知道怎么才能用勺将碗里的饭吃干净，吃饭有困难；不会剥吸管皮儿；等等。类似这样的困难经过一个学期到第二学期末仍旧存在，对此我与小宝的妈妈进行了一次约谈，跟妈妈说了小宝在幼儿园现阶段的情况。小宝妈妈告诉我，小宝多半时间是由爷爷带，爷爷对孩子非常宠溺，每顿饭都由他给喂，她和爸爸看不惯，爷爷总会说：孩子还小呢，长大了就都会了。但当我和妈妈约谈后，妈妈更加意识到了问题的严重性，告诉我：您放心吧，我和爸爸一定会跟爷爷谈。

约谈就在这样的理解互通中顺利地结束了，妈妈当晚就和爷爷讨论了，但她告诉我一个坏消息：和爷爷的谈话还没开始就结束了，她刚开了个头爷爷就摔门而去。听完我这心里怦怦直跳，本来我还准备找爷爷谈谈，这下肯定是没法谈了。

第二天，小宝在妈妈的陪同下和往常一样来园，我问道："今天怎么不是爷爷送呢?"妈妈说："哎！别提了，等有空我给您讲。"然后道过再见就匆匆忙忙地上班了，我心里更不是滋味了，面露难色。

王园长早上值岗的时候，听到了我和小宝妈妈的对话，也看出了我的忧心忡忡，她给我支招，现在最大的症结是爷爷，得和爷爷进行一次有效的沟通。首先，跟爷爷谈话氛围要轻松。还有得让爷爷知道老师是真心为孩子着想，因为爷爷是爱孙子的，只要是真正让孙子更好，他会愿意听取意见的。

过了周末，周一早上，爷爷带着小宝高高兴兴地来到幼儿园，似乎上周的乌云已经过去。但是为了真正解决小宝的问题，我想努力和爷爷谈一次。于是我更加关注小宝的表现，有针对性地进行照片与视频的收集。

在一次离园后，我让班中另一位老师看着小宝，我与爷爷开展了谈话，我说出了酝酿过的开场白："您这大孙子多好啊，挺聪明的，平时别老围着他转，让他多帮您做点事。"爷爷乐呵呵地说："跟你说吧，他才是我们家的爷爷。"虽是一句玩笑话，但却证实了爷爷溺爱孙子的事实。接着我给爷爷看了视频，一边放视频，一边告诉了爷爷小宝动手能力弱，小肌肉没有力量的事情。爷爷看完视频说："这孩子手是笨还懒，都是我平时惯的。"听了爷爷的话我心里一片欣喜，因为爷爷意识到问题了。我还告诉爷爷帮助小宝进行针对性练习的方法。小宝不会撕吸管，在家就练习帮助家人撕吸管纸。打不开奶酪棒，在家可以练习独立吃奶酪打开奶酪棒。而且，每次小宝有了变化，我都及时用夸张的表扬来告诉爷爷。有一次，小宝妈妈告诉我说，爷爷真是有了很大的变化，现在经常和孩子说“你自己来”。

（来源：北京市西城区三教寺幼儿园　刘婷）

（二）家长半日开放日

半日开放活动是幼儿园家长工作的一种重要形式，家长可通过半日开放了解幼儿在园的真实情况，互相沟通，达成教育共识。家长半日开放日的形式分为环境参观活动、作品欣赏活动、家长旁观活动、家长参与活动、亲子游戏活动、家长助教活动。

家长半日开放日是向家长全面展示幼儿园生活教育的有利时机，也是实现家园合作教育的重要途径。在教师组织的各项活动中，可以更自然、更直观地将幼儿园的教育理念、教育方式展示在家长面前，使家长感受到幼儿园教育的专业性，逐步建立其对幼儿园教师、幼儿园教育的正确认识。在开放活动中，家长通过观察、发现，并与教师共同探讨教育中的问题，对教师的教育提出意见和建议，有利于促进教师的专业发展，而且可以真正实现在家园共育中促进幼儿、教师、家长三方面共同发展的目标。

（三）家访

家访是联系幼儿园与家庭的一座桥梁，是一种个别交流的形式，家访是教师与家长之间建立信任感和结成朋友关系的最好的方法之一。

教师走进家庭，对幼儿的个性及其成长环境有较为全面、客观的了解。在家访中教师、幼儿、家长面对面地直接交往和接触，缩短了彼此间的距离，建立了彼此接纳的情感基础。家访包含入园前的普遍家访、问题性个别家访、慰问式家访、基于课题研究需要的家访等类型。

通过家访，家长与教师能有针对性地了解幼儿的发展状况及其家庭成长环境，加强沟通，交流经验，共同促进幼儿发展。

（四）家长会

幼儿园家长会是幼儿教师和家长围绕特定目标开展的、面对面的、以口头形式为主的群体性活动，是幼儿园与家庭联系的重要途径，可为家长与幼儿教师提供沟通平台与渠道，一起达成教育共识、共同探索教育良方，消除教师和家长沟通的障碍。

成功的家长会有助于家庭和幼儿园之间建立一种“理解、信任、目标一致”的合作关系，发挥家园共育、合作共赢的作用。

1. 传统家长会存在的问题

(1)形式单一模式化

传统的家长会一般采用的都是“教师讲、家长听”的一言堂模式，这种模式只是单纯地完成了家长会这项工作任务，但实际效果如何并未引起教师的重视。

(2)平等关系欠落实

在以往形式单一的家长会过程中，教师总自然而然地以权威者、指导者、要求者的角色自居，会上给家长提出很多建议及要求，家长们则是处于被动接受的状态，参与的热情度不高，积极性不强，共育效果并不明显。

(3)关注需求不全面

以往召开家长会的时间都是利用下午的工作时间，老师们考虑的是家长开完会可以直接接孩子，并没有站在家长的角度去想，有的家长因为工作比较忙，会在工作和家长会的选择上产生两难的情绪，工作上请不了假就会让老人代替来开家长会，但是老人参加会议内容的领悟程度及传达效果不佳。参与的过程实际上就是走过场，不能起到实质性的作用。

2. 提升家长会效果的策略

通过对家长会组织原则的学习，从家长会的针对性、互动性、体验性、尊重性、关注需求性等方面积极思考，从管理角度提出三条策略建议：

(1)骨干先行树榜样

在各年龄班开展家长会之前，要求本年龄班中的市、区级骨干教师率先召开班级家长会，并请同组的其他班长参会旁听，给年轻班长提供学习机会，在骨干教师组织的家长会中，会学到很多好的班级管理方法及家长会组织的不同形式，同时骨干教师正确的观念与家长沟通的技巧也能及时地传递给年轻的班长，这种开放式的家长会，促进了教师间的相互交流，班级间的相互学习，同时也是骨干教师发挥作用的有效方式与途径。

(2)以长示人展优势

现在许多家长的学历较高，学识和能力也很强。面对家长时仅凭说教很难让家长信服，青年教师会紧张、会担心，不知道如何吸引家长，获得家长的认可。应倡导年轻老师充分挖掘自己的特长，在家长会上展示最优势、最专业的一面。例如，运用教师善于模仿和表演的特长，利用情景剧表演的形式既直观再现了家长们关心的问题，又巧妙地引出正确的育儿观点，既活跃了现场气氛，又展示了教师的才华，让家长们在转变观念的同时由衷地佩服教师的智慧，促进了家园沟通的顺畅。

(3)后勤保障暖人心

部分班级考虑到请假参与家长会对于班中的多数家长有一定的困难，于是就将家长会时间定在孩子离园后，也是教师下班后的时间，这样解决了部分家长的实际困难，家长们也不必为了选择参加家长会还是工作而两难。这样的调整保证了家长既不影响工作又能亲自参与，很多家庭都是父母一起参加，体现了家长的重视程度，同时有利于家长真正担负起育儿的责任。家长、教师都是在下班后继续开展工作，幼儿园后勤应该体现服务意识，在会上提供点心、茶水，让家长感受到幼儿园对待孩子、对待工作真挚的心。班级家长会虽然是班级的个体行为，但它也是幼儿园工作的一面镜子，会反映出幼儿园整体工作的精神面貌，后勤的大力支持是一线教师做好家长工作的必要保证。

【案例 5-3】

班级创新，和而不同

在班级家长会上，我们鼓励各班教师根据本班幼儿的具体情况及家长们的关注需求，采取适宜有效的创新方式，使同样的家长会开出不同的方式，精彩纷呈，和而不同。

一、聚焦问题——主题式

以往的家长会，老师们往往容易求全，想通过一次家长会就把班级中的各项活动、各项事宜、各种问题、各种要求都一一呈现，这种方式导致教师说得辛苦，家长忘得干净，并没有真正起到应有的作用。因此，主题式家长会应运而生，教师根据家长们现阶段最关心、最感兴趣的问题，有针对性地开展家长会，例如，大一班开展的“幼小衔接主题家长会”，是根据本班幼儿的发展需要与家长的关注点，确定会议的主题。会前向家长公布会议的内容和会上将要讨论的主题，鼓励家长查阅相关资料，让家长有备而来。避免会上教师抛出问题后，无人应答的尴尬场面。

二、平等关系——互动式

我们常说，在家园共育中，教师和家长是利益的共同体，家园双方最关注的都是孩子的健康成长，只有家园合作，心往一处想，劲往一处使，相互尊重，相互合作，才能形成教育上的合力，才能达成家园真正意义上的互动。

互动式的特点主要体现在：

1. 温馨的氛围：在许多家长眼里，只要谈到开家长会，就会感觉到有压力，心情紧张，无法全情投入，为了创设宽松的环境，产生“互动”的愿望，教师用自由交流的方式给家长们创设想说、敢说、愿意说的心理氛围，让家长们完全放松，一起聊聊孩子，家长们会感觉很亲切、很随意，自由畅谈，无拘无束，真正达到家园交流上的互动。既有良好的物质环境，又有宽松的心理环境，让教师和家长能拉近心理距离，不受场地和环境的限制，真正地畅所欲言，真正地互动交流。

2. 平等的关系：体现一种平等、互动的理念，教师与家长是站在平等的立场上，共同探讨问题而非教师向家长分配任务，体现内容与形式的共构与互动。

3. 话题的选择：互动话题的选择由家长、教师根据彼此困惑的问题或共同的关注点来共同选定，增强了互动交流的针对性和实效性。

4. 多样的形式：互动式家长会改变了教师讲、家长听的单一组织形式，成为家长与教师相互影响、共同提高的家园交流会。

三、感同身受——体验式

通过体验式的活动环节，家长们亲身感受到幼儿园的教育方式，感受到幼儿的学习特点与学习途径，从而正确理解学前儿童的身心特点与学习方式。体验式的活动调动了家长们的各种感官，远远比只听教师说教更直观、更有效。

1. 心理活动的体验

教师对家长说：“现在我们来玩一个游戏。大家不许说‘老虎’，如果你们说了‘老虎’，就会变成‘老虎’。”教师说完上面这段话后，请全体家长说出实话，现在头脑中想得最多的是哪两个字，家长们不约而同地脱口而出：“老虎!”

幼儿心理学告诉我们，幼儿是最容易受暗示的。心理体验游戏让家长认识到，不想让孩子做某件事，最好的方法是淡化，不提这件事，而不是在孩子面前一遍又一遍重复着不许做这件事。孩子的自制力有限，越是限制孩子，孩子因为逆反心理，反而越要去尝试这件事，结果适得其反！

2. 陪伴方式的体验

在幼儿成长过程中，家人为孩子创设的成长空间和生活环境起到了非常重要的作用，孩子是家长的一面镜子，很多习惯和性格的养成深受家长的影响，所以说，家长陪伴质量的高低直接影响孩子的成长与发展。

教师组织家长进行角色扮演，通过体验让家长感受到孩子的成长是不可替代的。教师将家长分成两组：一组家长蒙上眼睛，扮演失明者，另一组家长扮演搀扶的好心人。在老师的引领下，一个搀着一个，走过一段有楼梯、有拐弯的未知路线。过程中我们看到，搀扶的家长总是很用心，眼睛被蒙上的失明者却总是小心翼翼，犹豫着，甚至摸索着，一定要自己摸到墙壁才肯向前跨出一小步。老师虽然没有让大家比赛，但搀扶者总是很着急，想要争第一，总想拉着失明者走得更快一点。

体验结束后，家长们积极与教师分享作为“盲人”和“搀扶者”不同的心理感受。其实“盲人”就像是一步一步被催促成长的孩子们，他们其实也很想看一看成长道路上的风景，却因为被催促着到达终点，而错过了沿途的景色。而家长就像是一路上小心翼翼却又想要快一点护送他们到达终点的搀扶者，不仅和孩子们一样错过了许多风景，甚至剥夺了孩子们在沿途中看风景的权利。通过这个游戏，家长们明白了，任何人都不能代替孩子的成长，孩子让家长搀扶，是对家长的信任，但家长不能因为这种信任，而剥夺了孩子自主探究的权利和摸索的过程。

这种针对性强的体验活动更具有深度，让家长在体验中重新思考自己在孩子的成长过程中是否真正能够做到“放手”，是否能意识到自己在孩子学习和成长的过程中是陪伴者和引导者的角色定位，从而达成家园一致教育的共识。

3. 主题活动的体验

主题活动是班级活动的主要课程形式，在活动中教师经常会请家长们做不同形式的支持与配合，如果家长不了解主题活动的价值和发展点，那么就会产生很多的疑问，甚至会觉得幼儿园事儿真多，总是给家长留任务，如果家长产生了这种心理，那么家园共育、家园配合就无从谈起。

为了让家长真正理解什么是主题活动，主题活动的开展对幼儿发展有哪些意义与价值，我们的骨干教师巧妙地让家长每人拿出一张人民币，大家一起探讨“你在人民币上看到了什么?”。家长们纷纷行动起来，通过仔细观察：数字、文字、人像、图案、花纹、建筑、风景、盲文等元素一一被家长们发现，涵盖了五大领域的不同方面。

这样的体验不拘一格，让家长们理解了主题活动的开展是促进幼儿全面发展的有效方式，从幼儿感兴趣的一个点就能引发多角度、多形式的探究与思考。家长会上，教师已不是一个绝对的讲述者、指导者，家长也不仅仅只是听众和被动的接受者，而是积极主动的参与者、思考者。在主题活动的体验中，如果不是亲身体验，家长可能不会相信，从一张人民币中找出了十几种元素，涵盖多领域的探究内容。家长们惊叹：人的探究和创造力是无限的，孩子是天生的创造者，相信幼儿的探究能力更是无限的，要给孩子创造出理解、支持、引导的发展空间。体验式的活动帮助家长解决了面对孩子的教育有心却用不到点子上、有劲却使不上力的困惑。让家长们认识到，关心孩子的最好方式就是和孩子交朋友，尊重他们的想法，理解包容他们出乎意料的行为，为孩子创造宽松、和谐的成长空间。

4. 区域游戏的体验

有的幼儿园，孩子升入大班后，家长们纷纷办理退园，为孩子报名学前班，认为孩子在幼儿园每天就是玩，学不到什么东西，这种现象说明了家长不了解幼儿的年龄特点和学习方式，片面地认为认识多少字、学习汉语拼音、学习加减法才是为入小学做准备，忽略了学前时期是幼儿学习习惯和学习品质形成的关键时期。幼儿通过游戏活动中对材料的探究和操作、同伴间的相互学习与合作、发现问题和自主解决问题的过程，逐渐形成了良好的学习习惯和学习品质，为终身的学习打下良好的基础。为了将这样的理念传递给家长们，很多班级在家长会上通过让家长体验幼儿每天的区域游戏，亲自动手玩一玩平时孩子们游戏的材料，使他们体验到了游戏材料投放的丰富性及多样性，理解了游戏中蕴含了多种能力的锻炼与培养，真正感受到幼儿园的教育渗透在一日生活和游戏中是孩子们最适宜的学习方式。正因为如此，家长们对幼儿园高度认可，我园的大班幼儿的流失率极低。

四、交流分享——研讨式

在家长会中，聪明的教师借鉴了教师培训、教研活动中的活动方式，给家长们创设了更多自主交流、智慧共享的空间。通过分组研讨，梳理本组的想法，与大家分享交流，家长们从开始的拘谨逐渐在讨论中变得熟络起来，气氛轻松愉快，家长们畅所欲言，分工合作，在各组分享时展现出了家长们的聪明与智慧。通过研讨，家长们认识到孩子们只有通过亲身体验，才能获得相关经验。成人亦如此，孩子们更需要这种直观、具体的操作方式来认知身边和周围的一切。

（来源：北京市西城区和平门幼儿园　于静）

(五)约谈

约谈是教师与家长为解决双方共同关注且希望解决的问题而有计划、有目的地进行的深入交谈。约谈的前题必须是教师和家长双方都希望解决问题，而且都有迅速解决的强烈愿望。可以分为针对个别幼儿进行的个别家长单独约谈以及以小组为单位进行的集体约谈。

在约谈工作中，教师与家长之间的情感能够进一步密切，教师通过约谈活动了解家长的内心想法，缩短教师与家长之间的距离，使家长更加了解幼儿园的生活和活动。约谈之前，教师和家长都应该有所准备，在心中或以纸笔形式勾勒出沟通的重点。在交谈中，教师通常要简要、全面地汇报孩子近期在园中的表现、表现出来的优点和需要改进的地方；家长要坦诚地介绍孩子在家的情况、入园后看到孩子的长进和存在的问题，以及对幼儿园的期待。

【案例 5-4】

从“敌”到“友”

小班新学期像往常一样“热闹非凡”，我一眼便关注到了那个长相“帅气”却因妈妈没听话便发脾气的小男生“小宇”。结果不出所料，来园第一天小宇便与班内一个小女生发生冲突，且小宇的脸上被挠了一小道。晚接时，小宇全家都来了，在门口和小女生爸爸吵了起来。因为觉得孩子帅气的小脸“破了相”，小宇家庭甚至要用武力解决问题，导致最终小女生爸爸报了警才结束这场争端。

第二天，小宇在班内出现了打人情况，当有小朋友或老师不遵从他的意愿，便又哭又闹，大喊大叫，无法获得自己喜欢玩具就选择毁坏那个玩具。因为对小宇和其家庭已有初步了解，所以我决定先观察一下再与其家庭进行沟通，随着时间的推移，班内幼儿因为遭遇“欺负”也开始“远离”小宇，甚至有幼儿说："小宇最不听话，我不跟他玩儿"，这却让小宇的情况愈发严重。一天，当我解决小宇在建筑区因别人不和他一起玩就推倒所有玩具的争端时，他扬起积木就把我的手打破皮了，当我假装哭的时候，小宇却有些着急了，不停地搓手和跺脚。虽然见识过他家庭成员的"厉害"，我还是决定要与其妈妈进行约谈(妈妈很关注他的成长问题)。

约谈目的：

1. 了解幼儿在家情绪表达，及与家人和同伴交往情况。

2. 让家长了解幼儿在园情绪表达与社会交往现状。

3. 获取家长理解，家园配合解决幼儿情绪表达与社会交往问题。

约谈过程：约谈当日，小宇妈妈面色凝重地走进会议室，虽然她选择坐在老师的对立面位置，但神色也有些忐忑。我顺势挪动座位，坐在离她很近却也能面对面的位置，以此放松她的戒备心理和表明我们是同伴聊天的立场。

当我说出小宇长得很帅、性格很独立、面对事情有自己的看法、爱帮助别人，并表达自己对他的喜爱的时候，小宇妈妈瞬间面带微笑。停顿片刻，她感谢我平时能关注孩子，虽然小宇淘气还能看到孩子的优点，就这样我们的谈话瞬间破冰了！

然后，我将小宇在幼儿园的情况进行了反馈，并且表示孩子这样很正常，小班幼儿培养目标中有此内容，只是"咱们"小宇发展特点比较明显而已！这时小宇妈妈已放下戒备，告诉我其实自己很在意小宇，怕他发展不好，第一次被约谈其实一宿没睡好，担心老师会戴有色眼镜看待孩子。

我急忙肯定小宇妈妈的用心，接着询问小宇妈妈：如果孩子在家里出现情绪问题，你们是如何应对处理的？小宇妈妈叹了口气，道出了自己的苦恼，原来对于小宇的教育家庭内部出现了分歧，奶奶爸爸认为孩子无理取闹就该打骂，而自己是放任式教育，睁一眼闭一只眼。

我将班内幼儿已经出现"躲"小宇的情况告诉了小宇妈妈，幼儿园生活是孩子步入社会的开始，意味着他们需要与同伴相处，提升社会交往能力。如果小宇在幼儿园里一直不受小伙伴欢迎，可能会影响他的情绪，融入不了集体生活。我将对小宇的担心告诉了小宇妈妈。小宇妈妈又讲了小宇小时候的事，小宇一岁时被别人挠伤，之后家里很少让他与其他孩子一起玩。

孩子的社会交往能力是需要在与同伴交往中逐渐获得的，逃避不是办法。小宇妈妈感受到我是真的为孩子着想，真心希望小宇能成长起来，对我产生了信任感。我告诉小宇妈妈一定会尽全力帮助孩子在集体面前树立自信，并且希望妈妈在家可以借助交朋友主题的绘本，和孩子一起阅读交流和表达技巧，周末假期可以约着朋友家的孩子一起出去玩，帮他积累交往的经验。

教师感悟：通过家园协作，小宇很快便有了改变，在班内也交到了属于自己的好朋友。我与小宇的妈妈也成了“好朋友”，经常探讨育儿问题，这件事情让我认识到在做家园工作中的关键就是让家长感受我们的真诚，感受到我们是同伴的关系，共同为孩子的健康发展出力。

（来源：北京市大兴区亦庄第四幼儿园　高阳）

二、聚合家长力量，支持教育活动

家长参与幼儿园的工作，可以让家长对幼儿园产生更深的认同感。尤其对于刚上小班的孩子，幼儿园对于他们是相对陌生的环境，家长的参与可以缓解焦虑情绪，从而更快地适应幼儿园。主要的家园交往的方式有：

1. 设立家长委员会

家长委员会作为家长参与幼儿园管理与教育最常见的方式之一，是家园之间的一座桥梁，是幼儿园与家庭之间、教师与家长之间联系的纽带。家长委员会成员由各班教师与家长民主推荐或自荐产生。分为园级家长委员会和班级家长委员会。

家长是幼儿园课程资源的重要组成。家长委员会可以加强家园之间的信息联系，协调家园教育的一致性；发动和组织家长发挥不同职业优势和特长优势，配合、支持幼儿园教育的活动。

2. 邀请家长参与助教工作

指幼儿园主动邀请家长有目的、有范围地参与幼儿园的一些教学活动和协助教师工作，丰富幼儿的学习和游戏经验。包括教师助教、活动助教、义工服务等。

家长通过参与助教工作，能够促进对幼儿园教育的认识，感受幼儿教师的专业性，真正了解孩子在幼儿园究竟学了些什么，他们又是怎样进行学习的，同时，对育儿理念的提升也有一定的作用。

家长有着不同的知识和职业背景，可以为幼儿园提供更多的信息和资源，丰富幼儿园的课程内容。幼儿园利用家长的力量，家园形成合力，共同促进孩子的发展，实现 1＋1＞2。

【案例 5-5】

小电台和载体——浸幼儿园文化的班级线上阅读活动

每一所幼儿园有各自不同的文化模式，北京市西城区三教寺幼儿园在“和合文化”指引下开展家园共育工作，强调“教天地人事，育生命自觉”的教育主旨，引导家长更好地成为和合文化下的教育主体。2020 年初，因为疫情孩子们没法正常回到幼儿园。“阅读电台”成了我们探究的载体，小小的电台通过空中连线，把家长和教师合力在一起，为孩子们提供想说、愿意说、主动分享的小舞台。

合之愿：激发幼儿学习的兴趣、习惯和不断增长的学习感知力

疫情期间，我们老师在线上开展教师读书会，进行专业的反思和沉淀。同时在网上讨论主题活动“苗儿青青”，通过家园合育，推进课程进行。因为疫情，孩子没法与同伴交往和讨论，中班孩子最应该发展的交往和反思能力因为时空的限制被搁浅了。为孩子担忧感叹的时候，我们突然想到了一个好点子：让孩子们和老师一样开展阅读，可以促进孩子们交流分享，促使家长更好地担负起家庭教育者的使命。于是 2020 年 3 月，荔枝电台上开启了中五班“一起读书吧”的故事电台。

电台的目的不是机械地打卡，而是希望爸爸妈妈和老师一起在家营造良好温馨的阅读氛围，帮助儿童在人生的最初阶段学会“学习阅读”，将儿童向自主阅读和充分表达的方向培养，引导儿童享受阅读和分享的乐趣，培养起终身自主学习的好品质。

合之行：提升幼儿自主阅读的核心能力

电台创设了，问题也诞生了。“老师，我们不识字，怎么讲故事?”“老师，我们故事都是自己瞎编的，可以吗?”“老师，我们可以和孩子一起讲故事吗?”……这些问题也促使我们思考电台存在的价值和意义，是普通的打卡行为吗?是作为一个任务扔给家长吗？如何发挥电台家园连线的作用，为幼儿创设语言表达的机会呢？于是我在群里和家长们沟通：电台只是一个载体，我们可以用自己喜欢的方式给孩子们录制，不一定只是录制读绘本的音频。家长们释然了，孩子们自己有了想法，电台里的故事百花齐放了：有家长录制的故事，有家长和孩子录制的亲子故事，有孩子们自己看着绘本创编的故事，有孩子在脑海里自由创编的长达半小时的想象故事……孩子们语言表达的环境和机会在小小的电台肆意地飞扬，虽然没能相聚在一起，但是坚信总有那么一天，我们也可以在教室的同一时空下来分享我们的故事时光。

从3月开始，孩子们的录制故事分享到群里，老师会一一点评，和家长沟通孩子的表现。热情需要鼓励，教育需要韧性，于是老师每个月都会登记孩子们讲故事的数量，为孩子们制作电子奖状发给他们，家长也会为孩子们购入更多的绘本，陪孩子们阅读的时刻也越来越多了。和心合育的教育理念在小小的电台得到了诠释和鼓舞。

合之力：以和合之力带来成长和改变

半年的居家学习结束了，孩子们进入了大班，坚持了六个月的电台会随着学校生活的开始而结束吗？如何继续鼓励家长们和孩子持续保持阅读和分享的好习惯？如何把阅读习惯和幼小衔接结合，为孩子们上小学做好准备呢？如何更好激发孩子们想阅读、想分享的主观能动性呢？同一时空下的园本课程和班本课程为我们创造了良好的契机。

1. 创设分享机会，增加分享环节

午休前、过渡环节中我们开始聆听自己电台的故事，一个个小脑袋竖着小耳朵聆听自己讲述的故事，有的躲在被子里窃窃偷笑，有的抿着嘴大笑外溢，有的窃窃私语这是我的故事……这一时刻，老师深深地体会到教育的幸福感，孩子们半年的电台时光凝聚在老师和孩子的心里，因为电台我们互相鼓励，互相分享，互相欣赏。

2. 化物质奖励为鼓励，激发分享愿望

“老师，你登记的时候为什么给我漏掉了一个故事呢？”“老师，我们讲故事能得到小礼物吗？”大班的孩子解决问题和独立思考的能力有时让老师折服：我们自己登记故事吧，这样我就知道这个月到底讲了多少故事；不会打字可以让爸爸妈妈帮忙写，我们也可以语音输入来登记；我们讲故事希望得到礼物，能不能实现我们的愿望呢？比如给我们一张愿望卡。

每个月的故事不再需要老师和家委会家长一个个登记了，孩子和家长一起整理回顾时就登记好了自己的故事数量，有的小朋友拿着爸爸妈妈的手机语音就解决了；我们教室的“和合心愿树”上多了很多心愿小卡片：我想打水战、我想今天播放我的故事、我想毕业了能回幼儿园看看……充满童真的愿望。

从2020年的3月到2021年的6月，每个月孩子们都不间断地录制几百个故事，最令我们老师欣慰的是，读书和表达对于孩子们来说立体了起来，小小的电台走进了他们幼小的心灵，那句毕业后孩子们在群里说的“大杨老师，我会一直坚持读书的”，感动了我这个小小的教育工作者，阅读必将潜在地影响他们的生活方式，小小的电台实现了教育的韧性，为孩子们的终身发展奠基。

以小小的电台作为载体，通过家园合力，我们看到了一个个愿意分享、愿意交流、愿意探究和学习的孩子，阅读自然而然地成了孩子们的习惯，不断丰富和滋养孩子的精神世界。

3. 邀请家长参与志愿活动

开展“家长志愿者”活动，可提供空余的室内或户外场地，请家长们轮流走进幼儿园当“老师”或者协助“老师”组织活动。幼儿园可定期向家长发出《志愿者活动倡议书》，招募家长志愿者。家长志愿者根据自身专业、职业背景、爱好及特长，自愿选择工作内容。

（来源：北京市西城区三教寺幼儿园　杨平）

【案例 5-6】

不一样的春季运动会

5 月初，幼儿园内春色满园，是开展运动会的好时机。这次的运动会以各年级组进行，各班可以按照孩子的兴趣设计运动游戏项目。大班决定组织亲子拔河，中班进行两人三足的系列亲子活动。我们小班就有点为难了，小班孩子年龄小，运动能力稍欠缺，组织亲子活动很容易变成家长主导的活动。怎么样才能设计出以孩子为主的运动游戏呢？

我们班在班级微信群里向家长抛出了橄榄枝，邀请家长一起提供游戏创意。很快地，家长群里就热烈地讨论开了。最后，根据家长们提供的创意点子，再融入老师们有教育意图的设计，一款有趣、好玩又能促进体能锻炼的寻宝游戏就出炉了。

游戏的玩法是这样的：首先，小朋友按照宝藏线索提示图先后完成平衡木、翻越障碍、高跳下、投掷这四项运动，每完成一项运动可以得到一张拼图卡片，集齐四张卡片后，可以得到宝藏所在的位置，然后小朋友们按照图片显示的地方，寻找到自己的宝物，这些宝物是家长提前为小朋友准备的运动玩具，有儿童羽毛球拍、小足球、套圈、蹦蹦乐……

运动会前期，家长志愿者帮助老师一起设计线索提示图和拼图卡片。在运动会当天，家长志愿者是孩子的安全守护者，保障孩子完成有挑战的运动项目。

寻宝游戏既让孩子动脑，又让孩子获得了充分的运动。每个孩子最后拿着属于自己的宝物，乐开了花。得益于家长们在整个运动会设计与活动中的大力支持，孩子们收获了难忘的运动体验。

（来源：北京市西城区三教寺幼儿园　郭颖）

三、教育资源共享，提升家长育儿经验

为了让孩子更有利地发展，我们通过多种形式加强对家长的教育指导，提升家长科学育儿的能力。

1. 组织亲子活动，促进亲子关系

家长除了是父母的身份，也是孩子的游戏伙伴。通过亲子共同参与活动的方式可以增加亲子关系的亲密度，亲子关系的融洽是孩子成长最好的养料。家长的支持与合作是幼儿园活动顺利开展的重要保证。同时，邀请家长参与幼儿园的教育工作，会让家长们对幼儿园产生更深的认同感。孩子们也会因为家长的经常到来和共同参与而开心，促进亲子关系的融洽。亲子活动包括亲子春、秋游，亲子运动会，亲子大舞台等。

2. 开办家长学校，举办家长讲座

幼儿园定期组织家长学校讲座，聘请相关专家进行专题性的讲座或根据家长的培训需求专门邀请专家给予指导。也会邀请教育得法的优秀家长传授育儿经验，推动家长间的互相学习和交流。幼儿园也会筛选优质线上学习资源分享给家长。

3. 借助网络平台，分享育儿信息

通过网络途径分享教育资源和发布亲子任务。现在很多幼儿园都开设了微信公众平台，组建班级微信群，教师们可以非常便捷地与家长分享容易掌握的教育资源。教师也可以发布适宜的亲子任务，让家长陪伴孩子一起学习，建立亲密的亲子关系。

第六章　建设园本课程

【本章要点】

- 明确园本课程建设的概念与价值；
- 了解园本课程开发的不同类型；
- 了解园本课程的要素及其内涵；
- 了解一般幼儿园建设园本课程的历程；
- 掌握建设园本课程的关键思路和方法。

【本章关键词】

园本课程；创生课程；课程目标；课程内容；课程实施；课程管理

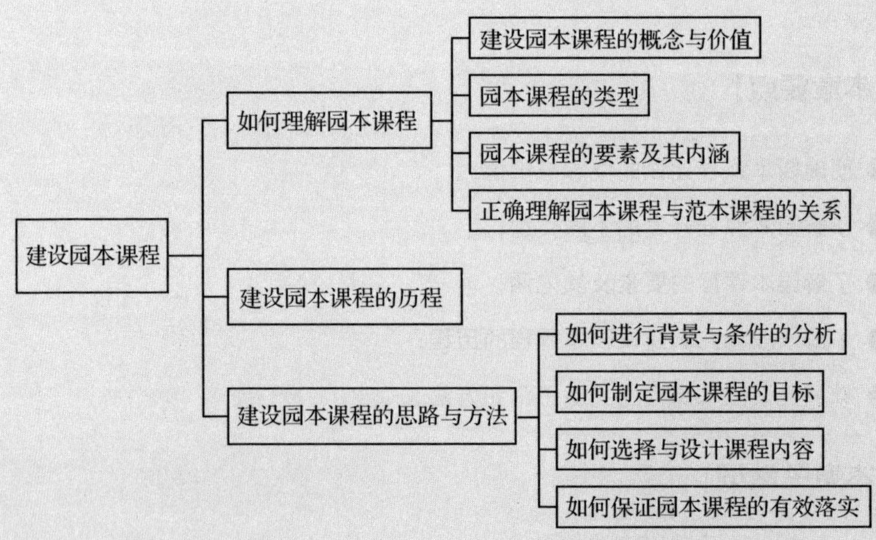
建设园本课程
如何理解园本课程
建设园本课程的概念与价值
园本课程的类型
园本课程的要素及其内涵
正确理解园本课程与范本课程的关系
建设园本课程的历程
建设园本课程的思路与方法
如何进行背景与条件的分析
如何制定园本课程的目标
如何选择与设计课程内容
如何保证园本课程的有效落实

幼儿园课程质量是学前教育质量的核心，建设幼儿园课程是园长工作的重要内容，是落实办园思想与理念、体现幼儿园文化、实现幼儿全面发展的载体和依托。本章首先从建设园本课程的意义和价值入手，引导园长能够正确认识建设园本课程在幼儿园质量提升中的重要作用，避免走向“唯特色论”的误区；其次，在此基础上，以北京市西城区三教寺幼儿园园本“四季课程”的建设历程为例，向读者呈现了一般幼儿园课程建设必经的实践阶段和历程；最后，给出具体的建设园本课程的步骤和方法，以课程背景、课程目标、课程内容和课程实施为例，在解构园本课程的关键要素的基础上，给出具体的样例参考。

第一节　如何理解园本课程

一、建设园本课程的概念与价值

幼儿园课程质量是学前教育质量的核心。要推动幼儿园课程质量的不断提升，关键是全面推动幼儿园课程改革。20 世纪 90 年代以来，幼儿园课程改革的历程几乎就是幼儿园园本课程研究的历程。① 全面推进幼儿园课程改革，既要遵循幼儿身心发展规律，纠正“小学化”教育内容和方式，又要遵循教育规律有效落实幼儿全面发展的关键经验，逐步消除“看管式”“放羊式”现象。其途径是通过园本化课程方案的开发、实施与评价，全面提升幼儿园教育质量，努力保障每一位幼儿从“有园上”迈向“上好园”。幼儿园通过编制园本化课程方案，大力开发课程资源，改进课程实施成效，深化课程评价改革，来提高课程整体质量，促进师幼共同发展。

何为“园本课程”？虞永平认为园本课程就是指以幼儿园之“本”为基础的课程或是在幼儿园之“本”的基础上建立起来的课程。在此，“本”是指基础、现状、背景、实际、条件及可能反映幼儿园现实的因素。因此，园本课程是指在幼儿园现实的根基上生长起来的，与幼儿园的资源、师资等条件相一致的课程。他还对园本课程开发的意义和价值进行了全面的论述：园本课程能充分调动各种教育资源，凸显幼儿园课程的宗旨，使教师得到磨炼和成长，丰富幼儿园课程的理论和实践。② 也有研究者认为，所谓的园本课程，应该是在一定的课程框架(包括确定的教育思想、课程目标、内容、评价体系)内，根据幼儿园课程实践的需要，在充分地利用幼儿园现存教育资源的基础上研发出的拥有鲜明的本园特色的课程。③

国外的幼儿园拥有很大的课程决策权，他们可以根据自己的特点设置课程，等同于我国的园本课程，但他们直接称之为“幼儿园课程”。美国、澳大利亚、日本、新加坡、英国、瑞典、意大利的幼儿园课程已经发展得比较成

① 银小贵：《园本教研促进幼儿教师专业成长的研究》，长沙：湖南师范大学，2009 年。

② 虞永平：《试论园本课程的建设》，《早期教育》，2001 年第 8 期，第 4—6 页。

③ 孙民从等：《关于幼儿园园本课程的讨论》，《当代学前教育》，2008 年第 2 期，第 16—19 页。

熟，其中一些对世界学前教育都产生了广泛而深刻的影响，比如我们所熟知的“蒙台梭利课程”“高宽课程”“光谱方案课程”“瑞吉欧教育模式”等。虽然这些课程具有非常显著的优点，但是我们也不能照搬照抄，脱离具体实践的课程是没有生命力的。我们只能根据我国的情况选择性地加以吸收调适，借鉴他们的理念创造性地运用。

园长应该分析幼儿园自身的实际情况，对选用的课程进行园本化改造和研究，整体设计园本化课程方案，也就是建设园本课程。园本课程应该在课程理念的引领下，给予幼儿园现状分析，就课程背景与条件、课程目标、课程内容、课程实施、课程评价、课程管理与保障等要素，进行合理的规划与组织，架构清晰的园本课程结构。

二、园本课程的类型

不同的幼儿园会根据幼儿园实际情况，针对不同问题和价值点，深入分析，建构幼儿园特色课程。其开发课程缘由各不相同：

其一，基于幼儿园特点完全自主开发园本课程。20 世纪 90 年代末，南京太平巷幼儿园在南京师范大学虞永平教授的引领下，积极吸收瑞吉欧课程理念，吸纳古今中外教育名家的先进教育思想和课程模式，自主开发园本课程——田野课程。提倡建设以儿童为本位、以生活为基础、以行动为途径的课程，让幼儿在开放真实的生活情境中，通过多种活动方式自主学习，让课程成为幼儿的行动过程。

其二，根据园情历史特色主线传承开发园本课程。温州市第九幼儿园坚持有特色地做美术教育，以课堂为主阵地，以课题为抓手，基于历任园长研究美术的基础上，从 2005 年开始研究“意象”绘画教学，步步聚焦，形成了“幼儿园意象绘画教学体系”，即“写意教学—意象绘画教学—嫁接式意象绘画教学—美术游戏化教学”。温州市第五幼儿园从 1998 年到 2013 年的 15 年间，历经三项省、市级课题的持续研究，扎实建构了“玩沙、玩水、玩泥”的“三玩”课程。

其三，以问题聚焦为基点开发园本课程。上海南西幼儿园确立“以游戏为基本活动”的课程，从一个问题引发了其对“游戏课程”的全盘思考和立项研究。形成自主游戏中师幼互动的有效策略，梳理幼儿生成活动的回应策略及价值判断依据，最终确立了“快乐玩，有效玩”的游戏课程理念。

其四，充分利用幼儿园所处的区域资源优势开发园本课程。幼儿园所拥有的独特区位资源，在开发课程中具有不可比拟的优势。这些资源包括校内的独特地貌、动物植物，校外的历史文化古迹、民间艺术习俗，社区中的文化设施如博物馆、公园、传承人老字号，等等。通过组织主题单元式或项目探究式活动，挖掘这些资源中所蕴含的教育价值和文化内涵，发展具有地区文化特色的园本课程课程，更加贴合幼儿所处的社会生活环境，具有更强的生命力和适应性，同时能够解决课程资源缺乏的问题，解决课程发展薄弱的问题。

三、园本课程的要素及其内涵

在幼儿园明晰的课程理念的统领下，一个完整的园本课程实施方案可包括幼儿园课程背景与条件、幼儿园课程目标、幼儿园课程内容、幼儿园课程实施等。

1. 课程背景与条件

对课程背景与条件进行分析是幼儿园课程实施方案编制的基础和起点。只有对幼儿园的实际情况有了明确、深入的分析，对与幼儿园课程相关的本园背景与条件进行深入、透彻的解读，才能找准问题和方向，才能在课程理念上定位清晰，从而使本园课程实施方案更具有针对性和有效性。幼儿园课程实施方案的背景与条件分析，一般可以从以下几个方面来展开：国家或地方对幼儿园课程实施的精神与要求，本园幼儿园课程发展的重要历史阶段以及工作重心(或特点)，本园幼儿园课程实施的各要素的主要特征，包括强项、弱点以及主要原因和影响因素等。

2. 课程目标

课程目标是指幼儿园力图通过课程促进幼儿的身心发展所要达到的预期结果。课程目标反映课程的价值取向，也即做课程所依据的教育哲学以及所反映的教育目的，这是幼儿园课程的价值取向之所在。幼儿园的课程目标应该在符合课程基本精神和要求的基础上，基于幼儿园背景和条件的分析而提出。

3. 课程内容

课程内容是根据特定的教育价值观及相应的幼儿园课程目标所选择的幼儿学习内容，简单地说，课程内容主要解决的是幼儿学什么和教师教什么的问题。课程内容是实现幼儿园课程目标的手段。内容选择要基于课程目标和幼儿的经验，要适合幼儿发展特征、贴近社会生活、顾及基础性和全面性，内容组织要体现连续性、顺序性、整合性、螺旋式上升等特点。

4. 课程实施

课程实施是根据课程目标具体落实课程内容的过程，幼儿园应在一定程度上具体明晰教师实施课程的各项要求和准则。不过，课程的组织与实施过程，是幼儿园及教师创造性地开展工作的过程，幼儿园及教师需要依据本社区、本园、本班的条件出发，结合幼儿的实际情况，灵活合理地开展各种有利于儿童发展的教育活动。

以上四个方面仅是园长在思考园本课程时最基础的要素，除此之外，园本课程还包括课程的理论基础、课程评价、课程管理与保障等。例如在课程管理中，又可以包括课程编排、开发及审议，保教日常管理与指导，教师课程实施评价与质量监控，课程评价及各类课程资源管理等诸多内容。总之，园本课程的建设过程要循序渐进，在实践中逐渐完善和发展，不断充实课程的各个要素，经过长期的探索和沉淀后，才能最终形成相对固定的样态。在课程建设的不同时期，所呈现的课程要素内容也不尽相同。

四、正确理解园本课程与范本课程的关系

对于许多新手幼儿园园长而言，完全从零开始建设一套系统的园本课程是有难度的，也并非一所幼儿园在短时间内就能实现的。其实，我们说的创建园本课程，可以分几步走，至少可以包括两个阶段。首先是规定课程的园本化，是在实践中的删减和改造。进而再进行 20%左右的园本化创编，再逐步扩大园本课程的占比。用图 6-1 可以简单说明这个关系。

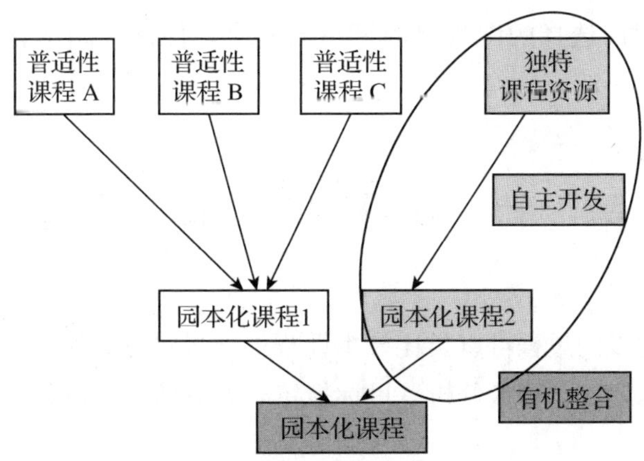

图 6-1 正确理解“整体设计”园本化课程方案

园长应该能够正确理解，课程是一个整体，只关注个性化课程是不够的，而要把个性化和普适性的课程有机结合起来。对于新起步的幼儿园而言，并不是所有的课程都要自主开发，也可以是普适性课程的园本化。

要正确把握园本特色与普适性课程的关系，园长要做到整体设计。从范本课程的园本化，再到创设独有的园本课程，一般经历以下阶段：

第一个阶段：模仿阶段，直接给予教师范本化课程进行模仿，使教师的课程实施能力得到提高。这一阶段就是模仿为主，即已有课程的园本化，比如我们去学习别人做得比较优秀的二十四节气课程。

第二阶段，拐杖阶段，原创与规定内容二八开，逐渐提高比例。如，先增加一节自己的课，然后增加自己的一个主题活动，这个调整的过程，就叫赋权更能。随着能力的提升，自主开发的比例可以高一点。成分的多少，根据幼儿园教师的水平而不断调整。

第三阶段：创生阶段。创造是无中生有，创生是有中生有。举个例子，龙的形象就是创生，是依据已有的多种动物的形象，加上自己创造性的想象合并在一起，并且赋予它新的意义和价值，这就是创生阶段。在这一阶段，园本课程的特色会更加凸显，它一方面遵循幼儿园课程的普遍规律和原则，要素完备，运行有效；另一方面更加能体现本园幼儿的兴趣需要和发展需求，体现本园教师的教育理念，与幼儿园所处的社会文化背景更加融合。这个阶段的园本课程具有较强的原创性，教师的课程自主权更加凸显，园长独特的办园理念和办园思路更好地得到体现和落实。

总的来说，园本课程的开发方式应该根据幼儿园的具体情况来确定，没有条件的幼儿园可以采用课程选择的方式直接使用优质的课程资源，有条件的幼儿园可以对所选择的课程资源调适与整合，使课程园本化，在此基础上进行课程创新。

第二节　建设园本课程的历程

园本课程建设的过程可以类比校本课程的建设过程。例如，校本课程的操作模式包括组织建立、现状分析、目标拟定、方案编制、解释实施、评价与修改六个步骤[①]，这些活动方式和操作模式也适用于园本课程的开发。在实际建设过程中，不同幼儿园根据已有基础和情况的不同，经历的过程也不尽相同。

【案例 6-1】

三教寺幼儿园“四季课程”的建设过程

北京市西城区三教寺幼儿园以“弘扬中华优秀传统文化，做有根有魂的学前教育”为课程目标，尝试在实践中逐步建构“四季课程”。回顾 2019 年 9 月至 2021 年 4 月一年半时间，幼儿园本园保教工作以建构和推进传统文化课程为核心，不断尝试与实践。

我们经历了以“二十四节气”推进传统文化课题建构阶段（2019 年 9 月前）—初步构想“秋月节”“冬雪季”园本活动并尝试实践阶段（2019 年 9 月—12 月）—线上推进“春花节”“夏日季”班本主题活动阶段（2020 年 3 月—6 月）—完善及实践园级活动样态，第二轮园级庆典活动探索阶段（2020 年 9 月—2021 年 4 月）。

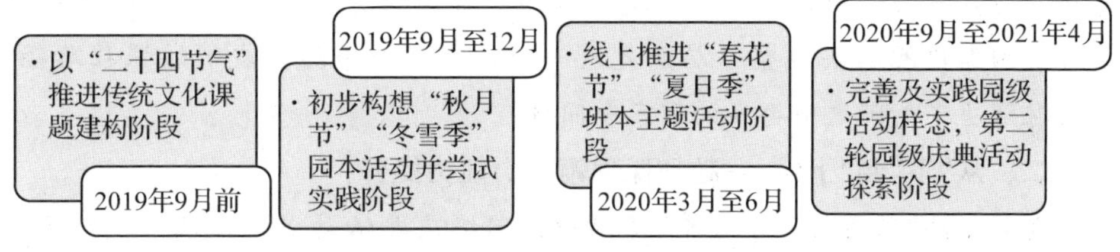

图 6-2　逐步建构“四季课程”

教育管理者要做的是：把控每个阶段的不同使命，以此促进课程不断深化和教师专业成长。

一、从“点”到“面”——园本化活动实践路径的建构

2019 年 9 月开始的初步构想“秋月节”园本活动并尝试实践阶段，是基于园级对幼儿园课程和传统文化教育认识的基础上，回顾前期传统文化课程的研究与不断反思之后产生的一种对教育价值选择与课程设计相结合的新的园本活动实践路径。

当时幼儿园的课程活动处于一种较迷茫的状态。老师们围绕二十四节气活动开展教育实践出现困惑并难以实践。一是节气变化快，时间短，不好从

① 吴刚平：《校本课程开发》，成都：四川教育出版社，2002 年版，第 110—119 页。

主题活动入手推进。二是节气主要是指导人们开展农耕，处于城市中的孩子感受不深，很多节气特征变化不明显。那个时期园级课程建构也是处于迷茫状态，只有一个大致方向，而缺少深入的分析与思考，缺少对园级优势经验的分析与教育价值的选择，缺少整体课程的规划和设计。

那时，我在想我们的优势是什么，如何借助这些优势与教师的经验推进现有的课程，突破固有的模式，解决教师现实问题，以促进课程的进一步提升。

三大优势：一是"十二五"课题"园级主题活动的实践探索"为园级课程活动建构探索了有效的模式与路径。二是"十三五"课题"关键经验的实践研究"为教师教育专业能力打下坚实基础。三是园长领导力与强大的资源系统，为幼儿园课程建设提供了强有力的保障。

基于以上优势的分析，充分体现园长说的"要扬之所长"，"秋月节"的园级庆典活动模式在我头脑中初步形成。它集合了我们对传统文化教育价值的思考，凭借我们的优势经验，以园级力量建构活动的形式呈现，以教师教育专业能力开展实施，并能够充分发挥我们的资源优势。通过"秋月节"这个点来带动园本化活动实践整个层面更进一步，寻找一条适合我们的课程路径，同时也解决了老师之前存在的困惑和问题。

二、从"下"到"上"——教师课程领导力能力提升

在第一轮"秋月节""冬雪季"活动中，园级庆典活动成功建构，获得了幼儿的喜爱和家长的认可，取得了较好的社会效应。但班级传统文化主题活动建构却存在较为突出的假、大、空问题。不是老师们的问题，是我们在整体主题活动建构中缺少引领与路径探索。此时需要落实教育的班级教师转变视角，提升班级课程领导力，从而自下而上地提升课程质量。

在学期末，经过上述思考，确定了教师课程领导提升的构想，并于1月开启以重新审视传统文化资源、聚集核心主题的全园教研活动，引导教师不断转变视角与观念。

之后的疫情，让我们有时间停下来深度思考班级教育活动建构的问题，以及改进的路径。"春花节""夏日季"以园级为单位建构开展园级、年级、班级三级教研活动。以班级教研为研究单位聚焦问题研讨，制定班级主题活动思路、线索、框架、资源及实施路径。以年级教研为提升系统交流各班级主题架构情况，梳理支架策略，帮助各班级把控活动阶段的准确性、线索的清

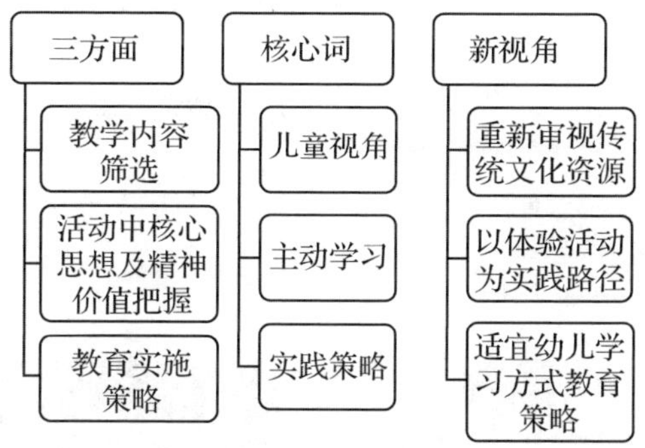

图 6-3　重新审视传统文化活动建构

晰性、资源的丰富性、实施路径的可行性。以园级教研为平台开阔教育视野，提供专家教育讲座，开拓教师教育思路。从而协助班级制定适宜、有效、可操作、可探索的儿童视角主题建构，提升教师预设和实施课程活动的能力。

总结出通过兴趣引发—问题引导—关注共同话题—探索问题答案—绘画创意表达等教育策略不断推进儿童视角的家园共育活动。

总结出感知发现、探索操作、拓展延伸、表达表现活动四阶段，保证活动的连续性与深入性，保证活动结构的递进性。

三、从"赋权"到"支持"——教师课程管理理念的革新

以儿童视角推进和建构传统文化主题活动不仅对教师专业素养提出较高的要求，对幼儿园课程管理也是巨大的挑战。随着班级传统文化主题建构的推进，管理层越来越意识到，赋权的背后需要的是制度的依托、专业的支持。

课程建构引领的支持：推进以科研引领课程框架建构、保教引领活动实施模式建构，科研与保教相互协作共同支持。

教师实施策略的支持：教育管理者除规划幼儿园总体课程，决定各类型活动之间的时间与配比，制定和调整不同季节、不同年龄段幼儿的作息时间等常规工作外，协助教师们解决班级传统文化主题活动建构中遇到的瓶颈；帮助教师确立推进重点与线索，开展班级活动的分享，思考班级传统文化主题活动与园本课程之间完善、优化等问题。在活动的具体设计、高质量的实施上，提供切实可行的建议和支持。

各项资源保障的支持：由园长、后勤主任、保健教师、电教教师、财务教师、园艺维修、社区资源等形成的资源保障体，在园本课程和班本化课程

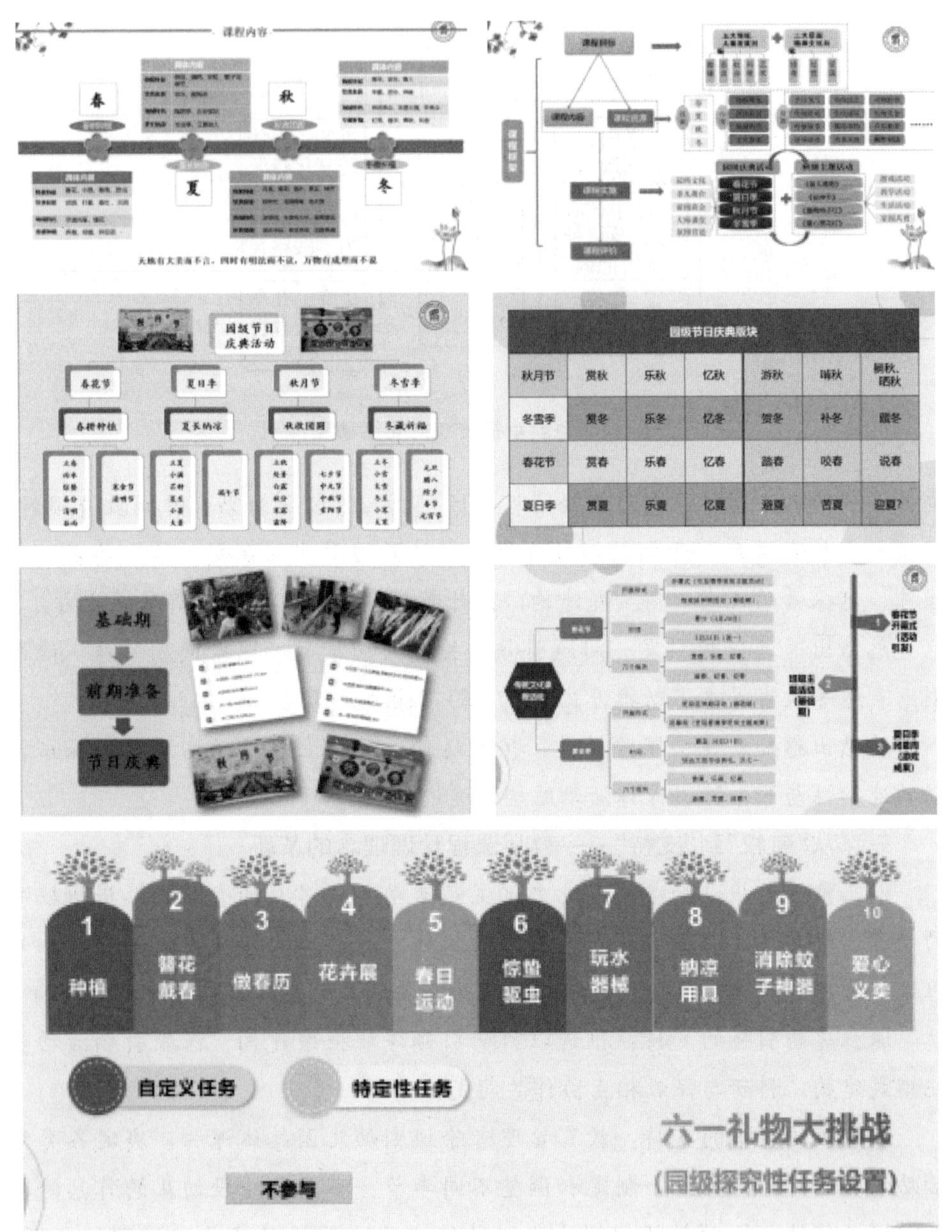

园级节日庆典版块						
秋月节	赏秋	乐秋	忆秋	游秋	[illegible]	[illegible]、晒秋
冬雪季	赏冬	乐冬	忆冬	贺冬	补冬	藏冬
春花节	赏春	乐春	忆春	踏春	咬春	说春
夏日季	赏夏	乐夏	忆夏	避夏	苦夏	迎夏?

图 6-4　科研与保教的引领

建构、实施的过程中，全方位提供人力、物力、财力等支持，协同优化课程资源库，使相关资源的使用便利、快捷。

从“点”到“面”——园本化活动实践路径的建构，是保教管理者对幼儿园教育价值的选择力和课程设计规划能力的体现。把握幼儿园教育的方向和规划，通过“点”突破困境，促进整体的提升。

从“下”到“上”——教师课程领导力能力提升，是保教管理者对园本教学的判断力，清晰地了解幼儿园教师的能力，深刻地把握幼儿园教育的弱点和薄弱环节，帮助教师在职业道德修养、专业理念、专业知识、专业能力等方面不断提高。通过提升教师专业发展促进幼儿园整体课程质量提升。

从“赋权”到“支持”——教师课程管理理念的革新，是保教管理者对园本课程的开发力，从管理的角度促进教师建构课程、发展课程的推动，不断地提升幼儿园教育、教学质量，促进园本课程的开发。

（来源：北京市西城区三教寺幼儿园园长　韩鸫）

第三节　建设园本课程的思路与方法

园本课程的开发可以包括课程选择、课程改编、课程整合、课程补充、课程拓展、课程创编几种具体的活动方式。接下来以课程创编为例，具体介绍建设园本课程中的几个重要问题的思路和方法。

一、如何进行背景与条件的分析

一般而言，幼儿园课程实施方案的背景与条件分析，可以从以下几个方面来进行：本幼儿园的性质和特点；本幼儿园课程基础，包括课程发展的重要历史阶段以及课程研究重心（或特点）；本园幼儿园课程实施各要素的主要特征，包括教师和幼儿的课程需求，教师课程实施的专业水平能力，幼儿园的园舍、班级环境、设备等基础课程硬件的特点，幼儿园在课程与资源等方面的优势与不足；幼儿园课程运行机制的特点，包括规划设计、实施安排、监督调控、信息传递与反馈等。

在幼儿园，园本课程的开发非常重要的一个方面是做好课程的资源开发和利用。山西某幼儿园从自然地理、民间文化、人文历史等多方面挖掘课程资源，对园本课程资源分析归类，提出采用主题活动的形式进行开发。[①] 山东某幼儿园建设了包括种植区、养殖区、探索区、观赏区四大区域的生态园，

① 袁圆：《农村幼儿园园本课程资源开发与利用》，西安：陕西师范大学，2008年。

秉承“天人合一”的理念，关注幼儿的经验，围绕季节的变化顺势而生构筑自然教育课程体系。[①] 朱激文在《探索田园，乐在梅园》一文中介绍了梅山中心幼儿园租用三亩土地，自主开垦设计，种植树木和蔬菜瓜果，利用土地的价值进行种植园区课程资源开发，建设具有海岛田园生态环境特色的园本课程。[②] 由此可以看出，从分析幼儿园已有的优势资源入手，是一种常用的建设园本课程的方法。

在进行园本课程背景和条件分析时可以借鉴 SWOT 分析法的思路。SWOT 分析法，即优势（strengths）、劣势（weakness）、机会（opportunities）和威胁（threats）分析，它是基于企业自身实力，对比竞争对手，并分析企业外部环境变化影响可能对企业带来的机会与企业面临的挑战，进而制定企业最佳战略的方法。下面以案例对 SWOT 分析法进行说明。

【案例 6-2】

基于 SWOT 法分析五彩生态课程的构建

幼儿园课程的构建不是纸上谈兵，而一定是基于多方面因素的考虑，离不开国家的政策导向与育人方向，立足于区域发展的定位，更离不开幼儿园自身的沉淀与发展。这也是对园本课程与国家课程、地方课程关系的考量。在“十四五”高质量发展的背景下，学前教育的目标也从“幼有所育”过渡到“幼有优育”。如何让幼儿园课程的建设更有质量，实现幼儿、教师与幼儿园三方面的共同发展成为一个焦点，新时期构建课程既有机遇也有挑战，我园在构建的前期也结合 SWOT 法进行分析，让课程的构建更加富有科学化与园本化。

一、优势

1. 得天独厚的地理条件

门头沟区作为北京市的生态涵养区，环境优越，风景如画，生态宜人，在生态涵养的大背景下，我园具备得天独厚的地理条件。区域内的青山绿水、瓜果特产、民俗人文等都为课程资源注入了活力。在这几年幼儿园的物质环境建设上，我们尤其关注幼儿园的生态建设，园内设有专门的小菜园、沙池、

① 王冬梅：《回归自然育灵性》，《学前教育（幼教版）》，2014 年第 5 期，第 3 页。
② 李爱华：《幼儿园园本课程开发的策略》，《吉林省教育学院学报》，2012 年第 11 期，第 5 页。

水池，种有多种植被等，在环境创设上最大限度地满足生态育人环境的物质条件。这些也为我们前期生态活动的开展提供了基础。

2. 生态活动的初步尝试

构建课程不能抛弃过去，而是要回望过去，在过去的经验上寻找新的发展点。我园近几年都在进行生态活动的探索与尝试，在尝试的过程中，我们发现幼儿的问题探究与解决等综合能力确实得到了提升，同时教师的课程设计力与实施力也在不断发展，这都无疑证明了我们的方向是准确的。

二、劣势

生态活动的尝试赋予了活动方向的准确性，但离课程的构建仍有一段距离。何为生态活动、有哪些生态的理论、一个个生态活动如何构建出课程的问题都摆在了我们的面前。换言之，我们的课程在当时缺乏理论的支撑、缺乏课程的系统化，我们的教师仍然是在自己设计活动，缺乏一些理念与框架引导教师，因此我们急需理论的引导来让课程变得科学化、系统化。

三、机遇

1. 对于国家政策的理解

让课程变得系统化，需要对国家的育人方向与政策导向进行充分学习与认识。党的十八大提出把立德树人作为教育的根本任务，同时指出生态文明建设是新时代中国特色社会主义的一个重要特征。生态文明教育正是现代道德教育的重要内容，在生态文明道德教育中，我们不仅要打造生态文化家园，塑造生态文明风尚，同时也要构筑生态文明高地，我们以生态文明道德教育为切入点进行课程构建的思考。国家对于自然与人关系的阐述也给予了我们启发，生态更是一种价值观与视角。

2. 寻找学习生态理论

在以国家政策背景为前提下，我们开始寻找理论支撑。在文献的查阅与梳理中，布朗芬布伦纳的人类发展生态学、中国古代的生态哲学、陈鹤琴和陶行知的教育理念都赋予了生态更多的含义与意义。生态不仅仅是关注自然、渗透人与自然和谐共生的关系，生态更是一种价值观、一种视角、一种生活方式。从生态的角度构建学前教育课程是希望以生态学的眼光、态度、原理和方法去看待问题，看待儿童的发展。我们的课程借助对布朗芬布伦纳的理论学习在构建提供了一些理论上支持。

四、挑战

在有了国家政策引导以及理论的支撑后，我们的课程构建也就被赋予了更多现实意义与时代意义，但我们也开始思考一些问题，如生态学视角下的活动有什么特别之处？在这样的课程体系下我们想要培养什么样的孩子？我们的课程包含哪些丰富的内容？我们的活动如何落实课程目标“支架孩子的发展”？这些都成了下一步思考的问题。

（来源：北京市门头沟区第一幼儿园　李静　张静）

【案例 6-3】

小龙舞出大世界

——大连市金州区第一幼儿园“龙舞非遗”课程简介

金州龙舞是辽南古城金州最具特色的民间艺术，舞姿变化多端，神奇而富有魅力，距今有 130 多年的历史，被文化部批准为国家级非物质文化遗产。在古城金州，舞龙表演是孩子们喜闻乐见的民间舞蹈。1957 年，金州龙舞队进京参加第二届全国民间音乐舞蹈会演，荣获创作、导演、表演三项大奖，受到周恩来、朱德等国家领导人接见，使得金州龙舞誉满京城。2006 年，幼儿园带孩子们参观龙舞基地，当看到大人们出神入化的龙舞表演后，孩子们兴奋地说：“我也想舞龙，我也要舞龙。”

在传承发扬古城文化的实践中，新旧观念的碰撞、对幼儿龙舞的大胆实践与探索，使幼儿园初步确立了自己的教育思想和实践方法，尝试研究在幼儿园中对非物质文化遗产——金州龙舞的继承和发展，让优秀的传统文化通过幼儿得到传承和发扬。幼儿园以“立德树人守初心，赓续非遗传文化”为课程理念，秉承“真研究、真游戏、真传承、真融合、真发展”的教育原则，密切联系幼儿实际生活，充分利用幼儿所熟悉的周围环境和身边的事物，构建“743 模式”幼儿龙舞课程。以梦龙—寻龙—舞龙—恋龙—话龙为主线，确立了“知龙、爱龙、做龙、悟龙”的系列化教育模式，将金州龙舞以幼儿易于理解和接受的形式融入幼儿园的各项活动中，幼儿在直接感知、实际操作和亲身体验的过程中，发现和感受龙舞的艺术魅力，萌发热爱家乡的情感。金州一园也在开发本土化的课程内容中获益，办园质量得到了极大的发展，“金州龙舞”课程方案成为享誉本土的幼儿园课程实践，《基于儿童视角的龙舞课程探索与实践》《指向文化传承的幼儿龙舞课程实践与探索》等教学成果多次获得省市级荣誉。

幼儿龙舞，不仅使金州龙舞后继有人，也让师生们了解到博大精深的龙文化内涵，从而培养了孩子们坚韧不拔、勇往直前、精诚团结、不怕困难的人格，舞出了生生不息的中华民族团结、勇敢、一往无前的精气神。

（来源：辽宁省大连市金州区第一幼儿园　徐凌霞　田纯净）

二、如何制定园本课程的目标

1. 确定课程总目标：根据国家及地方课程总目标的核心思想，结合幼儿园课程理念和课程愿景，制定出符合本园实际的课程总目标

幼儿园首先要准确分析和理解国家及地方课程文件中关于课程总目标的核心思想，把握课程总目标的精神，如凸显幼儿个性、习惯、自主性、责任感等品质的发展。同时，目标制定时，更要注意考虑和紧密结合本幼儿园的课程理念与课程愿景，在描述幼儿园课程总目标的内容时，将课程理念和课程愿景的核心思想，反映在课程总目标中。因为课程目标与课程理念、课程愿景等概念之间具有密切的相关性，彼此之间有内在的逻辑关系：课程理念反映了课程的价值取向，特别是课程目标的价值取向；愿景是人们心中或脑海中所特有的意象，课程目标是课程愿景的要素之一，作为工作导向能够把愿景变得更具体实在。以上制定课程总目标的思路，可以用图 6-5 来表示。

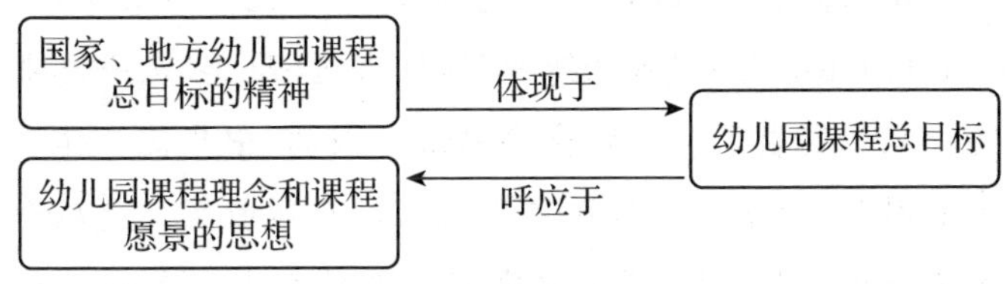

图 6-5　制定课程总目标

特别需要指出的是，幼儿园在制定课程总目标时，园长作为课程发展方向的掌舵者，必须具有坚定的价值立场，牢牢把握习总书记对教育“立德树人”这一根本任务的定位。朱家雄教授也指出，教育的主导方向应该清楚，要从国家发展需要和幼儿生长规律两个层面理解教育。个体需求和国家意志，似乎成为教育天平的两端——一方面，教育应尊重儿童的发展规律，尊重幼儿发展的主体性，在这其中幼儿学习他们能够学的；另一方面，教育要尊重社会文化与国家发展的需求，儿童还要学习他们应该学习的，从而成为一个

社会人。因此，在思考课程目标时，需要把握好两者的关系，兼顾国家发展需要和幼儿生长规律这两个层面的要求。

（1）按照国家要求、文化传统、社会规范培养人 （2）培养合格的社会公民 （3）认同自己的文化 （4）认同自己的国家 ……	+	（1）按照儿童自己的要求、兴趣培养人 （2）培养独一无二的个性 （3）关注儿童自己的利益 （4）认同个体自身的价值 ……

图 6-6　从国家发展需要和幼儿生长规律两方面把握课程目标

【案例 6-4】

关于幼儿园课程目标的思考

教育是培养人的事业，是为国家和社会培养德才兼备的建设者和可靠接班人的事业。教育必然受到政治、经济、社会、文化的影响。今天的社会对人才是如何要求的？如何从国家发展需要和幼儿生长规律的层面理解教育、建构课程？如何为幼儿提供好的教育？这些都值得学前教育工作者深思。

立德树人是教育的根本任务，而立德树人必须从中华优秀传统文化中汲取精神营养。幼儿园教育是基础教育的基础，中华优秀传统文化教育“从娃娃抓起”，是为儿童的终身发展“培根铸魂”的远大过程。习近平总书记对继承发扬中华优秀传统文化发表了一系列重要讲话，强调“中华优秀传统文化已经成为中华民族的基因”。中华优秀传统文化融入幼儿园教育，是从个体生命的早期为教育注入民族文化的“基因”，解决好培养什么人、怎样培养人和为谁培养人等重大问题。

三教寺幼儿园立足幼儿园实际，依托区位优势，在优秀传统文化中寻找哲学基础，在教育家思想中找寻课程理念，顺应自然天性、适应社会生活、符合国家立场，以“传承中华优秀传统文化，做有根有魂有韵的学前教育”为目标，明确传承什么、怎么传承。我们以综合主题活动、区域游戏活动、一日生活活动的形式入手，遵循幼儿直接感知、实际操作、亲身体验的学习方式，以“支持幼儿有意义的学习过程”为核心，通过产生兴趣、主动体验、深度探究、分享合作、联想创意五步路径，将中华优秀传统文化融入活动主题，让孩子在游戏与真实生活中培养学习品质、建构关键经验、浸润传统文化。

（来源：北京市西城区三教寺幼儿园　王岚）

【案例 6-5】

三教寺幼儿园"四季课程"总目标的建构与思考

"四季课程"建构之初，幼儿园已经确定了"传承中华优秀传统文化，做有根有魂有韵的学前教育"课程建设目标。其中，"有根"代表着以中华优秀传统文化为内容，将课程扎根于传统文化的沃土中，正所谓根深才能叶茂。"有魂"代表着传承的目标是将适宜幼儿的社会主义核心价值观通过课程内容传递给幼儿，也就是教育之魂在于立德树人。"有韵"代表着传承的方式是以浸润涵养为主，蒙以养正，以文化人。

在确立课程总目标的基础上，我们从中国本土的教育论著出发汲取理论依据。

1. 陈鹤琴："活教育"理论

陈鹤琴先生"活教育"的目标："做人，做中国人，做现代中国人。"

"活教材"指的是：取大自然、大社会直接的"书"，让幼儿在与自然和社会的直接接触中，在亲身观察中获取经验和知识。

2. 叶澜教授关于教育内涵的论述

华东师范大学叶澜教授将中国哲学、文化传统融入对"教育"内涵的构建，提出"教天地人事 育生命自觉"的中国式表达，认为要把中国教育学的根扎进丰富的本土精神土壤之中。

3. 维果斯基的支架理论

支架理论是以维果斯基的最近发展区理论为基础，对较复杂的问题通过建立"支架式"概念框架，使得学习者自己能沿着"支架"逐步攀升，从而完成对复杂概念意义建构的一种教学策略。维果斯基认为，在幼儿学习活动中，应当为他们建构一种对知识理解的概念框架，用于促进学习者对问题的进一步理解。事先要把复杂的学习任务加以分解，以便于把学习者的理解逐步引向深入。

陈鹤琴先生的理论给我们在目标和方法上的启发。叶澜教授关于教育内涵的论述，使我们对教育的本质更加清楚，为我们确立课程内容和课程目标提供了思想上更高位的理解和认识。支架理论为幼儿园支持教师、教师支持幼儿提供了路径上的启发，我们可以利用支架支持幼儿在主题活动中的学习过程，也可以支架教师，一步一步设计和实施四季课程下的班级主题活动。

基于对经典教育理论和教育家思想的学习，同时源于幼儿园在实践中的体会与思考，初步形成了指导整体课程开展的课程理念：源于自然，基于文化，为培养社会主义合格的建设者与可靠的接班人奠基。这一课程理念虽然很短，但希望回答的是我们在课程建构中对许多本质性问题的思考。比如，课程中幼儿的自然天性是课程的出发点，而课程的内容必须基于幼儿所生活的文化背景，同时，课程的落脚点必须是国家和社会的需求。基于此，我们对课程理念进行解读如图 6-7，希望通过一句简单的课程理念，表达出幼儿园对四季课程建设最深层本质的理解。

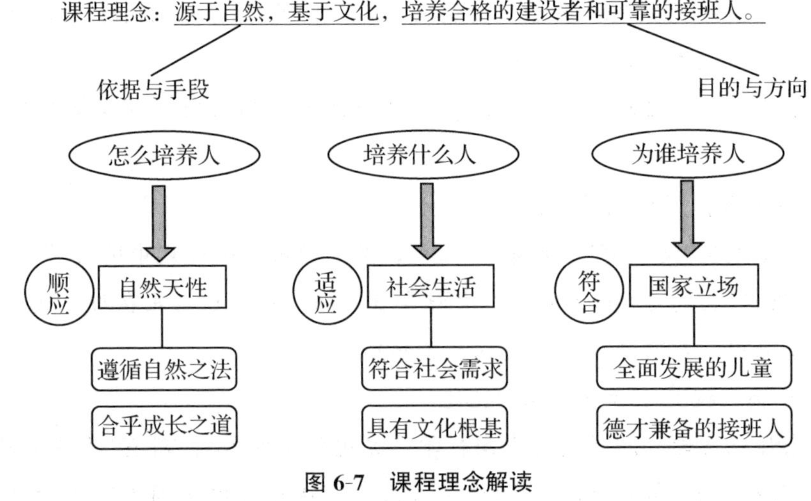

图 6-7　课程理念解读

（来源：北京市西城区三教寺幼儿园）

2. 编制课程具体目标：课程总目标要与课程具体、阶段目标保持内在一致性，使课程具体目标和阶段目标反映出课程总目标的价值取向

一般来说，在课程目标体系中，国家、地方幼儿园课程总目标属于宏观层面的目标，幼儿园制定的课程总目标属于中观层面的目标。由此，幼儿园制定的课程总目标其表述还是较为笼统、抽象，需要层层落实为反映幼儿发展各领域和各年龄段课程实施的具体方向和要求，这样才能保证课程总目标的最终实现。为便于理解、落实和实现课程总目标，使课程目标指导幼儿在各个领域、不同年龄阶段的发展，幼儿园需要对课程总目标进行一定的具体化和细化的工作，在这一过程中形成课程具体目标和阶段目标，以促进教师通过一定的课程实施手段，达到预设的目标。由此，课程总目标的转化和分

解工作是必要的，课程实施方案编制中课程具体目标与阶段目标的制定也是必不可少的工作。

【案例 6-6】

三教寺幼儿园“四季课程”精神文化具体目标的设计思路

基于“源于自然，基于文化，为培养社会主义合格的建设者与可靠的接班人奠基”的课程总目标，课程应更加注重文化育人目标的落实。围绕“立德树人”的教育根本任务，幼儿园课程应该是“以文化人”的过程，其中“德”的具体内涵来源于 2014 年 4 月教育部印发的《完善中华优秀传统文化教育指导纲要》。《指导纲要》从爱国、处世、修身三个层次概括优秀传统文化教育内容：以天下兴亡、匹夫有责为重点的家国情怀教育；以仁爱共济、利己达人为重点的社会关爱教育；以正心笃志、崇德弘毅为重点的人格修养教育。因此，课程目标中的精神文化内涵以修身、处世、爱国三个维度展开。这样的目标结构能够时刻提醒教师不仅要教孩子“天地人事”，更要通过从四季万物中生发出的活动内容，建立起幼儿的“生命自觉”，从小建立起对中华优秀传统文化的内在认同，将中华民族的精神血脉注入幼儿的基因与血液。

以此为依据，结合大中小班幼儿的年龄特点，将课程的精神文化目标进一步细化，便于老师们在日常教学中落实，其中，细化的具体办法包括从教师的主题活动总结中摘取典型的活动目标，能够体现幼儿的年龄特点和该课程实施中的实际效果，可以说，具体目标是上层理论建构和下层实践经验的双向结合。课程的具体目标节选见表 6-1。

表 6-1　三教寺幼儿园中班“四季课程”精神文化层面具体目标

一级目标	具体内涵	二级目标	三级目标
1. 人格修养教育	感受并理解人与自己的关系	1-1 坚强勇敢 1-2 诚信自省	1-1-1 喜欢传统游戏，愿意坚持参与活动，有坚持不放弃的意识。 1-2-1 在借物时会使用礼貌用语，对借来的物品懂得爱惜，并知道使用完毕后及时归还他人。 1-2-2 知道说谎是不对的，在成人的引导下能够承认错误。 1-2-3 感受中国传统观念中对某些物品的隐喻，知道其中包含的寓意和美好品质，强化自我勉励和期许。如菊花代表着无畏严寒，石榴代表着团结。

续表

一级目标	具体内涵	二级目标	三级目标
1. 人格修养教育		1-3 举止有礼	1-3-1 感受中国传统礼仪文化，尊敬父母、长辈，见到老师、长辈能够主动运用礼貌用语问好、问早等。 1-3-2 能与同伴友好相处、有爱心，体验知礼、懂礼、学礼的快乐。
		1-4 乐于学习	1-4-1 积极主动参与传统节日活动，并且在活动中大胆尝试与操作。 1-4-2 了解传统节日的习俗，感受传统节日中的美好寓意。 1-4-3 愿意参与传统技艺活动，通过仔细观察和尝试制作某项传统技艺。 1-4-4 理解中国古人善于借物喻志的特点，感受中国传统文化表达美的多种方式。 1-4-5 感受节气的物候特点，初步了解动植物生长与季节、节气的关系，了解时令的养生之道。
		1-5 良好习惯	1-5-1 了解传统文化中的良好生活习惯及做法，并在日常生活中逐步建立。
		1-6 自信自主	1-6-1 在成人的帮助下能制订简单的调查计划并执行。 1-6-2 通过参与传统活动，感受古人的智慧，愿意参与游戏并和他人分享。
		1-7 乐观向上	1-7-1 能够保持愉快的情绪，为自己的成长感到高兴，愿意和亲近的人分享快乐或求得安慰。 1-7-2 喜欢和同伴一起游戏，主动参与幼儿园和班级的各项活动。
2. 社会关爱教育	感受与理解人与他人、人与社会、人与自然的关系	2-1 包容理解	2-1-1 通过参与活动，感受团结的寓意，有团结身边人的想法与行为。 2-1-2 能在成人的帮助下，解决与同伴发生的矛盾。
		2-2 善良乐群	2-2-1 愿意与他人分享自己的物品、作品和想法，体会和同伴一起做事的快乐。 2-2-2 能够用适宜的方式加入同伴的游戏，对大家喜爱的物品，能够轮流分享。
		2-3 礼貌待人	2-3-1 会用礼貌用语向他人表达自己的需求和想法。 2-3-2 了解某些物品在中国传统文化中蕴含的美好寓意，会借助这些物象表达对他人的美好祝福。
		2-4 乐善好助	2-4-1 当同伴遇到困难时，尝试运用自己的方法帮助他人。 2-4-2 愿意照顾弟弟妹妹，体验帮助他人的快乐。

续表

一级目标	具体内涵	二级目标	三级目标
2. 社会关爱教育		2-5 孝老爱亲	2-5-1 在与家人共同讨论中感受家庭的温暖，知道陪伴的重要。 2-5-2 能注意到家人的情绪，并有关心、体贴的表现。
		2-6 勇于承担	2-6-1 愿意学习简单的劳动技能，做一些力所能及的劳动。 2-6-2 乐于承担，愿意为班集体做事情。
		2-7 尊重自然	2-7-1 对自然的变化感兴趣，能用自己的方式爱护动植物。 2-7-2 感受古人春耕、夏长、秋收、冬藏的生活智慧，以及观察自然、运用自然的精神。
3. 家国情怀教育	感受和理解人与国家的关系	3-1 民族认同	3-1-1 了解我国多样的传统游戏，特别是具有北京特色的传统游戏，产生喜爱之情。 3-1-2 喜欢参加园级庆典活动，感受传统节日庆典的热闹氛围和美好寓意，喜欢参加传统民俗活动。 3-1-3 感受传统美食工艺的精湛，了解四季饮食养生文化。 3-1-4 了解传统服饰文化，喜欢用传统服饰装扮自己。
		3-2 家庭团圆	3-2-1 知道自己的成长与家人的关系，感激父母的辛勤养育之恩。 3-2-2 感受家人之间的关爱与和谐关系，感受家庭团圆的美好氛围。
		3-3 遵守规则	3-3-1 了解日常生活中规则的重要性，能围绕自己的生活、游戏制定简单的规则，并养成遵守规则的好习惯。
		3-4 爱惜物品	3-4-1 能够像爱护自己的物品一样，珍惜、爱护幼儿园、班级中的公共物品、公共设施。 3-4-2 了解古诗中农民伯伯播种的辛苦，以及谷物生长成食物的复杂过程，懂得尊重别人的劳动成果。
		3-5 节约资源	3-5-1 模仿古人的游戏，尝试探索操作自然物制作游戏材料。 3-5-2 在成人提醒下能节约粮食、水电。
		3-6 热爱祖国	3-6-1 通过观看国家赛事，感受祖国的强大，热爱自己的祖国。 3-6-2 在升旗仪式活动中，会唱国歌，能够行注目礼，懂得尊重国旗。

续表

一级目标	具体内涵	二级目标	三级目标
3. 家国情怀教育			3-6-3 感知我国传统文学艺术形式，为中华民族的文学艺术感到惊叹。 3-6-4 喜欢欣赏我国传统文学艺术作品，愿意用语言、动作、创作的方式表达自己的理解。 3-6-5 了解我国传统艺术的多种形式，感受东方艺术的精湛技艺和美，产生中华民族自豪感和文化自信心。 3-6-6 了解北京地域特色的古建筑，萌发对历史建筑的喜爱与爱惜之情。
		3-7 爱好和平	3-7-1 喜欢和平的生活氛围，知道热爱和平是人们共同的心愿。

（来源：北京市西城区三教寺幼儿园）

三、如何选择与设计课程内容

幼儿园课程内容是根据特定的幼儿教育价值观及相应的幼儿园课程目标为幼儿所提供的学习经验的总和。简单地说，课程内容主要解决的是幼儿学什么和教师教什么的问题。

课程内容是实现幼儿园课程目标的载体。课程内容是课程的基本要素，是保证课程实施的基本材料。“兵马未动，粮草先行”，适宜的课程内容是保证幼儿园实现课程目标、达到目的的“基本粮草”，是必须事先准备的“基本食材”。应该说，幼儿园可选择的课程内容有很多，有颁发的新教材内容，有老教材内容，也有幼儿园长期积淀的内容，还有来自其他幼儿园的实践内容，更有来自本园教师、幼儿生成的内容，那么怎样从中选择设计本园的课程内容，形成本园相对稳定而科学的课程内容体系，就成了课程实施方案编制过程中必须考虑的问题。

幼儿园要善于把国家、地方课程，园本资源、社区资源根据课程目标进行有机整合，使之成为目标价值取向相一致的内容。在设计园本课程的内容时，要重点考虑以下四个方面：

第一，课程内容要具有系统性，形成一定的结构和框架。在课程目标的指导下，课程内容可以围绕一定的线索展开，具有内在的逻辑结构，与课程目标之间达成呼应。这样做的目的是便于教师理解和把握课程整体，理解课程的内在逻辑，更加有利于课程目标的达成。幼儿园还可以建立具有直接操作性和指导性的资料包、资源库，既方便教师自主选择，又可以从宏观的角度把握课程实施的质量。

第二，课程内容要具有全面性，兼顾幼儿五大领域的全面发展。课程内容确定后，所能涵盖的发展目标和教育价值也会相对确定下来，例如，在“花朵大发现”这个课程主题中，教师往往更加容易关注到在艺术和科学领域的课程目标，较难兼顾幼儿在健康、社会方面的发展。因此，在选择课程内容时，要考虑到与《3—6 岁儿童学习与发展指南》的对接，可以在课程中搭建多条支架，使内容充实饱满，促进幼儿获得五大领域的全面发展。

第三，课程内容要具有趣味性，要贴近幼儿的实际生活，符合幼儿的兴趣。学前教育是基础教育的起始阶段，课程整体而言具有启蒙性的特点，也就是说课程内容应该是幼儿在生活中能够感受到的、具体明确的事物。这样做一方面符合幼儿的兴趣和认知特点，另一方面是便于幼儿直接感知，便于获取相关环境和材料支持，有益于课程的具体开展和实施。

第四，课程内容要充分挖掘幼儿园周边的人、事、物资源。园本课程在内容选择上更应该突出“园本”二字，将幼儿园所有的地理区位优势和历史文化渊源充分考虑进来。这种独一无二的课程资源就在幼儿的生活周围，是幼儿园中每一位老师、家长和幼儿所共享的文化生态，更容易引发课程参与者的共鸣，也正是园本课程的生命力之所在。

【案例 6-7】

亲亲世园会——地域资源的开发利用

延庆世园会紧邻我园，直线距离 2000 米，成为孩子们茶余饭后遛弯的好去处，孩子们对世园会中的中国馆、世界馆、乐高馆、植物园特别感兴趣，有的孩子还去了草莓音乐节，在每年的 5 月份还会召开国际鲜花节，每天来幼儿园都在讨论在世园会好玩的事情，世园会不仅成为延庆区一张亮丽的名片，也成为幼儿园探究活动的最佳场所。

延庆区第二幼儿园在自主性教育的基础上，注重发挥地域资源的优势，追随幼儿问题，抓教育契机，生成二幼“育雁”课程。世园公园作为延庆独有的名片，本身就是最优质的地域资源，世园会里面的一草一木、一花一景、一人一事就发生在孩子身边，世园会是良好的实践体验基地，会带给孩子无穷无尽的探索与发现，满足幼儿的好奇心与探究欲望。每一次与世园公园的遇见都是一个动听的故事，会蕴含很多的教育价值。结合幼儿的兴趣与现实需要，追随幼儿的问题，我们开展了“亲亲世园会”的主题活动。

一、你去过世园会吗？

十一小长假，由于疫情期形势严峻，正值中国共产党第二十次代表大会召开，我们只能在延庆区内小游。班里很多小朋友都和家人去世园公园游玩。开学第一天带来很多的游玩照片。我们和孩子们交流了最想去世园会的哪里，孩子们七嘴八舌地说起了自己熟悉的地方，有植物园、世园小镇、国际馆、中国馆……面对如此多想去的地方，我和孩子们商讨用投票的方法决定最先去哪里。首先，孩子们把自己提出的地点画出来，并加以介绍，吸引全班的孩子来投票。最终，有5个地方是大家比较想去的，分别是菊花节、永宁阁、世园小镇、自行车骑游和乐高馆。

二、我们一起走进世园公园

习习提议：“我好想和全班小朋友一起去世园会。”正好我们班就在园长办公室门口，因此，小朋友直接和园长申请，经过园长妈妈的同意后，我们怀着激动的心情一起走进了世园公园。出发之前宁宁在介绍菊花节的时候带上了自己参加菊花节的照片，一下子就吸引了全班的孩子，在菊花节召开的时候，不仅可以欣赏不同品种的菊花，还能实践制作菊花茶、菊花工艺品，经过第二次投票，全班95%的幼儿都想去体验菊花节。

三、世园公园菊花的种类真多呀！

带着这样的目的，我们亲历了现场形态各异的菊花，孩子们被惊艳到了。月月说：“这些菊花就像彩虹的花一样，太多太多颜色了，真好看！”晨晨说：“这朵黄色菊花可真大啊，比我张开的手掌还要大！”“这朵粉色的菊花好像头发丝，细细的，卷卷的。”……虽然孩子们不能叫出每种菊花的名字，但是他们对菊花的外形特征描述得非常形象。更加拓展了孩子们对菊花的认知，原来菊花有这么多种，还有绿色的菊花，能吃的菊花……

1. 菊花泡茶真好喝

最受孩子们欢迎的还是泡茶体验环节，跟随着讲解员的讲解，孩子们了解到菊花茶采集、蒸熟和烘干的过程，看着一朵朵鲜艳的菊花变成了又干又小的干菊花，最后被泡在水里，展开变大，又成了一朵美丽的菊花，孩子们迫不及待地想试一下泡茶品茶的过程。在泡茶的过程中，孩子们大胆创意，添加了冰糖、柠檬等辅助调味品，让自己的菊花茶独一无二。

2. 菊花的用途真大

在世园会菊花节之旅的过程中，孩子们除了尝试到菊花能泡茶之外，还通过二维码视频及展厅专题片，了解到菊花有很多其他的功效，原来菊花浑身都是宝。如做香包可以清新空气，制作菊花枕头可以明目醒脑，菊花还成为菜肴的一种调味品，制作成菊花鱼球、菊花酒等等。

四、我们也来开花店

世园会的实践体验使孩子们积累了大量的和菊花有关的经验，班级的花店一下子热闹了起来，孩子们自发玩起了买花、卖花的游戏，因此，“彩虹花店”正式开业。整个活动中孩子们又玩起了制作花篮、包花束、插花等游戏。当孩子的经验从菊花逐渐拓展到更多的花卉时，班级里的花店已经不能满足他们对花的探索和游戏，我们的战场扩大到了幼儿园，不仅仅是一个花店，而是模仿世园会的菊花节，开办了花卉展览，邀请全园的小朋友和老师都来参观我们的花展，体验做鲜花香皂、敷玫瑰面膜、品菊花茶和金银花茶、尝鲜花酥饼、买环保花卉，并且利用废旧自然物表现创作形态各异的菊花……孩子们用自己实践得来的经验，向大家宣传绿色生活的理念。

“亲亲世园会”主题活动发挥社会大课堂的独特价值，为孩子们提供了亲近自然的机会。注重幼儿直接感知、亲身体验、实际操作中习得经验，师幼在放松、惬意的户外活动中，不断发现问题、解决问题又生成新的问题，通过观察比较发现异同，回到班内进行经验的有效迁移和利用，激发幼儿不断探究的兴趣。游园活动前的计划、亲临现场的自主发现探索、回班后的大胆创意等一系列活动，收获的不仅是经验的积累，视野的开阔，更是在活动中习得专注坚持、同伴学习、解决问题、计划做事、珍爱生命等学习品质，这将会使幼儿终身受用，达成了二幼“育雁”课程的培养目标，逐步培养“惠生活、乐运动、善交往、真探究、爱艺创”的幸福儿童。活动中教师与幼儿一起探索未知世界，不断支持追随、探索发现，获得了自然阳光的滋养和身心放松，获得了与幼儿的相生相长，体验到了职业幸福。

（来源：北京市延庆区第二幼儿园　逯长荣　闫晓垒）

【案例 6-8】

幼儿园门前一条街

二幼在“雁”文化的引领下，注重发挥延庆地域资源，追随幼儿的问题，抓教育契机，生成构建"育雁"课程。支持在自主探究中，培养"慧生活、乐运动、善交往、真探究、爱艺创"的幸福儿童。

我园幼儿大多住在南菜园，每天接孩子或是遛弯的时候都会发现，幼儿园这边的街道，总是有很多车很多人，这是为什么呀？带着这样的问题，我们一起带孩子去观察这条街，孩子们发现这里有很多饭馆，有很多店，停着很多车……

门前一条街就是重要的教育资源，本着追随孩子的兴趣，探索幼儿身边最熟悉的事务，生成"幼儿园门前一条街"主题活动。注意挖掘和关注孩子在活动中的表现和反应，让幼儿的问题成为我们共同学习构建主题网络的主要核心要素。围绕幼儿园门前这条街人车很多的问题，孩子们展开了参观调查交流活动，由于就在孩子身边，很贴近孩子，孩子们在主动走进探究的过程中，就会引发出很多新问题，我们一起走到这条街上去参观，找到原因的同时，他们惊叹这条街的店可真多啊！为幼儿萌生开店的想法奠定了基础。同时，把游戏自主权交给孩子，孩子们有权利选择游戏的内容、玩法、情节、玩伴和地点。带领孩子们参观后，他们对 1985 美发店、爱猫爱狗动物医院、超市很感兴趣，由于幼儿自愿选择和认领了游戏，游戏就是他们的拿手好戏，通过情景再现模仿就能投入到自己的真游戏当中去。我们三个老师并没有辛苦于教幼儿怎么游戏，而是转变行为：从"我想让幼儿如何游戏"转变为"我想知道幼儿是如何游戏的"。因为只有游戏能满足不同层次幼儿的需求，使幼儿获得成功和幸福的保障。

开展主题活动"幼儿园门前一条街"，全然一副幼儿园门前这条街的热闹景象。孩子们每天期待着区域游戏的时刻，那是我和孩子最欣喜的时光。由于老师改变方式，幼儿自由认领区域，自己准备材料，自己选择玩伴和玩法，孩子们每天都会有新的收获和发现，一段时间内，孩子们的游戏在一步步地递进发展：在小银行，虽然有时银行有些忙乱，但是孩子都会先取号取钱，存款，而小保安的认真负责让我惊叹；超市区，孩子们作出了很多口味的糖果，并能简单地包装，经理也会简单地使用礼貌用语招待客人，并且会自己跑外卖订单；1985 美发店，幼儿自有分工，创造性地使用材料，为大家服务；筒子创意店的幼儿使用胶枪很熟练，以及孩子的大胆创意笔筒一度受到大家的欢迎；爱猫爱狗动物医院更是成为热门商店，幼儿不仅学习照顾小动物，而且能扮演医生为小动物看病，游戏为每个幼儿的成功提供了平台。

为了提升幼儿的实践经验，我们带孩子走出去，我们一起通过“倡议书”“宣传画”“设计标志”等方式，内化主题目标，并且鼓励幼儿将环保行为落实到行动中。带着幼儿的意愿与成果，我们一起去发放宣传单，并且实地观察，实地捡垃圾，用标志和图文并茂的方式提醒大家，用行动宣传我们“让这条街变得更美”的美好意愿。我们的行动得到了这条街商家的好评，使每个孩子和家庭成为保护环境的监督员，为我区创文明城区添光加彩。

“幼儿园门前一条街”主题活动适合中班幼儿年龄特点和学习方式，便于发挥身边教育资源，便于幼儿观察模仿，使幼儿能轻松地开展游戏，激发幼儿的游戏意图，使我班的游戏取得了很好的效果。活动后我们进行了深入的反思：开展角色游戏，前提是给予孩子一个宽松的游戏氛围，尊重幼儿的选择，产生的游戏主题才会富有童趣，具有闪亮的个性特点；教师要有一颗童心，能站在孩子的背后，等待他们发出邀请，做幼儿的学习者和欣赏者，游戏才会具有旺盛的生命力；最后要做个睿智的观察者，善于发现问题，及时加以引导，和孩子一起创新，把成功让给孩子。

（来源：北京市延庆区第二幼儿园　宋金英　逯长荣）

【案例 6-9】

打造永定河畔的“五彩生态”课程

我园的园本课程是“五彩生态课程”，这一课程立足于国家“立德树人，五育并举”的教育方针与门头沟区生态涵养区定位的背景，同时汲取布朗芬布伦纳的人类发展生态学理论，并依托我园“以生态滋养幼苗，让五育绽放光彩”的办园理念，聚焦于幼儿与自我、与社会、与自然的联结，强调通过三方面的活动内容帮助幼儿建构自我，融入社会以及与自然和谐相处。

在思考课程内容时，我们从幼儿园所处的位置出发，挖掘幼儿身边的独特资源。大家都知道位于永定河畔的永定河文化公园，它是毗邻我园最近的一所城市公园，这里有高 63 米的永定楼、永定河观景台、永定河文化墙、永定河母亲雕像和 6000 平方米的休闲广场，这里的资源丰富、植被茂盛，是小朋友休闲娱乐的好地方。我园充分抓住“一公里”资源，结合我园生态课程，开展丰富多彩的活动。如：在“我爱家乡永定楼”的活动中，教师紧紧抓住孩子们的兴趣以及对永定楼的情感联结，与孩子们一同设计了永定楼的寻“宝”之旅，捡拾他们喜爱的自然物，并带到幼儿园的博物馆中，制作粘贴画、设计小游戏、进行科学小实验等，与这些自然物发生“亲密互动”；再如通过对永定楼的观察、了解、探索及学习，获得相关知识经验，孩子们将这些经验转换到幼儿园的区域里，尝试、设计、搭建专属他们的永定楼。另外，这里还是亲子活动的首选场地，爸爸妈妈和孩子们春天到这里放风筝、做游戏；夏天到这里捞小鱼、玩水枪；秋天到这里捡落叶、拍照片；冬天到这里打雪仗、堆雪人……孩子们乐此不疲，充分享受与大自然的互动，不仅增进了与爸爸妈妈的情感，也拉近了与永定楼的距离。

这一系列活动的开展，引发了我们的不断思考。国家、民族、家乡对于孩子们而言可能是一个看似明确却又模糊的概念，那么在幼儿园阶段，我们怎么样去激发孩子对于国家、民族以及家乡的爱呢？这个活动给予了我们一些方向，当一个事物真正地与儿童的生活产生积极的情感联系时，“爱”这种情感会自然而然地被激发。

（来源：北京市门头沟区第一幼儿园　李静）

【案例 6-10】

三教寺幼儿园课程内容选择的思路与举例

在确立了“四季课程”的课程目标后，我园尝试从“四季变化”的角度切入，逐渐确立了以“春夏秋冬”为线索，依据时节变化，从幼儿真实可感的生活中选取主题活动的元素。这些元素涵盖了饮食起居、物候特征、地域特色和文化象征四个方面，也为老师们思考主题活动提供一个思考的框架，从中选取主题元素进行传统文化主题活动。从“四季变化”入手，主要基于以下几方面的思考：

第一，从四季变化与传统文化关系的角度来看：中国传统的文化理念追求“天人合一”“道法自然”的境界，这与我们文化传统中农耕文明的基础是息息相关的。因为在传统的农业社会中，人们通过观察和运用四季变化的自然规律，逐渐总结出他们赖以生存的法则和智慧，并在此基础上，形成他们对“人与自然”的关系理解，对“人与自己”“人与他人”和“人与社会”之间关系的共识，逐步形成社会秩序与风俗传统，就是我们对传统文化的一种解读。从这个角度上说，“春生—夏长—秋收—冬藏”这样的时间轮回中，每个时令节气中，都自然地融入了一些风俗习惯，如春季的“打春牛”、夏季的“赛龙舟”、秋季的“丰收团圆”、冬季的“庙会祈福”等，这些富有四季特色的习俗活动，涵盖了足够丰富的文化元素供老师们挖掘。

第二，从四季变化与儿童生活关系的角度来看：幼儿的学习具有典型的具体形象性、情境性的特点，从四季变化入手，就是从幼儿生活入手，促使幼儿更加敏感地观察和感知到生活中随着四季而发生的变化，如气候温度的变化、景观环境的变化、穿衣饮食等生活方式的变化、游戏内容的变化、心理体验的变化……这种随着四季变化而变化主题的活动方式，更有利于教师捕捉孩子生活中的关键事件，逐步挖掘背后的文化元素，以小见大，从幼儿的兴趣出发，与每位幼儿的生活体验都息息相关，符合幼儿的学习方式与特点。

第三，从四季变化与园级主题课程管理的关系来看：主题活动一般会随着幼儿兴趣发展持续几周到一两个月，在一个季节中，教师可以根据幼儿的兴趣选取一两个元素来开展主题。这样，随着一个季节的结束，幼儿园可以开展以季节为主题的园级大型活动，在全园范围内，关于这个季节的内容可以形成班级之间、年级之间的交流和互动，幼儿基于对这个季节的共同感知，可以将学习经验进行充分的扩展和回顾。此外，幼儿园中幼儿的学习一般以学年为单位，一个学年中四个季节交替形成一个轮回，促使幼儿在三年的幼儿园生涯中，经验能够螺旋式上升，逐步深入。

其中每个季节的文化象征也是不同的：春天是“春耕种植”、夏天是“夏长纳凉”、秋天是“秋收团圆”、冬天是“冬藏祈福”，这些独特的文化象征，是我国传统文化和长期的农业文明逐渐沉淀下来的，也是我们对这个季节粗浅的理解和解读。

每个板块中具体的内容，首先从幼儿的生活经验中选取幼儿真实可感的内容，经过最初的全园头脑风暴、实践验证，以及实施后的总结和反思，逐渐形成适宜的课程内容。随着一年一年的轮回，课程内容逐步充实和丰满。

以春天为例，在气象物候中有春花、小动物、小草；饮食起居中有桃花养生、种绿萝净化空气；地域特色中有幼儿园里的花朵探秘、老北京的风筝、非遗项目缠花；文化象征中有养蚕、种豆苗、种花生；等等。

表 6-2 “四季课程”的内容

	春	夏	秋	冬
饮食起居	郊游、打春、春社、元宵	花神节、戏水、酸梅汤	秋收忙、滋润降燥、吃月饼	冬藏、进补、保暖
气象物候	春花、小草、春雨、昆虫	荷花、蝉鸣、彩虹、影子	月亮、菊花、落叶、果实、柿子	雪花、冰冻、雪人
地域特色	风筝、非遗缠花	陶然亭、右安驿站	游胡同、兔儿爷、登高望远	民间庙会、白纸坊太狮、冬奥会
文化象征	养蚕、绿植、种豆苗	毕业季、立夏称人	国庆中秋、孝老思亲、团圆美满	灯笼、福字、春联、年画

（来源：北京市西城区三教寺幼儿园）

四、如何保证园本课程的有效落实

课程内容的落实需要幼儿园制定具体可行的实施路径，以确保课程内容在实施中达到预期的效果，实现预定的课程目标。园本课程实施的路径比较多样，依据课程组织形式，可以分为区域游戏活动、集体教学活动、小组活动、一日生活活动、园级大型活动等，每种实施形式又可以形成更加具体的实施方式和策略。例如：蒙台梭利教学法首开先河地提出了方法体系，以“有准备的环境”、作为“导师”的教师、作为活动对象的“教具”三个要素，通过团体活动和区域活动培养儿童的各种能力；高宽课程中提出了著名的“计划—实施—回顾”三部曲，是一种支持幼儿作为思考者、执行者和反思者的课程实施路径，同时提出了保证主动参与式学习的五个要素，分别是材料、操作、选择、幼儿的思维和语言、成人的支持；项目教学法中提出了“三阶段”实施流程①，为教师如何支持幼儿形成探究提供了指导框架，每个项目都包含“开始—发展—结束”三个部分。这些比较经典的课程实施路径，可以为我们提供很多借鉴。有时，保障课程实施的一些措施和支持条件，也可以纳入课程实施的路径中，比如创设物质环境、教师培训与支持、配套的教研制度、家长社区参与等。各个幼儿园可以根据幼儿园的实际情况，确立落实课程的不同

① Judy Harris Helm、Lilian Katz：《培养小小探索家：幼儿教育中的项目教学法》，原晋霞、陈晓红、宋梅译，北京：中国轻工业出版社，2022 年版。

途径，并形成有效的运行机制。

【案例 6-11】

干部亲身上阵真引领 多维评课研讨实提升

在中国式现代化建设、高质量教育体系建设的背景下，幼儿园课程的高质设计与有效实施是保证“幼有善育”的必要前提，也是提升学前教育质量的重要杠杆。怀柔区第三幼儿园充分发挥干部引领作用，以亲身实践牵动课程实施的有效推进，制定多维评课研讨方案，全方位地支持幼儿园教师实施教育教学活动的能力提升。

“百年大计，教育为本。教育大计，教师为本。”优质的课程实施离不开教师对课程优化的探索热情和专业追求。为了让教师能够更加重视推动教育教学质量，我园实行“每周一节业务干部公开课”计划，以集体教学活动为抓手，以业务干部带头进行课程实践研究的形式，创设“翻转教研”情境，形成浓厚的课程研究氛围，促进教师专业岗位胜任力的提升。

具体来讲，本计划的实施即每周由一位业务干部组织开展一节公开课，全园班长教师参与活动观摩和活动后有焦点指向的研讨。这种方式摆脱了干部一贯高位指导的传统模式，将角色进行了有机转换，使干部成为深入课程现场的主体，亲身感知课程实施过程中容易遇到的问题，真切了解教师在实施课程设计的过程中存在的困惑；使教师成为点评与指导的主体，以“夸一夸”和“提一提”为路径，发掘公开课的亮点并提供改进建议，在汲取干部实施课程优点的同时，分享班级教育一线的智慧，拉近了干部与教师的距离，真正形成了围绕高质量课程实施的学习共同体、实践研究共同体，实现了“课程内涵发展、幼儿有效发展、教师专业发展”的三位一体，使幼儿园课程的设计与实施走向持续的发展。

为了切实发挥日常课堂教学在提高教育教学质量过程中的主阵地作用，我园以提高课堂教学有效性为突破口，通过多种组合的听评课与研讨等方式，实现多维引领与互学、互促，推进幼儿园课程在实践和讨论中逐步完善。

具体来讲，听评课的人员组成是多维度、多层次的小组形式，既有教研组长和其所处年龄班班长的“年龄班组”，也有保教主任、教科研主任、教科研组长和各年龄班教研组长的“教研组”，还有园长和业务园长与教研组成员组成的“行政教研组”。

评课与研讨形式依托多样的小组构成也呈现出了层层递进的丰富样态。各年龄班组开展每周一课的听评课活动，并围绕听评内容进行每周一次的焦点研讨，以周为单位促进各年龄班组教师的教学质量。

教研组开展每月一研的研讨活动，即小中大各年龄班教研组长分享听评课的问题发现与解决探索，主任干部组织小组成员围绕该阶段的共性问题展开深度研讨，以突破课程实施过程中的共同困惑，反思园本课程建设的整体性，以活动研讨促课程研究，助推园本课程持续完善和生长。

行政教研组开展每月一课一研的评课与研讨活动，即教研组围绕每月的研讨主题，以“问题导向”为引领，向园长与业务副园长展示能够突显研讨主题的教学视频片段集锦，主持有关教师实施课程过程中需要进一步关注与深入研究的问题讨论，园长引领各业务干部从实际问题出发，以教学实践为根本，又跳出基层实践的着眼点，站在更高的视角审视表面现象背后的根源，以更上位的课程理念与活动精神提纲挈领地引领课程实施的走向。

（来源：北京市怀柔区第三幼儿园　郭玉香）

【案例 6-12】

立足儿童　依托文化　回归生活

在追求教育高质量发展的今天，高质量的课程建设是我园发展的核心内容之一。在当下我们重视儿童本位，将儿童作为课程的起点，在儿童本位的视角下我们也在建设着自己的园本课程。我也将从“幼儿发展”“教师发展”两个维度，来阐明我们门头沟区第一幼儿园是如何推进园本课程建设。

一、幼儿为本，以园本课程的探索促进幼儿主动发展

依托国家的育人导向与育人目标，在立德树人这一根本任务的指引下，幼儿园的课程也在努力让每个孩子都享有公平而有质量的教育。门头沟在打造灵秀的“生态文化新城”，“生态优先，师法自然，和谐共生”是门头沟发展的重要规划理念，也是门头沟要向世界传达的绿色发展理念。我们的教育以“培育绿水青山新公民，创办永定河畔的珍珠幼儿园”为发展目标。当这样的理念被融入教育中，我们也在不断思考将生态学的观点与视角应用到对教育问题的考量上，我们期望教师以整体性、联系性与持续发展性的眼光看待与引导幼儿的学习与发展。

基于国家的育人导向，以及我区发展定位，在我园“以生态滋养幼苗，让五育绽放光彩”的办园理念下，“五彩生态课程”也由此构建。

在实践中，我们也在不断思考：“我们要培养的面向未来的孩子应该是什么样的?”我们将视线关注到中国学生的核心素养培养，结合学龄前儿童的特点与我们的教育目标。我们将五彩生态课程聚焦于幼儿与自我、与社会、与自然的联结，强调通过三方面的活动内容帮助幼儿建构自我，融入社会以及与自然和谐相处。以“发展自我、融入社会、亲近自然”作为课程目标。

立足于幼儿园自身，在短短的几年里，我们的课程观发生了一些转变，过去我们的教师对于幼儿兴趣的追随与活动的生成能力还是略微薄弱的，教师在开展活动时已经预设了大部分内容，活动的开展也就变成了“内容的填充”，随着教师儿童观、课程观的转变，我们的教师开始注重追随幼儿问题，开展以问题为导向的主题活动，让孩子成为课程的重要发起者与参与者。

丰富的园本课程离不开一个个生动的班本课程。班本课程从何而来？答案一定是扎根孩子的真实生活，在真实生活中发现并追随孩子的兴趣，沿着孩子的兴趣进行深度价值挖掘与反思。如，针对二十四节气中秋分的习俗，在这一天小班孩子参与了立蛋的挑战，一本《奇妙的蛋》更是激发了孩子们对“蛋”的兴趣。教师紧紧抓住孩子们的兴趣，与孩子们一同开启“蛋”的探索……

在实现的方式上，我们借助活动与游戏的方式进行，通过班级主题活动、园级庆典活动(乐趣节、生态风采节)、自然生态游戏日等方式在幼儿真实的一日生活中发现教育契机，重视幼儿的经验建构与情感融入。

二、赋权教师，以教师队伍的建设提升园本课程质量

教师除了要具备专业标准中的各项能力与素养外，也应该具备课程领导力，因此我们通过多种方式来提升教师的课程领导力。

(一)开展多形式教师培训，提升教师课程文化建设领导力

教师的课程领导力既要有一定的思想力，还要有一定的设计力与执行力。为了跟专业者学专业，跟实践者学实践，我们会通过专家培训、学习优秀幼儿园课程故事案例等途径，不断更新理念。具体而言，一是帮助教师构建课程思想力，通过对幼儿园文化、园本课程理念的解读帮助教师了解幼儿园的课程目标，同时借助一些专家的讲座，如“幼儿园课程建设中的几个问题”，帮助教师不断更新新时期下幼儿教师的教育观、儿童观与课程观，增强教师对精神文化构建的关注。二是助力教师提升课程设计力，通过具有针对性的

讲座，如“园本课程背景下班级主题课程设计与实施促进幼儿深度学习”以及一系列对大自然事物探索的活动指导，借助这些讲座帮助教师在课程建设中有抓手，厘清在课程建设中的重要因素，一定程度上帮助教师提升课程设计力。

（二）重视教师内横向沟通，三级教研助推教师课程领导力发展

每个教师都是课程领导的参与者，他们都存在课程的影响力。因此我们非常重视建立多元化的课程领导主体，即吸纳自身、教师家长、其他幼儿园教师、专家等共同参与到课程设计与组织中。在园本课程活动设计与实施的过程中，我们都会采取三级教研的方式增强教师群体间的内部沟通，建立课程领导的学习共同体。从个别教研到年级教研再到园级教研，这是一个思维碰撞的过程，我们鼓励教师在这个过程中充分表达，在谈论与辩论中汲取有益经验，相互学习，获得启发。

（三）园长要树立赋权意识，支持教师亲身参与课程决策与设计

园长赋予教师课程的领导权，支持教师自主开发符合本班幼儿发展需求的课程资源或班本故事。当教师和幼儿需要幼儿园提供的保障时，幼儿园不断帮助教师树立课程领导的理念与自信，鼓励教师发挥自主性。

在这样的路径下，我园教师的课程洞察力、设计力、实施力、创造力与评价力均在原有的基础上得到了提高，我园也在近两年涌现出大量生动有趣的课程故事，课程质量得到提升。

（来源：北京市门头沟区第一幼儿园　李静）

【案例 6-13】

三教寺幼儿园“四季课程”的实施路径介绍

在课程内容的实施中，我们主要分为园级庆典活动和班级主题活动两条线索。两条线索互为补充和支持，又有各自具体的实施方法。园级的庆典活动中有幼儿园文化的贯穿，非凡舞台、游园庙会、大师课堂的筹办和整体氛围的营造。班级主题活动的推进又包含了游戏活动、教学活动、生活活动和家园共育等具体途径。

一、教师支持幼儿学习的实施路径

基于库伯的“体验学习圈”理论，我们将主题活动实施过程的教师回应、支持策略，系统地归纳为“基于体验学习的教师操作圈”。教师在组织与实施

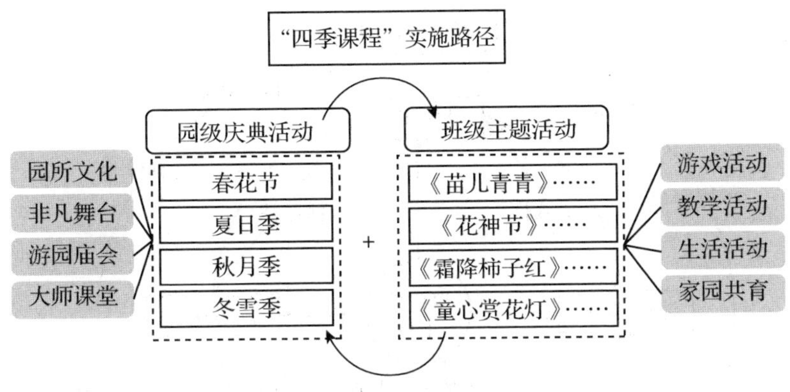

图 6-8　"四季课程"实施路径

具有递进性的主题活动过程中，一般都会经过四个阶段——具体体验、反思观察、抽象概括和行动应用。在具体体验阶段，教师基于幼儿对自然事物的观察、操作等，获取幼儿对该事物的兴趣点和探索点。获得兴趣点和探索点后，引导幼儿进入反思观察阶段，通过谈论、讨论、调查等方式帮助幼儿不断思考探究问题；再通过对比验证、集体教学、专业人士解惑等帮助幼儿不断将经验抽象概括；最后，鼓励幼儿行动，将抽象概括的经验应用于自身的游戏、活动中，包括亲子活动、集体展示活动等。教师在实施四个阶段过程中，在具体体验阶段注重活动性，在反思观察阶段注重探究性，在抽象概括阶段注重拓展性，在行动应用阶段注重游戏性。

以班级主题活动"春之桃花"为例。伴随春天的来临，幼儿身边的植物出现了变化，尤其是幼儿园、公园中开放的花朵让孩子感受到春的美丽与生机。教师采用自然观察的方法，与幼儿一起走进自然去郊游踏青，欣赏和发现春天的变化及春天的美。在欣赏过程中，教师鼓励幼儿绘画和记录，表达观察到的不同花朵形态；聆听小朋友间的谈话，提取幼儿关注的事件，或鼓励幼儿主动提问，或教师发起设问，帮助幼儿聚焦问题，引发幼儿深度思考；同时引导幼儿围绕问题，利用图书、上网、访问相关人员，收集有关桃花的信息。幼儿在不断探究的过程中，经过讨论、调查，在教师帮助下将感知体验不断内省，提炼为认知经验。

在充分体验的基础上，教师注重经验的拓展，帮助幼儿继续不断内化知识经验，总结和形成概念化的知识。比如，对比验证引导幼儿比较几种相似花朵，从辩证的角度更好地理解植物的特征；开展有关古诗和名画赏析的集体教学活动，引导幼儿了解文人眼中的花朵，为幼儿提供更宽广的视野，并

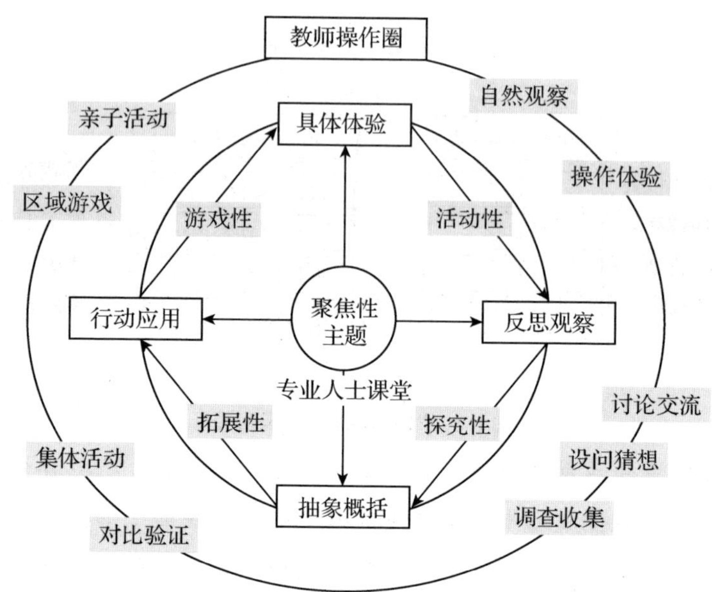

图 6-9　教师支持幼儿学习的实施路径

且以古诗和名画中的意象美、意境美，促进幼儿经验的升华，感受传统文化中传达出的精神价值。教师有时还引入专业人士，帮助解决幼儿探索时遇到的专业问题，如孩子们发现桃花与人们的生活有着很多关联——可以做成食物、香水、香皂等来服务人们的生活。教师从家长资源、社区资源中引入相关人士来解答幼儿拓展出的问题，借助拓展出的问题让幼儿领会祖国的文化、历史与古人的智慧。

基于前期幼儿建构的经验，教师利用各种游戏，为幼儿提供支持性的环境与活动，将内部经验转化为外部行为，应用在游戏活动中。如在区域游戏中，幼儿探索保存桃花的方法、为桃花制作自然笔记、尝试制作桃花香皂和香囊等，亲子互动中与家长制作桃花美食、画个桃花妆、与桃花拍个照、讲讲有关桃花的故事，将获得的经验和知识服务于自己的生活，丰富自身的游戏。

主题阶段的递进与具体体验学习圈的模式，尊重了幼儿的年龄特点、学习方式，也保证了幼儿在活动中的体验性与探究性，让他们能够在具体体验、操作探究中形成经验的构建。同时，教师将传统文化资源(儿歌、古诗、传统艺术、人文典故、节日节气等)融入幼儿体验与探索过程中，不仅让幼儿在活动中得到熏陶，也促进了他们主动感受和理解祖国的传统文化，形成情感和文化认同。

二、幼儿园支持教师开展主题活动的实施路径

教师与幼儿一样，都需要支持，需要借由拆解化的小步子，一步步达成对以传统文化为载体的四季课程的理解、建构与实施。每个班级的主题活动都经由这样的实施步骤，确保课程实施从理念转化为课程目标，从课程目标生成具体内容，最后从课程内容转化为具体落实的活动(见图 6-10)。

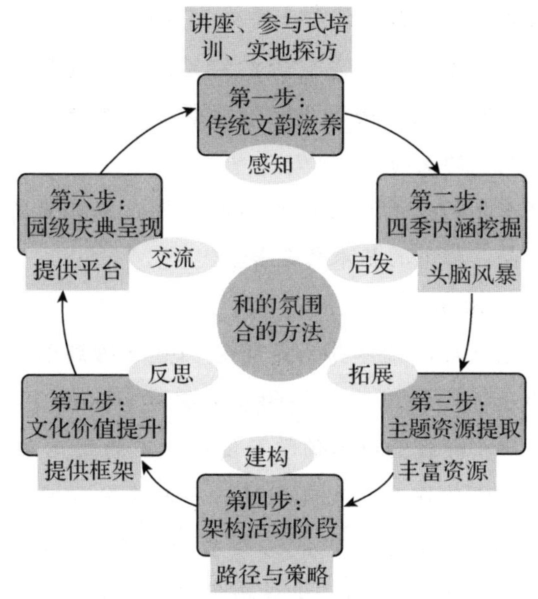

图 6-10　幼儿园支持教师开展主题活动的实施路径

• 第一步：传统文韵滋养

在每个季节即将开启前，邀请传统文化专家对季节中的传统元素进行介绍，如晒秋的习俗、冬天古人有从冬至开始描绘九九消寒图的习俗等，还有与此相关的文物、画作、游戏、美食、古诗等资源，扩展老师们的视野，增加对传统的感知。此外，还有实地探访的活动，如“游胡同，讲文化”的活动，老师们实地参观后制作微课，在疫情期间向幼儿展播。

还有通过多种形式的参与式培训，老师们亲身体验了如水墨画、团扇、泥彩塑、脸谱等传统技艺，充分感受到传统文化的魅力。

• 第二步：四季内涵挖掘

采用全园一起头脑风暴的方式，按照物候特征、饮食起居、地域特色和文化象征几个方面，挖掘季节中幼儿可以感受到的元素和内容，绘制全园的四季资源大表。此外，我们还会制作每个季节的资源包。将每个季节的古诗

故事、动植物、手工、游戏等做全员的统筹推送。全园共享的同时，也通过公众号分享给家长。

• 第三步：主题资源提取

各班从园级的资源大表中提取自己班中幼儿适宜的主题元素。以大四班冬季主题活动为例，他们班在园级冬季元素大表中选取了“兔儿爷”的元素作为开展主题活动的载体。那么他们首先要绘制一张关于“兔儿爷”的资源大表。在这个过程中，我们给予老师的是资源的补充。因为我们发现，对于传统文化主题的活动，对资源的挖掘和运用能够显著提高课程的文化品质，在这个方面，老师也需要更多的支持。

这里的资源更多指的是身边可以利用的资源，如相关的绘本、陶然亭公园、传承人、老字号、相关的艺术作品等。

• 第四步：架构活动阶段

这些元素收集完以后，教师并不是将它们直接给到幼儿，而是需要思考主题活动推动的阶段，即按照什么样的步骤将这些经验穿插到主题活动中。按照幼儿学习的规律，即我们对库伯学习圈所提出的幼儿学习的阶段的理解，一般是从直接感知—操作探究—表现创造三个基本阶段来推进。各班也可以进行调整，可以是四段、五段，形成主题活动推进的阶段图。以下以“兔儿爷”主题活动为例，形成的主题活动阶段图如图 6-11 所示：

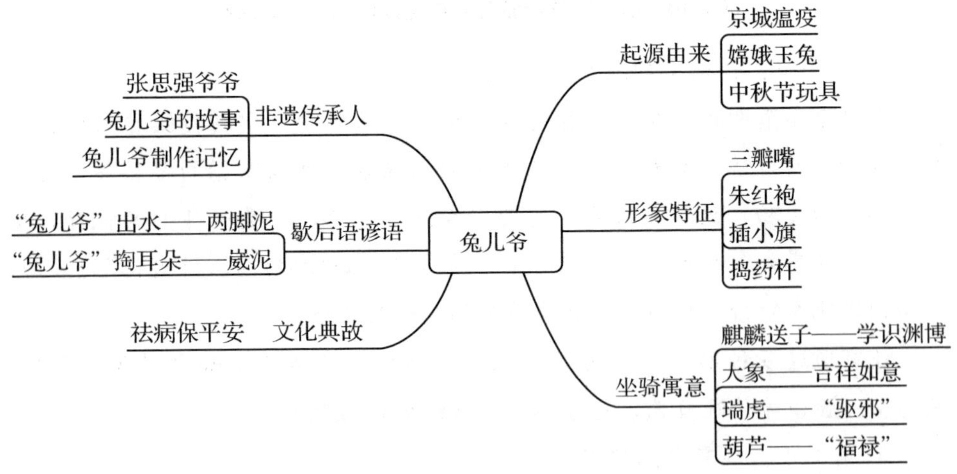

图 6-11 “兔儿爷”主题活动阶段图

• 第五步：文化价值提升

在活动推进的过程中，教师要不断完善这样一个大表，表中的每一栏都是对教师反思的支持，包括要反思在这个活动中如何体现精神文化方面的引领，如何实现幼儿五大领域关键经验的发展。促使老师们不仅埋头赶路，而且要更多抬头看路，有高的格局和站位，将教育的“立德树人”任务与自己每天的工作联系起来，而不是就活动说活动。

此外，在园级庆典活动中的每个游戏和环节，也会进行精神价值的反思。将理念的引领贯穿在教育中的各个环节。

- 第六步：园级庆典呈现

最后园级的庆典活动，是汇集整个园级的资源，为幼儿提供拓展经验的平台，对季节中的内涵有更充分的感受，同时，也是为老师们互相了解、展示呈现自己班级活动提供的机会。庆典活动的筹备中，我们会集体研究优秀的主题活动课例，以榜样先行带动其他教师，提供范例，同时也促进优秀教师的自我剖析，逐渐总结自己的课程经验，从课程的无意识逐渐到有意识，形成课程自觉，更在全园中形成更加浓厚的研究传统文化课程的氛围。

（来源：北京市西城区三教寺幼儿园）

后　　记

我们常说一个好园长就是一所好幼儿园。优秀的园长是从"新园长"成长起来的，一路披荆斩棘，获得磨砺与锻炼，最终具备应有的能力和担当。不可否认的是，新手园长在刚任职之时，往往会感到彷徨和焦虑。他们之前积累的工作经验，可能并不完全够胜任新角色的挑战。大多数园长是从优秀骨干教师逐渐走向管理岗位，他们对当一位好教师很有自信，但对能否当好一个园长却没有充分的把握。好教师要转型成为好园长，就要掌握很多新的能力，其中很关键的是关于领导与管理的智慧。

本书聚焦园长管理工作能力，主要撰写者是有丰富经验、广受各界认可的名园长，她们亲手培养出不少得力干将，其中有一些也成为业内有知名度的园长。可以说，无论是关于如何当园长，还是如何培养未来的园长，她们都有大量体会和感悟。本书系统梳理了优秀园长的管理经验，希望能够为新园长打开思路，找准切入点与抓手，朝着好园长的方向努力成长。

认清自身管理角色是对管理者基本功的考验。作为园长需要对园长角色有全面的认识，对幼儿园的整体运行与管理有清晰的框架和思路，才能履行幼儿园灵魂人物的职责。因此本书前两章讲的是"园长角色"和"管理机制"的内容，从调查研究出发，了解园长在现实中最需"升级"的管理能力，围绕幼儿园管理中的困境和焦点，一步步进行解读和分析，结合成功的实践案例，帮助新园长树立领导魅力，架构起系统有效的管理模式和操作方法，并建立全局视野、整体意识和理性思维，把握幼儿园管理系统的组织结构、要素功能和运行机理，提升管理功效，成为有理论、有能力、有方法的幼儿园领袖。近年来有关园长、校长领导力研究的热点，主要聚焦在教师领导力、家园领导力、课程领导力等几大方面内容。因此本书后四章的内容包括："文化建设"、"教师队伍管理"、"家园共育"和"课程建设"四个板块。将"文化建设"作为板块内容之一，是因为幼儿园文化建设有助于明确办园方向，最近颁布的《幼儿园保育教育质量评估指南》中将"办园方向"放在评估内容的首位，可以说文化建设对幼儿园的发展和管理至关重要。每一板块首先从理论出发，阐述该项工作的内涵与意义，以及如何开展工作的思路，再从实践的角度提出解决路径和具体策略，配合大量的实践案例和多位园长、管理干部的访谈实录，以凝练、通俗、形象的方式帮助园长理解工作内容，解答常见困惑，解决实际问题。本书较为全面地讲述了园长的管理之道，为新园长处理幼儿园的各项管理工作提供了理论指引和实践指导。

本书得以顺利付梓，离不开幼儿教育界朋友们的支持与帮助。衷心感谢为本书提供宝贵案例及参与问卷调查的同人及其所属幼儿园(排名不分先后)，包括：北京市西城区教育研修学院附属幼儿园园长汪京莉、北京市西城区洁民幼儿园园长魏芳、北京市西城区棉花胡同幼儿园副园长蒋小燕、北京市西城区三教寺幼儿园副园长韩鸫和齐彤、刘婷、魏天骄、华冬梅、杨磊、杨丽等六位老师，以及北京市东城区邹平园长工作室成员彭迎春、黄姝、吕欣、董欣、宋晶晶、刘颖、李朝晖、张爽，徐州阳光幼教集团、河北霸州第二幼儿园的园长、教师们。

本书凝练了我们对园长管理工作的感悟与思考，本着抛砖引玉的目的，希望有更多的同人分享经验，共同探索优秀园长的成长规律，助力新园长做一位“有准备的园长”，快速度过“适应期”，以积极的心态面对管理工作中的困难和挑战。

王岚　邹平